JN299110

認知療法・認知行動療法
事例検討ワークショップ (1)

編著
伊藤絵美
丹野義彦

星和書店

Workshops for Case Study of Cognitive Behavior Therapy (1)

by
Emi Ito, Ph.D.
and
Yoshihiko Tanno, Ph.D.

© 2008 by Seiwa Shoten Publishers

はじめに

　本書は編著者の一人である伊藤が運営する，認知行動療法（cognitive behavior therapy，以下 CBT と記載）を専門とする民間機関（洗足ストレスコーピング・サポートオフィス）が主催した「事例検討ワークショップ」（第 1 回，第 2 回）の記録を中心に，認知行動療法を「事例」という視点からまとめたものです。以下に，今回のワークショップ開催の経緯や意図について簡単に述べます。

　私たちはこれまで，CBT のワークショップを，自分たちのオフィスを会場にしてほぼ定期的に開催してきました。オフィスのスペースに物理的な制約があることと，十分な議論や実習を通じて「明日にでも使える」スキルを習得していただきたいという思いから，このような定例のワークショップは受講者の定員を 8 名に限定しています。内容としては，CBT の基本モデルを使ったアセスメントや心理教育のやり方を提示したり，CBT のセッションを効果的に構造化するためのロールプレイを行ったり，アセスメントや認知再構成法のやり方を観察学習した上でロールプレイを通じて練習してもらったりという，レクチャーと実習が大部分を占めます。要するに，CBT を実施するために必要な最低限の知識やスキルを，しっかりと身につけていただこうというワークショップです。

　実習中心のこのようなワークショップを開催するのは，CBT の需要と供給のバランスが極端に悪い現状（CBT のニーズは高まる一方で，CBT をきちんと提供できる専門家が少ない）では，必要なことだと思いますし，今後も継続して開催する予定ですが，一方，「これだけじゃ足りない」「他にも何かやりようがあるのではないか」と，新たなワークショップのプログラムを模索してもいました。私が一番気になっていたのは，これまでの私たちのプログラムだけで

は，「CBTの実際」をリアルに知ってもらうことが難しい，ということでした．ロールプレイをたっぷりと実施し，アジェンダ設定やアセスメントや認知再構成法の一部を体験していただくことは非常に大事なことですが，それが実際の事例でどのように活かされるのか，高度に構造化されたCBTを個性豊かな一人一人のクライアントに対してどのように適用するのか，実際の事例ではどのような困難や苦労があり，どうやってそれらを乗り越えるのか，といったことについて受講者の方々と共有しきれずにいることにもどかしさを感じていたのです．そしてそれらの課題を乗り越えるために，やはり生きた事例を提示し，さまざまな視点から事例を検討するのが有益ではないかと考えるようになりました．定例のワークショップ受講者の方々からも，アンケートを通じて，そのような要望が寄せられていました．

そんなことを私が考えていたとき，タイミングよく東京大学の丹野義彦先生から，「認知行動療法普及のためのスキーマづくり」という研究に文部科学省の科学研究費補助金がついたというお知らせがあり，私も研究チームに加えていただくことになりました．そこで"CBT普及のためのスキーマづくり"の一環として，今回の事例検討ワークショップを企画しました．大きな会場でそれなりの人数の受講者を集めて，2回にわたって事例検討ワークショップを開催することができたのでした．

今回，"CBT普及のためのスキーマづくり"ということで，もう一つ私たちが試みたのは，ワークショップの講師を当機関の若手の臨床スタッフに担当してもらうということでした．CBTを普及させていくためには，CBTの臨床家・実践家を育てると同時に，CBTを教えることのできる人材を育てなければなりません．すぐれて実践的なアプローチをとるCBTを教えるのに最も適しているのは，やはり現場でCBTの実践を続けている現役の臨床家・実践家であると私は考えます．そこで今回は，経験年数は決して長いとはいえませんが，当機関でケースを担当し，共に学びながら真摯に研鑽を重ねている若手のスタッフ4名に，ワークショップの講師として事例を発表してもらうことにしたのです．臨床と同様に，ワークショップの講師として成長するためには場数を踏む

ことが重要です。そのような機会を若手スタッフに提供することも，CBTの普及のためには大事なことだと考えました。またワークショップを受講される先生方も，それぞれの領域でプロフェッショナルとしてお仕事をされていることと思いますが，CBTの実践という意味では「若手」に属する方が多かったように思われます。当機関の若手臨床スタッフが，苦労しながら試行錯誤を重ねるなかでケースを立派に展開していく有り様をリアルに知っていただくことが，むしろ「こうやって進めていけば，なんとかやれるものなんだ」といった見通しを，受講者の方々に提供できるのではないかと考えたのです。

　2回の事例ワークショップの概要は，以下のとおりです。

●第1回事例検討ワークショップ　2005年11月20日（日）（10～18時）
会場　ヴィラフォンテーヌ汐留 会議室
講師・話題提供　大泉久子（前半）・初野直子（後半）
座長・指定討論　伊藤絵美
アシスタント　吉村由未，那田華恵，村上尚美，斉藤直子，森脇愛子，久保田康文，腰みさき
受講者　全24名

●第2回事例検討ワークショップ　2006年1月15日（日）（10～18時）
会場　ヴィラフォンテーヌ汐留 会議室
講師・話題提供　腰みさき（前半）・山本真規子（後半）
座長・指定討論　伊藤絵美
特別ゲスト　丹野義彦先生（東京大学）
アシスタント　吉村由未，村上尚美，斉藤直子，森脇愛子，久保田康文，津高京子
実習生アシスタント　新田祐希，森本浩志
受講者　全26名

受講者の方々のご協力をはじめ，多くの方々から助けていただき，私たちがはじめて外部で会場を借りて実施した事例検討ワークショップは，2回とも無事終えることができました。本書は，この2回のワークショップを録音したものをもとに，新たに書籍としてまとめなおしたものです。

　ところで本ワークショップは，受講者の募集をオープンには行いませんでした。なぜなら，事例をリアルに紹介することが目的の一つでしたので，守秘義務を負う対人援助職や教育職の方で，すでに当機関のワークショップ等に参加したことのある方に参加者を限定して，ワークショップの内容や資料の保全を万全にしたかったからです。またそのような形での，すなわち守秘を負う専門家間での事例の共有は，すべてのクライアントから了承を得ています。しかし今回，本ワークショップを書籍という形で世に出すことになりましたので，本書で紹介する事例の内容，特にクライアント個人に関わる記述は，事例のエッセンスを損なわないよう留意しながらも，当日紹介されたものとはかなり異なる内容にあえて修正いたしました。そのことを予めお断りしておきたいと思います。

　本書の構成ですが，第1章の「認知療法・認知行動療法の実践家を育てるためには」は，ワークショップの記録ではなく，本書のために丹野義彦先生に新たに書き下ろしていただいたものです。個々のワークショップやCBTの日々の実践や訓練について検討するための，すなわちCBTの実践家を養成するための大きな見取り図を示していただきました。第2章の「当機関での認知行動療法実践について」は，今回の事例検討ワークショップの冒頭で，私（伊藤絵美）が述べたことをまとめたものです。我々の機関で行われているCBTが，どのような構造になっているのか，どのような形式に基づいて実践されているのか，ということを予めお読みいただくことで，個々のケースが理解しやすくなろうかと思われます。

　第3章から第6章が事例です。第3章（事例1）は大泉久子が，第4章（事例2）は初野直子が，2005年11月20日の第1回事例検討ワークショップで講

師・話題提供者として紹介した事例と，その事例をめぐる質疑応答や参加者のディスカッションの様子をまとめました。同様に，第5章（事例3）は腰みさきが，第6章（事例4）は山本真規子が，2006年1月15日の第2回事例検討ワークショップにおける，それぞれの担当箇所をまとめたものです。上記のとおり，事例，とくにクライアントの個人情報に関わる部分は，必要に応じて修正してあります。第3章から第6章までの原稿は各担当者が執筆しましたが，最終的なとりまとめは編者の一人である伊藤が行いました。したがって本書の事例の提示に関わる全ての責任は私伊藤にあります。

　第7章は，私（伊藤）が指定討論者として，2回のワークショップの最後にお話しした，各事例に対するコメントをまとめたものです。その中には，当機関のような研修制度を持たない機関で，CBTの実践や習得に四苦八苦しているであろう方々へのアドバイスも含まれます。付録1は，第2回事例検討ワークショップで特別ゲストとして参加してくださった丹野先生に，ワークショップの最後にお話しいただいたコメントをまとめたものです。付録2は，ワークショップの最後に受講者の方々にお話しいただいたコメントをまとめたものです。付録3は，2回のワークショップにアシスタントとして協力してくれた当機関のスタッフ（一部）のコメントをまとめたものです。

　受講者の方々は皆さん非常に熱心で，グループディスカッションでも活発な議論が交されていました。そのような当日の会場の熱気や，各講師のCBTへの真摯な取り組みが，本書を通じて読者の皆様に伝われば嬉しく思います。また，CBTの主役はもちろんクライアントの方々です。各事例に登場するクライアントのCBTへの取り組みは，それぞれ本当に素晴らしいものでした。そしてクライアントの持つ力を最大限に引き出すことのできるCBTの持つ力も，同じく素晴らしいものだと私は考えています。そのあたりについても，読者の皆様と共有できれば幸いです。そして，皆様と我々が実践するCBTをさらによりよいものとするために，ご意見を頂戴できれば非常にありがたく存じます。

最後に，日曜日という貴重な休日を割いて，私たちのワークショップに参加してくださった受講者の方々に，心より御礼申し上げます。また，このような機会を私たちに与えてくださった丹野義彦先生にも感謝いたします。そして，事前準備から当日の運営，事後の反省会まで，講師担当およびアシスタント担当のスタッフの皆さんには，心からねぎらいの意を表したいと思います。本当にお疲れ様でした。最後に，本書を出版するにあたり，星和書店の石澤雄司様，近藤達哉様，竹内由則様には，大変お世話になりました。ありがとうございました。

2007年11月吉日
伊藤絵美

目　次

はじめに　iii

第1章　認知療法・認知行動療法の実践家を育てるためには ——— 1
1-1　認知療法・認知行動療法の最近の動き　1
1-2　臨床心理士の養成の中心となった認知療法・認知行動療法　2
1-3　日本における認知療法・認知行動療法への期待　3
1-4　ワークショップの重要性　4
1-5　スーパービジョンの重要性　5
1-6　日本での普及に向けて　6

第2章　当機関でのCBT実践について ——— 9
2-1　本ワークショップの趣旨　9
2-2　当機関でのCBT実施の流れ　10
2-3　インテーク面接と心理テストについて　13
2-4　CBTの基本プロセス　18
2-5　アセスメントシートの紹介　19
2-6　初回セッションの構造　20

第3章　事例1：セルフモニタリングによる気づきをきっかけに大きく面接が展開した事例 —認知再構成法の簡易的導入とリラクセーション法の段階的実施— ——— 23
3-1　話題提供者の自己紹介　23
3-2　インテーク面接による情報と見立て　24
3-3　第1回心理テストの結果およびケースの見立て　28
3-4　事例の全体構造と初回セッション　30
3-5　ワークショップ参加者との質疑応答①　33

3-6　第2セッション　33
3-7　第3セッション　35
3-8　ワークショップ参加者との質疑応答②　38
3-9　第4セッション　39
3-10　第5セッション　42
3-11　ワークショップ参加者との質疑応答③　44
3-12　グループ討議の発表①　48
3-13　第6, 7セッション　50
3-14　第8～14セッション　52
3-15　第15セッション　56
3-16　第16セッション（フォローアップセッション）　57
3-17　ワークショップ参加者との質疑応答④　58
3-18　全体のまとめ　60
3-19　ミニスーパービジョン　62
3-20　本事例における留意点と苦労した点および楽しかった点　64
3-21　本事例から学んだこと・反省点・本事例を選んだ理由　65
3-22　グループ討議の発表②　66
3-23　話題提供を行っての感想と今後の展望　69

第4章　事例2：侵入思考が現実化する不安に対して認知再構成法を導入した事例 ― 71

4-1　話題提供者の自己紹介　71
4-2　初回セッションまでの手続き　71
 4-2-1　クライアントの属性　72
 4-2-2　来談までの経緯　72
 4-2-3　インテークで得られた情報と見立て　72
 4-2-4　第1回心理テストの結果　74
4-3　面接の経過　75

4-3-1　面接の構造　75
4-3-2　初回時点でのカウンセラーのプラン　75
4-3-3　ワークショップ参加者との質疑応答①　76
4-3-4　初回セッション　77
　〈テスト結果のフィードバック〉　77
　〈主訴についてのヒアリング〜CBT モデルでのアセスメント開始〉　77
　〈CBT で取り組む対象についての確認〉　80
　〈初回面接でのホームワーク〉　80
　〈クライアントからのフィードバック〉　81
　〈カウンセラーの感想・まとめ〉　81
　　　4-3-4-1　ワークショップ参加者との質疑応答②　82
　　　4-3-4-2　アセスメントの続き　83
　　　　〈その後のセルフモニタリング，アセスメント〉　83
　　　　〈ミニスーパービジョン〉　87
　　　　〈「不安障害」と「うつ病」についての心理教育〉　88
4-3-5　問題点の抽出と目標設定　89
4-3-6　ワークショップ参加者との質疑応答③　92
4-3-7　グループ討議の発表①　96
4-3-8　技法の実践―認知再構成法の導入から代替思考の案出まで　103
　〈認知再構成法の導入〉　103
　〈場面の特定と自動思考の同定〉　104
　〈自動思考の検討〉　105
　〈ミニスーパービジョン〉　111
　〈代替思考〉　111
4-4　全体のまとめ　113
4-5　ミニスーパービジョン　115
4-6　本事例における留意点と苦労した点　117
4-7　本事例から学んだこと　118
4-8　ワークショップ参加者との質疑応答④　119

4-9 グループ討議の発表② 119

4-10 話題提供を行っての感想と今後の展望 122

第5章 事例3：認知再構成法と行動実験によって症状が改善した事例 125

5-1 初回セッションまで 126

 5-1-1 クライアントの属性 126

 5-1-2 来談までの経緯 126

 5-1-3 インテーク情報 127

 5-1-4 心理テスト結果 128

 5-1-5 初回時点でのカウンセラーのプラン 129

5-2 面接経過 130

 5-2-1 ケース全体の構造 130

 5-2-2 第1～2セッション：①CBTについての理解度の確認と補足説明，②テストのフィードバック，③経緯，主訴の聴取，④全体像の把握 130

  〈CBTについての理解度の確認と補足の説明〉 130

  〈テストのフィードバック〉 131

  〈主訴の経緯の聴取〉 132

  〈ホームワークの設定〉 133

  〈振り返り〉 133

  〈CBTモデルに沿った全体像の把握〉 133

  〈ホームワークの設定・振り返り（#2）〉 136

  〈クライアントの印象〉 136

 5-2-3 第3～5セッション：①問題リストの作成，②目標設定，③認知再構成法の導入 136

  〈問題同定〉 137

  〈目標設定〉 137

  〈クライアントとセラピストによって合意した問題リストの作成〉 138

  〈技法の選択〉 139

  〈当機関の認知再構成法について〉 140

〈認知再構成法の導入〉　145
　　5-2-4　ワークショップ参加者との質疑応答①　146
　　5-2-5　グループ討議の発表①　148
　　　〈自動思考の同定の練習〉　155
　　　〈自動思考の検討〉　156
　　5-2-6　第6〜7セッション：①自動思考の検討，適応的思考の案出　157
　　　〈自動思考の検討〉　157
　　　〈適応的思考の案出〉　159
　　5-2-7　第8〜9セッション：認知再構成法の練習　160
　　　〈認知再構成法の練習〉　160
　　5-2-8　第10〜11セッション：①今後の進め方の確認，②認知再構成法の練習（対人場面での不安），③行動実験　163
　　　〈今後の進め方の確認〉　164
　　　〈認知再構成法の練習〉　164
　　　〈行動実験〉　165
　　5-2-9　第12〜13セッション：今後の進め方の明確化　165
　　　〈今後のカウンセリング進め方の明確化〉　166
　　5-2-10　第14〜16セッション：①行動実験，②今後のカウンセリングについて　168
　　　〈行動実験〉　168
　　　〈今後のカウンセリングについて〉　168
　　5-2-11　第17セッション：再発予防および終結についての話し合い　169
　　5-2-12　フォローアップ　171
5-3　全体のまとめ　171
5-4　本事例を進める上で苦労した点・工夫した点　173
5-5　本事例から学んだこと　174
5-6　ワークショップ参加者との質疑応答②　175
5-7　グループ討議の発表②　177
5-8　話題提供を行っての感想と今後の展望　184

第6章　事例4：軽度発達障害の成人男性と共に継続的なアセスメントを展開している事例 ——————————————— 187

6-1　話題提供者の自己紹介　187
6-2　初回セッションまでの手続き　187
  6-2-1　クライアントの属性　188
  6-2-2　来談までの経緯　188
  6-2-3　インテーク情報（X年5月下旬実施）　188
  6-2-4　心理テストの結果　190
6-3　面接の経過　191
  6-3-1　開始時のプラン　191
  6-3-2　面接の全体構造　191
  6-3-3　【過去の傷】の把握と面接におけるコミュニケーション法の探索（初回セッション〜第12セッション：X年6月〜12月）　191
    6-3-3-1　【過去の傷】の項目出し　192
    6-3-3-2　クライアントの【気になること】　193
    6-3-3-3　【過去の傷】の項目出しの終了　195
    6-3-3-4　【過去の傷】の各項目の分類　195
    6-3-3-5　話の文章が長くなり，焦点がぼけてくることへの対処　197
    6-3-3-6　この時期のホームワークについて　198
    6-3-3-7　この時期のカウンセリングに対するフィードバック　198
    6-3-3-8　ワークショップ参加者との質疑応答　198
    6-3-3-9　グループ討議の発表①　201
  6-3-4　CBTの基本モデルに沿ったアセスメントの開始と両親面接（第13〜24セッション：X年12月下旬〜X+1年6月）　207
    6-3-4-1　CBTの基本モデルによるアセスメント　207
    6-3-4-2　両親面接についての話し合い　212
    6-3-4-3　両親面接（X+1年5月）　214
    6-3-4-4　両親面接の報告　215
    6-3-4-5　クライアントの自発的な報告より　215

　　　　6-3-4-6　この時期のホームワークについて　216
　　　　6-3-4-7　この時期のカウンセリングに対するフィードバック　216
　6-3-5　CBTの基本モデルに沿ったアセスメント：第2クール（第25〜33セッション：X+1年6月〜9月）　217
　　　　6-3-5-1　第2クールの素材選び　217
　　　　6-3-5-2　リアルタイムの自己観察をアセスメントに活かす　217
　　　　6-3-5-3　クライアントの話し方の変化　219
　　　　6-3-5-4　この時期のホームワークについて　220
　　　　6-3-5-5　この時期のカウンセリングに対するフィードバック　220
6-4　今後について　220
6-5　本事例において留意したこと　221
6-6　本事例から学んだこと　222
6-7　グループ討議の発表②　223
6-8　話題提供を行っての感想と今後の展望　226

第7章　解説と展望　229

7-1　事例1のまとめ　229
7-2　事例2のまとめ　231
7-3　事例3のまとめ　233
7-4　事例4のまとめ　234
7-5　最後に：セルフスーパービジョンの薦め　236

《付録1》　第2回事例検討ワークショップでの丹野先生のコメント　241
《付録2》　第1回事例検討ワークショップ参加者からのコメント　243
　　　　　第2回事例検討ワークショップ参加者からのコメント　246
《付録3》　参加スタッフのコメント　250
索　引　259

第1章

認知療法・認知行動療法の実践家を育てるためには

丹野義彦

1-1 認知療法・認知行動療法の最近の動き

　2006年9月に，認知療法の創始者のアーロン・ベックが，ノーベル賞に最も近いといわれるアメリカの医学賞「ラスカー賞」を受賞しました。認知療法が科学的な治療技法として医学界から認められたことを示しています。

　ベックが1970年代に開発した認知療法は，1990年代には，行動療法と合体して「認知行動療法」と呼ばれるようになり，技法の幅が広がりました。

　認知療法は，はじめは，うつ病に対する治療法として確立されました。その後，パニック障害・強迫性障害・社会不安障害・PTSDなどの不安障害や，発達障害，摂食障害，統合失調症の症状（幻覚や妄想），人格障害にも適用されるようになりました。

　認知療法・認知行動療法は，うつ病と不安障害に対して，確実な効果があることが証明されています。他の治療技法に比べ，短時間で，大きな効果があらわれることが証明されています。

　認知療法・認知行動療法は，治療効果を実証的に確かめながら，治療技法を開発してきました。こうした考え方を「エビデンス・ベーストの臨床実践」と呼びますが，認知療法・認知行動療法は，こうした考え方に立ち，効果の明ら

かな技法だけを用いようとしてきました。

　世界的に見ると，認知療法・認知行動療法は精神療法の世界標準（グローバル・スタンダード）となっています。アメリカの保険会社やイギリス政府は，認知療法の治療効果を正式に認めています。イギリスでは，臨床心理士が行う心理療法の中心は認知行動療法になっています（MarzillierとHall, 1999）。欧米の精神療法のガイドラインには，認知行動療法が推奨されています。たとえば，アメリカ心理学会が作成した心理的治療のガイドラインにおいては，認知行動療法が多く取り上げられています。

１－２　臨床心理士の養成の中心となった認知療法・認知行動療法

　また，欧米では，認知療法家の養成の制度が整っています。たとえば，アメリカ心理学会認定の臨床心理学コース167を対象として，どのような教育が行われているかを調べた研究があります（Crits-Christophら, 1995）。それによると，90％のコースでは，ベックの認知療法について講義しており，80％のコースでは認知療法を実習に取り入れていました。1つの博士課程コースの講義では，平均で11.5種類の行動療法や認知療法の技法を教えていました。

　また，アメリカ心理学会認定の臨床心理学コースで最も強い理論的背景を調べた研究（Mayne, Norcross, Sayette, 2000）では，最も多かったのは認知行動療法であり，46％を占めていました。その次は，心理力動的・精神分析26％，家族システム論18％，体験的・現象学的・人間学的理論10％，応用行動分析9％といった順でした。アメリカの臨床心理学の半分のコースで，認知行動療法が主流となっているわけです。

　イギリスでも，英国心理学会認定の臨床心理士養成大学院では，認知行動療法が最も主要な技法となっています。このように，認知行動療法は，欧米の臨床心理士養成コースでは定着しています。

1－3　日本における認知療法・認知行動療法への期待

　日本においても，認知療法・認知行動療法に対する関心は強いものがあります。

　残念なことではありますが，かつて安全で繁栄していた日本は，1990年代を境として大きく変貌しました。マスコミでは，うつ病や自殺，犯罪やPTSDといった心理的問題が毎日のように報道されるようになりました。とくに，うつ病や自殺に対しては社会的な関心が高まっています。企業においては，勤労者にうつ病が発症するケースが増えています。職場における過労やうつ病の増加は社会問題となりました。また，抑うつと関連が深いとされる自殺についてみても，1998年の自殺者数は3万人を突破し，それ以来毎年3万人台を越えています。景気の悪化による中高年の自殺者が多くなっています。司法機関においても，青少年の非行や少年犯罪の増加への処遇に頭を痛めています。

　こうした中，認知療法・認知行動療法は，社会から注目を集めています。医療機関において，うつ病や不安障害などの精神疾患に対して，認知療法・認知行動療法は大きな治療効果をあげています。医師（精神科，心療内科，小児科，内科など），臨床心理士，看護師，福祉職など多くの職種が認知行動療法を実践するようになっています。企業においても，認知療法は，職場でのうつ病の発見と治療，自殺の予防に大きな力を発揮します。司法機関においても，認知療法・認知行動療法は，怒りのコントロール法や薬物乱用のコントロール法などを発展させており，犯罪への処遇に大きな効果をあげています。認知行動療法に興味を持つ司法関係者も増えています。

　とはいえ，認知療法・認知行動療法はまだ日本に定着したとは言えません。今後の課題として，次のようなことがあげられます。
○全国どこでも認知行動療法が受けられるようになる
○ワークショップができる人材，スーパービジョンができる人材が育つ
○訓練機関ができ，本格的なワークショップが開かれ，大学院での養成が行わ

れる
○無作為割付対照試験（RCT）を用いた治療効果研究が行われる
○日本での認知行動療法のガイドラインができる
○認知行動療法が保険点数化される
○認知行動療法を実施できる心理士の国家資格ができる

1－4　ワークショップの重要性

　認知行動療法の臨床スキルを普及させるうえで，「ワークショップ」は大きな力を発揮します。卒後研修のために，アメリカやイギリスではワークショップが頻繁に開かれます。
　私は，2001年にカナダのバンクーバーで開かれた世界行動療法認知療法会議（WCBCT）で，初めてワークショップに出てみて，その質の高さとわかりやすさに驚きました。参加したのは，マンチェスター大学のエイドリアン・ウェルズの「全般性不安障害への認知行動療法」というワークショップです。ウェルズは，不安障害の認知行動療法の理論家として世界に知られ，その著書『心理臨床の認知心理学』は邦訳もあります（箱田・津田・丹野監訳，培風館）。また，2007年9月には，日本心理学会の招きで来日を果たしました。
　ウェルズのワークショップでは，アセスメントの仕方，技法の使い方，注意点などが具体的に語られました。参加者の顔を一人ずつ見ながら，ゆっくりと話し，質問をなるべく多く出すようにしていました。参加者一人一人に気を使っていることがよくわかりました。OHPや配付資料もすべてわかりやすく書かれていました。準備に膨大な時間を使い，参加者の立場で資料を作っていました。ビデオを使って事例を提示し，ウェルズ自身が認知行動療法を行う過程が公開されていました。ウェルズは，理論家として世界に知られているのですが，臨床家としても一流であることがよくわかりました。明日からでもこの技法を臨床で使えるという気にさせてくれました。それほどよくできていました。このワークショップは，私が日本にワークショップを紹介する活動をはじ

めた原点ともいうべき体験でした。参加費は，3時間のワークショップで60カナダドル（約1万円）でした。

　私はこのワークショップで大きな失敗をしました。ワークショップの途中で，アセスメントを実習するロールプレイがありました。私は，この日カナダに着いたばかりで，時差ボケがひどく，英語を聞きながらつい居眠りをしてしまいました。急にガヤガヤしたので何事かと思ったら，ロールプレイが始まっていました。周りの人はすべてペアを組んでいたので，私は孤立してしまい，しかも周りは日本語が通じないという状況です。狭い部屋で，外に抜け出すこともできません。ロールプレイは15分くらいで終わりましたが，私にとっては1時間も孤立してしまったように感じられました。この時の焦燥感は今でも覚えています。

　その後，いろいろな機会をとらえてはワークショップに参加してみました。30本ほどに参加することになりましたが，多少の当たりはずれはあるものの，概してわかりやすく非常にためになりました。第1に，内容が具体的でわかりやすく，きわめて実践的です。プロジェクターの図表や配付資料も，わかりやすく書かれています。第2に，ワークショップでは，事例を具体的に示してくれます。ビデオを使って，講師が認知行動療法を行う過程が公開されることもあります。第3に，ワークショップでは，講師に対する評価が厳しく行われます。評価によって講師も鍛えられます。以上のように，ワークショップは臨床には不可欠のシステムです。

1-5　スーパービジョンの重要性

　ワークショップと並んで大切なのがスーパービジョンです。臨床の業務を遂行するにあたって，スーパービジョンという作業は不可欠です（丹野・伊藤，2005）。英国心理学会の臨床心理学部会が作った『臨床心理学サービスのガイドライン』という仕事マニュアルには，次のような規定があります。
①すべての臨床心理士は，スーパービジョンを受けなければならないし，また，

他の人のスーパービジョンを引き受けなければならない。
②スーパービジョンを受ける時間は，通常の仕事の中に含められなければならない。少なくとも月に1回はスーパービジョンを受ける時間をとらなければならない。
③複雑な事例を受け持った場合は，必ずスーパービジョンが受けられるようにすべきである。
④スーパーバイザーとしての能力を保つために，学会に参加したり，他のスーパービジョンに陪席したり，文献を調べたりするなど，時間を使わなければならない。

　イギリスでは，このような規定は決してタテマエではなく，現場でもよく守られています。現場でのスーパーバイズは頻繁に行われています。
　アメリカのカルホウンらは，臨床心理士の養成大学院に対するアンケート調査から，以下のように提言しています（Calhounら，1998）。すなわち，臨床心理士の教育に当たっては，「典型的な事例」を3〜4名と，「非典型的な事例」を4名以上，スーパービジョンを受けながら担当する必要があるという提言です。「典型的な事例」とは，認知療法の各マニュアルに記載されているような，他に併存する症状が少ない事例をさしています。認知療法の効果が比較的出やすいと思われます。これに対して，「非典型的な事例」とは，ターゲットとなる症状だけでなく，他に併発する症状があったり，パーソナリティの問題などの複合した病理を持つ事例のことです。こうした場合は，マニュアルが通用しないことも多く，認知療法の効果が出にくい場合もみられます。上述の③にあるように，こうした複雑な事例を担当する場合は，スーパービジョンが不可欠です。認知療法家の養成においては，典型的な事例と非典型的な事例の両者を担当する経験が必要だと考えられます。

1−6　日本での普及に向けて

　日本においては，まだ多くの課題が残されているものの，最近では認知療法・

認知行動療法が爆発的に普及し始めました。

　その転換点は，2004年に神戸で開かれた世界行動療法認知療法会議（WCBCT）にありました。この国際学会では，世界29カ国から約1400名が神戸に集まりました。神戸WCBCTの前と後では，状況は確実に変わりました。

　2001年に設立された日本認知療法学会は，現在は1125名の会員をかかえています（2007年10月現在）。1年に150名近くのペースで増えています。これほど急激に伸びている学会は珍しいでしょう。日本認知療法学会は，定期的に「認知療法研修会」（ワークショップ）を開いてきました。2006年の第7回認知療法研修会では，13本のワークショップが開かれました。それでも多くのワークショップが大会前に定員に達しました。いかに研修へのニーズが大きいかを物語っています。

　認知療法・認知行動療法の本格的な研修機関もどんどん設立されています。2004年には，伊藤絵美先生が「洗足ストレスコーピング・サポートオフィス」を開設しました。2006年には，久保木富房先生（東京大学名誉教授）が学院長をしている「東京認知行動療法アカデミー」や，原田誠一先生が所長をしている「東京認知行動療法研究所」が相次いで設立されました。今後も，認知療法・認知行動療法の研修は，ますます需要が増えていくでしょう。

　2005年には，文部科学省の科学研究費補助金「認知行動療法の臨床ワークショップ普及のためのスキーマづくり」を得ることができ，ワークショップを日本に定着させる活動を行いました。今回の事例検討ワークショップも，この科研費の補助のもとに行われました。

　このように，認知療法・認知行動療法には強い追い風が吹いています。これからも普及に向けて一歩一歩確実に行動していきたいと思います。

<文献>

Calhoun, K.S., Moras, K., Pilkonis, P. A., & Rehm, L. P. : Empirically supported treatments: Implications for training. Journal of Consulting and Clinical Psychology, 66; 151-162, 1998.

Crits-Christoph, P., Frank, E., Chambless, D.L., Brody, C. & Karp, J. F.：Training in empirically validated treatments: What are clinical psychology students learning? Professional Psychology, 26; 514-522, 1995.

Marzillier, J. & Hall, J. (Eds)：What Is Clinical Psychology? Third Edition. Oxford University Press, 1999.（下山晴彦編訳：専門職としての臨床心理士．東京大学出版会）

Mayne, T., Norcross, J. & Sayette, M.：Insider's Guide to Graduate Programs in Clinical Psychology, 2000/2001 Edition. Guilford Press, 2000.

丹野義彦・伊藤絵美 ： 認知行動療法のスーパーヴィジョン．藤原勝紀編『臨床心理スーパーヴィジョン』(現代のエスプリ別冊)，至文堂，pp88-95，2005.

第2章

当機関でのCBT実践について

伊藤絵美

　おはようございます。今日は私どもの「事例検討ワークショップ」のためにお集まりいただき，ありがとうございます。私は洗足ストレスコーピング・サポートオフィスの伊藤と申します。今日1日，司会を務めますので，どうぞよろしくお願いいたします。事例検討に入る前に，本ワークショップの趣旨や，当機関での認知行動療法（CBT）の実施の流れについて，少しだけ私から説明をいたします。

2-1　本ワークショップの趣旨

　私どもの機関では，CBTを普及させるための教育研修を，ふだんは自分たちのオフィスのほうで「少人数制ワークショップ」ということで実施しています。ふだん行っているワークショップは，CBTの基本的な理論やモデルや主要技法を提示したり，ロールプレイなどを通じてそれらを実習していただくことを主な目的としています。つまりCBTを現場で実施するのに不可欠な，最低限の知識とスキルをお伝えすることを目指しているのです。また現状ではそれで精一杯という感じでもあります。このような実習的なワークショップでは，確かに基礎的な考え方やスキルを身につけていただくことはできるのですが，身につけたことを目の前の事例にどのように適用すればよいか，というところまでは，なかなかお伝えしきれません。またリアルな形で，「CBTの適用の実際」

を提示する，ということもなかなかできずにいました。それらの課題を乗り越えるには，やはり事例をご紹介することが必要であるし役に立つだろう考え，今回，このようなワークショップを企画した次第です。

　本ワークショップの講師についてお話しておきます。当機関でケースを担当するスタッフは皆，非常に優秀な臨床家ではありますが，経験年数としては「若手」に属する人たちです。1つ1つのケースを新たに経験しながら，専門家として成長している最中の人たちです。そのような若手の認知行動療法家に，今回，あえて講師として話題提供をしてもらうことにしました。というのも，CBTのテキストに記載されている事例というのは，どうしてもテキスト用にスマートにまとめられていて，それだけ読むとすごく簡単そうに見えるのですね。しかし皆さんもご存知のとおり，CBTといえどもそうそう簡単にケースを展開できるわけではありません。そこで，ベテランではなく，若手の臨床家が，試行錯誤しながらケースマネジメントを行っている事例をお伝えすることで，CBTの適用の実際を，リアルな形で知っていただけるのではないかと考えたのでした。もちろん私自身，まだまだベテランの域には程遠く，試行錯誤しつつ成長している最中であることには間違いないのですが，それよりもっと若手の臨床家に事例を出してもらい，皆さんと共有することが，ワークショップとしての教育効果をさらに高められるのではと考え，このように企画しました。

　それでは次に，私たちの機関のシステムについて紹介します。機関のシステムとは，CBTを実施するための「器」のようなものです。これから紹介する事例が，どのような器の中で行われているか，ということを予め知っておいていただくほうが，各事例を理解しやすくなるのではないかと思います。

2－2　当機関でのＣＢＴ実施の流れ

　私たちの機関，すなわち洗足ストレスコーピング・サポートオフィスは，医療機関ではなく，民間の心理相談機関です。実際には今日のワークショップのような教育活動や，研究なども行っていますが，クライアントにとっては，民

表 2-1　当機関での CBT 実施の流れ

1. 電話にてインテーク面接の予約を受ける
2. インテーク面接日当日
    ◇ 面接開始のための契約
    ◇ 心理テスト（10 種類の質問紙）
    ◇ 所長によるインテーク面接（陪席者あり）
    ◇ 継続的な CBT を開始することについての合意
    ◇ 担当心理士の決定
3. インテーカー（所長）から担当者への引継ぎと打合せ
4. 初回セッション〜終結セッション
    ◇ 担当者によるケースマネジメント
    ◇ セッション毎：スタッフ間でのシェアとミニスーパービジョン
    ◇ 定期的な心理テスト（第3セッション後，第8セッション後，第13セッション後……その後は5回セッション毎に実施。さらに終結時に実施
5. 終結後のフォローアップ
    ◇ 半年後に追跡調査，アンケート，心理テストを実施

間心理相談機関ということになると思います。ケースを担当するスタッフは，私を含め全員臨床心理士です。

　当機関での CBT 実施の全体の流れを表 2-1 に示します。

　以下，表 2-1 について，具体的に説明します。

　CBT を受けたいという方には，まず電話でインテーク面接の予約を取ってもらいます。その際に，当機関が CBT の専門機関であること，医療機関ではなく臨床心理士が「カウンセリング」という形で CBT を実施していることなどを説明します。

　インテーク面接当日の流れですが，インテーク面接やその後のカウンセリングについての契約を結び，10 種類の質問紙から構成される心理テストを受けてもらいます。次に所長である私がインテーカーとして，インテーク面接を行います。インテーク面接には，通常陪席者がつきます。インテーク面接である程

度必要な情報を聴取できたら，私からCBTについて説明し，当機関でのCBTの進め方について理解してもらった上で，継続的なCBTを開始するか否かを，クライアント自身に決めてもらいます。CBTを開始することについて合意が得られたら，そこで初めて担当者を決定します。といってもクライアントと各担当者の相性を見極めるということをするのではありません。そういうことではなく，クライアントが来所しやすい曜日や時間と，そのときどきのこちらの予約の空き状況によって，つまり物理的な条件によって自動的に担当者が決まることがほとんどです。ちなみに，心理テストとインテーク面接，さらに担当者を決めて初回面接の予約を取ってもらうまでの所要時間は，大体2時間から2時間半ぐらいです。

次にインテーカーである私から，担当者にケース依頼の引き継ぎをします。その際，インテーク面接で得た情報や心理テストの結果を伝え，さらにインテーカーの所見も併せてお伝えします。この時点で担当者にケースマネジメントに対する不安があれば，さらに詳細な打ち合せをして，それにも対処しておきます。また，私も週に2回，担当曜日がありますので，たまたま私が担当することになった場合は，自分自身に対して引き継ぎをします。

初回面接が始まれば，担当者が終結までの間ずっと，ケースマネジメントを行います。それと同時に，毎回のセッションの前後に，「ミニスーパービジョン」（1ケースにつき5分から10分程度の短時間のスーパービジョン）を行ったり，その曜日のスタッフ全員でケースのシェアを行ったりします。つまり担当者が1人でケースを抱え込むということはなく，ケースの進行は私とその曜日のスタッフ全員が担当者と共有し，さらにこまめにミニスーパービジョンを実施することで，効率のよいケースマネジメントを図るのです。また私が担当者になった場合は，セッションに陪席者がつきます。そしてやはりその日のうちに，皆でそのセッションをシェアします。このようなミニスーパービジョンやシェアリングを通じて皆でディスカッションをする時間は大変貴重かつ有用だと考えています。このような手続きがあることで，ケースの進行に何らかの問題が発生しても，すぐに修正できますし，担当者が独りよがりになったり，

1人で悩んだりすることを防ぐことができ，安心してケースを担当しつづけることができるからです。またミニスーパービジョンやシェアリング，そして陪席によるトレーニング効果は非常に高く，経験の浅いスタッフも，これらの手続きを通して，経験値を上げていくことができます。私自身，自分の担当ケースに陪席がつき，陪席者や他のスタッフからさまざまな質問やコメントをもらうことで，問題点に気づいたり，違った見方ができるようになることも多々あり，大変に助かっています。

インテーク時に受けてもらった心理テストは，第3セッション終了後に再度受けてもらいます。そしてその後は，第8セッション後，第13セッション後……というように，5回毎に受けてもらい，テスト結果の変化を継続的に見ていきます。もちろんテストの結果は，その都度クライアントにフィードバックして共有します。

1つのケースが無事終結したら，終結の半年後にフォローアップを行います。具体的には，再度心理テストを受けてもらったり，当機関のサービスについて，クライアントからフィードバックしてもらいます。中断のケースの場合も，最終セッションの半年後に，同じようにフォローアップを行います。なおフォローアップの手続きは，すべて郵送（郵便物のやりとり）を通じて行います。

以上が当機関でCBTを実施する際の，全体の流れの紹介でした。CBTは各セッションおよびケース全体の流れが構造化されていることに，その大きな特徴がありますが，それだけでなく，CBTを実施する機関のシステム全体も，このように構造化されていると，クライアントも担当者も安心して「自分たちのCBT」に取り組めるのだと思います。

2-3 インテーク面接と心理テストについて

インテーク面接と心理テストについて，もう少し詳しく説明します。表2-2が，当機関のインテーク面接におけるアジェンダです。面接の冒頭で，「今日はインテーク面接という面接を行います。インテーク面接の目的は，何か1つの

表 2-2　インテーク面接のアジェンダ

1. 基礎情報の聴取。来談経緯の確認。医療機関受診状況の確認と医療との連携についての話し合い
2. 現在の生活状況の聴取（家族，仕事や学業，健康状態，生活習慣，他）
3. これまでの家族歴・生活歴の聴取
4. 主訴および主訴に関わる諸情報の聴取
5. ＣＢＴについての説明と質疑応答
6. 継続的ＣＢＴの開始についての意思決定。担当者決定
7. インテーク面接に対するクライアントからのフィードバック

お話をじっくり深くうかがうことではなく，あなたについて様々なことを広く浅く教えていただくことです。次に私から当機関で行っているカウンセリングについて説明します。そのうえでここでのカウンセリングを開始するかどうか，あなた自身にご判断いただきます。どうぞよろしくお願いいたします」とインテーカーである私から口火を切り，アジェンダが記載されている表 2-2 のような用紙をクライアントの目の前に置いて，面接を進めていきます。

　1.の「基礎情報」のところで，氏名や生年月日，住所や連絡先などについて確認をします。そして必要があってこちらから連絡を取る場合，電話がいいのか，メールがいいのか，また郵送する場合は機関名が入っている封筒でお送りしてよいのか，個人名（担当者）でお出しするほうがよいのか……など，かなり細かい点まで確認させてもらいます。「来談経緯の確認」とは，たとえば主治医に紹介されたのか，家族に勧められたのか，自分でインターネット等で探したのか，といったことの確認です。さらに精神科，心療内科などの医療機関に通院中か，あるいは以前に通院したことがあったか，転院歴がある場合はそれらについてもすべて教えてもらいます。主治医の紹介状がインテーク時にすでに手元にあれば，一緒に確認しますし，なければ医療機関との連携の必要性について説明をして，紹介状をもらってくるようクライアントに依頼します。またこちらから主治医に連絡をするなどして医療機関と連携することについても

了承してもらいます。

　次に現在の生活状況と，これまでの家族歴や生活歴を，おおざっぱに聴取します。インテーク面接の目的は，インテークで聴取したい項目すべてについて広く浅く情報収集することですので，ここで，何か1つの項目について詳しくお聞きすることはしません。クライアントが話したがっても，「今日はインテーク面接なので，これ以上は聞きません。そのような大事な話は，CBT を開始した後，直接担当者に話してください」と伝え，インテーカーが面接の進行をマネジメントします。

　ここまできてやっと主訴について話を聞きます。主訴から話を聞き始めるカウンセラーの方も多いのではないかと思いますが，主訴をよりよく理解するための情報を先に得てから，おもむろに主訴を話してもらうほうが良いのではないかと私は考えており，当機関ではそのようにしています。具体的な項目としては，①主訴，②主訴の発生と経緯，③主訴に対するこれまでの対処，④そのような主訴を抱えるクライアントに対するソーシャルサポートの現況，⑤主訴に対するクライアントの要望，⑥当機関に対するクライアントの要望，について1つ1つうかがいます。

　主訴に関する情報が具体的に聴取できた時点で，インテーカーから，CBT について具体的な説明を行います。クライアントの主訴を素材として使いながら，CBT のモデルや進め方について心理教育を行い，見通しを提供するのです。ただしインテークで聴取した内容だけでは，実際にどのように CBT を適用し，何回ぐらいで終結になりそうか，ということはほとんど判断できませんので，「あなたの場合，まだどうなるかわかりませんが，一般的にはこういう感じで進められ，回数はこのぐらいです」といった説明に留めます。CBT についての説明は，口頭だけでなく，CBT のモデルやプロセスが記載された心理教育用のツールを用いて，それを見てもらいながら行います。「CBT は，ただ話をするだけのカウンセリングではありません。あなた（クライアント）と担当者（カウンセラー）で，積極的に協同作業をしながら，あなたが抱える問題の解決を図るのが CBT です」ということは，必ず伝えます。またしつこいぐらい「わから

ないところはありませんか？」「わかりづらい点は，遠慮なく質問してください」と言って質問を促します。CBT を開始するにせよしないにせよ，十分に理解したうえで判断してもらいたいからです。クライアントのなかには，こちらの端的な説明だけでよく理解する人もいれば，何度もくり返し説明することで「ああ，なるほど」と納得してくれる人もおり，クライアントの反応をみながら，説明の仕方を変えたりもします。そのうえでクライアント自身に，CBT を開始するか否かを意思決定してもらいます。

　インテーク面接での，このような説明と意思決定の段階は非常に重要です。この時点で，早々に CBT についての心理教育を開始するようなもので，心理教育を通じて，クライアントに CBT について正しく理解してもらい，さらに「自分の主訴が，CBT によって何とかなるかもしれない」との見通しを持ってもらうことができれば，その後のケースマネジメントが格段にやりやすくなります。ほとんどのクライアントは，インテーク時にこのような説明を受けることで，CBT に対するモチベーションが上がります。主治医に勧められてしぶしぶやって来た方でも，CBT の説明をよく理解すると，目を輝かせて「ぜひ始めてみたい」とおっしゃる方は多くいます。また CBT を開始するか否かについては，必ずクライアント自身に決めてもらいます。CBT ではクライアントに主体的に面接に関与してもらう必要があります。そのためにも，「クライアント自身の意思で CBT の開始を決めた」という形にしておく必要があるのです。

　クライアントが CBT を開始すると決めた場合は，前述のとおり担当者や来所曜日を決め，初回面接の予約を取ってもらいます。そして最後に，インテーク面接に対して率直にフィードバックしてくれるよう依頼します。「CBT は，クライアントとカウンセラーが一緒に創っていくものです。疑問でも注文でも苦情でも何でも構わないので，あなたの考えや感想を，毎回カウンセラーに率直にフィードバックしてください」「苦情を伝えるのに躊躇するかもしれませんが，私たち CBT のカウンセラーは，率直な意見や苦情を言っていただくことには慣れていますから大丈夫です」と伝え，そのうえで早速インテーク面接に対する感想を尋ねるのです。このように伝えると，多くの方はポジティブなことも

表 2-3　CBT のプロセス

```
1. インテーク面接
2. 全体像のアセスメント
3. 問題点の同定と目標設定
4. 技法の選択と実践
5. 効果の検証・効果の維持と般化
6. 再発予防計画
7. 終結・フォローアップ
```

　ネガティブなことも気楽に話してくれるようになります。このようなやりとりも，心理教育的な意味を持ちます。ネガティブなことでも，率直にフィードバックしてもらうことは，ケースの進行においては不可欠だからです。そしてネガティブなフィードバックをしても，インテーカーや担当者が嫌がることなく，むしろそのようなフィードバックをしてくれたことに対する感謝の意を示すことが，信頼関係を強固にするのです。

　次に当機関で用いている心理テスト※について簡単にご紹介します。さきほど申しましたとおり，10種類の質問紙を用いていますが，それらはストレスモデルに沿って構成されています。具体的には「ストレッサー」について1種類，「ストレス反応」について3種類，「認知的反すうスタイル」について1種類，「ストレスに対するコーピングスタイル」について1種類，「コアビリーフ（自己，過去や現在や未来，他者に対する信念）」について3種類，ソーシャルサポートについて1種類，計10種類の尺度を用いています。

※テストの具体的な名称や内容については，本書ではあえて紹介しない。いずれデータをまとめて論文として公表する予定である。各章におけるテストについての記述も統一されておらず，読者の方々には読みづらいことと思うが，ご容赦願いたい。

2-4　CBTの基本プロセス

　上記のとおりインテーク面接の際，インテーカーがCBTについて心理教育的に説明をしますが，その際，表2-3のようなシートを示して，CBTのプロセスについてお伝えします。
　このプロセスシートはクライアントにも差し上げますし，セッション中にもくり返し参照して，「今，自分たちはどこまで来ているのか」ということを共有しつづけます。インテーク面接の段階から，「再発予防計画」や「終結」について説明しておくことは，クライアントのモチベーションの強化にもつながります。
　そして重要なのは，実際にこのプロセスを丁寧に，かつ着実にたどって，ケースマネジメントを行うことです。そのためにはまず，アセスメントをしっかり行う必要があります。アセスメントとは「認知的概念化」「ケースフォーミュレーション」と呼ばれることもありますが，クライアントの抱える問題について詳しく聴取し，それをCBTのモデルに沿って理解するための手続きのことです。アセスメントができないと，CBTは絶対に先に進むことができません。逆にどんなに時間がかかっても，アセスメントが的確にできれば，その後の進行はかなりスムースになります。
　アセスメントによって，クライアントの抱える問題の全体像が，循環的に理解できるようになります。たいていそれは悪循環として把握されます。そして，この悪循環を維持させているポイントを見つけるのが「問題の同定」，その悪循環から脱出するための具体的な計画が「目標設定」です。目標が決まれば，ここでやっと目標を達成するための諸技法を選択でき，クライアントに実践してもらうことができるようになります。技法の実践が進んでいくと，何からの効果が見られますから，それもCBTのモデルを使ってクライアントと一緒に検証します。クライアントが諸技法を習得し，それを自助に役立てられるようになれば，終結に向けての手続きが始まります。すなわち，CBTの効果を維持し

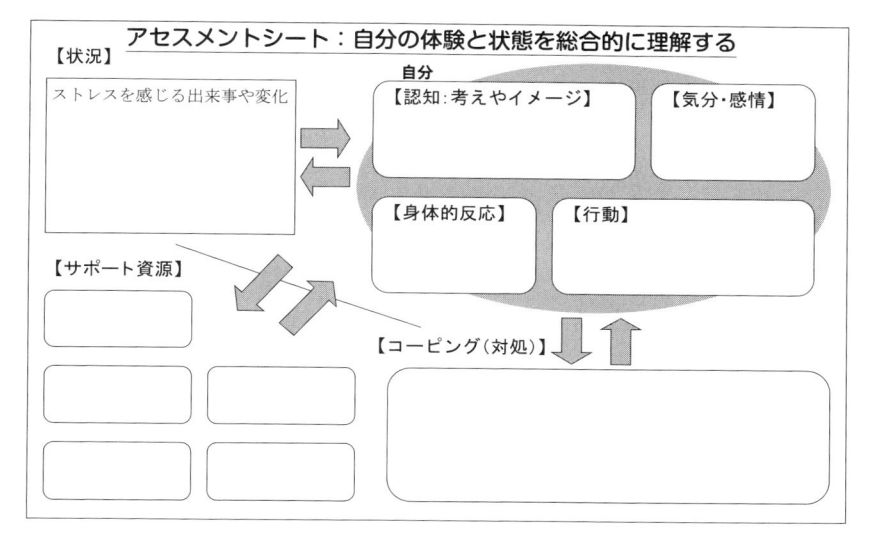

図 2-1 アセスメントで用いるツール

たり，般化させたりするための話し合いや実践を行ったり，終結後の再発予防のための計画を立てたりします。そしてやっと終結に至るのですが，場合によってはその後フォローアップのためのセッションを設けたりもします。

　以上が CBT の基本的なプロセスについての説明でした。このような抽象的な説明だけではピンとこない方もいらっしゃるかと思いますが，事例を聞いていただければ，より実感をもって理解できるかと思いますので，今はこのぐらいに留めておきます。

2-5　アセスメントシートの紹介

　上記のとおり，CBT の各ケースマネジメントを成功させるためには，CBT のモデルに沿ったアセスメントの手続きが不可欠です。そして私たちはアセスメントされた内容を，図 2-1 のようなツールを使って外在化し，クライアントと

表 2-4　CBTの初回セッションの構造

> 1. CBT開始の確認とCBTの全体の流れの確認
> 2. 1回のセッションの流れについての心理教育
> 3. 心理テスト結果のフィードバック
> 4. インテーク面接内容，特に主訴の確認
> 5. 今後の進め方についての相談と計画
> 6. ホームワークの設定
> 7. クライアントからのフィードバック

共有します。このように，アセスメントされたことを図的ツールに外在化すると，クライアントの現状を，クライアントと共に視覚的に眺めることができるので，とても便利です。

図2-1の上部が，CBTの基本モデルです。すなわち，環境（状況・他者）と個人の相互作用，および個人が体験していること（認知，気分・感情，身体，行動）の相互作用がわかるような図式になっています。図2-1の下部は，コーピングとサポート資源が記載できるようになっています。これから紹介する事例にもこのツールが登場しますので，その都度ご参照ください（本ツールについての詳細は，章末に示す参考文献を参照してください）。

2-6　初回セッションの構造

初回セッションの構造を紹介して，私の話は終わりにします。というのも初回セッションの構造は，どのケースでもほとんど同じなので，それを私から予め説明しておいたほうが，各事例の紹介を各講師が効率よく進められるからです。表2-4に示したのが，当機関でのCBTの初回セッションの構造です。

初回セッションではまず冒頭で，継続的なCBTを開始することと，すでにインテーク面接時に示したCBTの全体の流れ（表2-3）を，改めて確認し，共有

表 2-5　1回のセッションの流れ

1. 橋渡し（変化や現状の簡単な確認）
2. アジェンダ設定
3. 各アジェンダについての話し合い
4. ホームワークの設定
5. クライアントからのフィードバック

します。そのうえで1回のセッションの流れや時間の使い方について，担当カウンセラーが心理教育を行います（表2-5を参照）。ここで重要なのは「アジェンダ」や「アジェンダ設定」についての心理教育です。CBTのセッションでは，流れに任せて話をするのではなく，セッションの冒頭で予めアジェンダ（議題）を立てて，それに沿って話し合いをしていくのだということを，クライアントに伝え，了承してもらうのです。またその際，カウンセラーは必ずアジェンダについて計画を立てておきますが，クライアントからもアジェンダを提案できることを伝えておきます。（アジェンダやアジェンダ設定についても，参考文献をご参照ください）

　表2-4に話を戻しますと，初回セッションで「1回のセッションの流れ」について心理教育を行った後は，インテーク面接時に受けてもらった心理テストの結果をフィードバックします。上記のとおり，当機関ではストレスモデルに沿ってテストを構成していますので，テスト結果をフィードバックするときに，ストレスモデルや，CBTモデルにおける「コアビリーフ」などについても簡単に心理教育を行います。次に，インテーク面接時に聴取された内容，特に主訴について確認し，今後の進め方について相談し，計画を立てます。たとえば，比較的シンプルで経過が短い主訴であれば，早速アセスメントに入ろうとか，あまりにも話が込み入っていて主訴自体が明確になっていない場合は，主訴を明確にするための話し合いから始めようとか，主訴の背景に生育歴などが大きく関与している場合は，まずこれまでの生育歴を詳細にヒアリングしようとか

……，実際の進め方は本当にケースバイケースです。

　初回セッションの時間が残り少なくなったら，ホームワークを設定し，初回セッションに対するクライアントのフィードバックを話してもらいます。クライアントは，ホームワークやセッション終了時のフィードバックについては，インテーク面接時にすでに説明を受けていますから，比較的スムースに行えることが多いです。

　以上，当機関で私たちがどのようにCBTを実施しているのか，という形式的側面について説明してまいりました。これから紹介する事例はすべて，これまで私がお話してきた形式にのっとって実施されたものだとお考えください。ご清聴ありがとうございました。

〈参考文献〉

伊藤絵美：認知療法・認知行動療法カウンセリング―初級ワークショップ．星和書店，2005．
伊藤絵美：認知療法・認知行動療法 面接の実際（DVD）．星和書店，2006．

第3章

事例1：セルフモニタリングによる気づきをきっかけに大きく面接が展開した事例

－認知再構成法の簡易的導入とリラクセーション法の段階的実施－

話題提供者：大泉久子

3−1　話題提供者の自己紹介

　事例1を担当する，洗足ストレスコーピング・サポートオフィスの専門スタッフの大泉久子と申します。まず，私の認知行動療法（以下，CBT）に関する経歴を紹介します（表3-1を参照）。私は，大学院修士課程（臨床心理学専攻）を2002年に修了し，はじめは産業領域でCBTベースの研修を受けた後，同じ領域にてコンサルタントとして仕事をしました。2003年に，精神科のクリニックにてカウンセリングの仕事を開始し，それ以降，CBTの研修やケース検討を継続して行ってきております。また他にもCBTの専門機関にてカウンセリングを実施し，継続的なスーパーバイズを受けております。2004年に臨床心理士の資格を取得しました。当機関（洗足ストレスコーピング・サポートオフィス：以下，SSC）が2004年に開業しましたが，その際にカウンセリングを担当する専門スタッフとして入職しました。当機関では先ほど伊藤が紹介した継続的なミニスーパービジョンというものを，ケース毎に受けています（第2章を参照）。これから発表する事例1についても，ミニスーパービジョンを受けており，その内容の一部も，後ほど具体的に紹介します。

表 3-1　話題提供者の CBT に関する経歴

2002 年	大学院修士課程修了
2002 年	産業領域にて CBT ベースの研修を受けた後,コンサルタントとして勤務
2003 年	精神科クリニックにてカウンセリング業務を開始
2003 年	同機関にて CBT の研修を受け,ケース検討会に参加
2003 年	精神科内 CBT 専門機関にてカウンセリング業務を開始
2003 年	同機関にて CBT の継続的なスーパービジョンを受ける
2004 年	臨床心理士取得
2004 年	CBT 専門機関である SSC にてカウンセリング業務を開始
2004 年	同機関にて継続的な CBT のスーパービジョンを受ける

表 3-2　クライアントの属性と来談の概要

【クライアントの属性】　25 歳 女性 アルバイト（学習塾受付）・専門学校生
【当機関来談までの概要】
・X − 2 年 9 月,「人前に出ると極度に緊張する」「お腹がゆるい」「不眠」により, A 心療内科を受診した。社会恐怖,過敏性腸症候群との診断により,薬物療法（トフラニール 75mg ／日,ソラナックス 1.2mg ／日,サイレース 1mg／日,ルジオミール 25mg ／日）を行っていた。（受診中の A 心療内科クリニック紹介状より：なお紹介状は第 5 セッション時に授受）
・「服薬だけでは治らない」との思いから,X 年 8 月,CBT を本で見つけ,インターネットにて当機関を検索し,来談に至る（インテーク情報より）。

3−2　インテーク面接による情報と見立て

　冒頭で伊藤が示しましたように,当機関でのケースの流れはインテーク面接から始まり,最後に終結あるいはフォローアップという形になりますが,本事例も基本的にこの構造で進めております（第 2 章を参照）。表 3-2 に本事例のクライアントの属性と,当機関に来談するまでの概要を示します。
　次の表 3-3 にインテーク面接で得られた情報を記載します。

表3-3 インテーク面接で得られた情報

医療機関，相談機関への通院通所
- 都内近郊のA心療内科クリニックに2年ほど前から通院している。
- （当機関に来所するにあたって紹介状が必要だと受付から言われたが）紹介状のことは主治医に言いにくい。「薬だけでは治らないのではないか」という医療に対する不信感があってここに来たが，紹介状を頼むとその不信感を表明するようで主治医に悪いと思ってしまう。（⇒紹介状については，担当セラピストと相談することに。）
- 以前から過敏性腸症候群や緊張症状などがある。主治医からはパニック障害と言われた。
- 継続的な通院に至ったのは現在のA心療内科クリニックのみ。その他にもいくつか受診してみたが，医師の言うことがその都度異なるため，混乱してしまい，途中で行かなくなってしまった。

現在の生活状況
〔家族構成〕
- 父（64），母（59），クライアント（25），父方の祖父（87），祖母（79）の5人。姉（35）はすでに結婚しており，夫・一人娘と近所に住んでいる。
- 家族が高齢であり，一家揃って何かをすることが多い（例：外食するときも皆で一緒。TVは自室になく皆で観る。姉の家族との団欒が多い）。それを面倒だと感じることも多い。

〔職業〕
- 2カ月半前から学習塾受付のアルバイトをしている。毎週火曜日から土曜日の，午後5時から午後10時まで。今のアルバイトは楽なので続いているが，本当はもっとやりたいことがある。だから「なぜ，私はこんなバイトをしているんだろう」と思うことがある。
- 以前は，雑貨販売や派遣の事務員をやったこともある。

〔日常生活〕
- 専門学校でデザインの勉強をしている。
- アルバイトには行くものの，他はほとんど自室でだらだらと過ごしていて，やる気がおきない。
- 彼氏と月に数回会っている。それ以外の友達とは今は関わっていない。
- 今のバイトだけでは金銭的に足りず，他のバイトも考えている。自立できないのでよくないと思うが，祖父母が小遣いをくれるので，もらっている。

〔健康状態〕
- 特に問題はない。

〔生活習慣〕
・午前1時に就寝し，午前9時に起床するという生活リズムである。
・2週間前から睡眠剤を止めているが，自力で眠れている。
・排便は1日2～3回。お腹が張ったり，おならが出ることもある。便秘はなく，たまに下痢になる。しかし，だいたいは通常の便通である。
・昔から少食で，食欲はあまりない。
・酒，コーヒー，煙草は体質に合わないのでやらない。
・趣味は旅行，DVD鑑賞，読書など。

生活歴・家族歴
〔家族〕
・現在も同居している5人（祖父，祖母，父，母，クライアント）に，曾祖母と10歳上の姉を加えた7人家族だった。父方の本家であったクライアントの家では，ことあるごとに親戚が集って来た。本家の子どもである姉とクライアントは，母の指導の下，料理の手伝いなど下働きをさせられたが，それが当たり前だと思って手伝っていた。
・母親は好きではない。もともと口うるさく，特にクライアントには「○○はこうでなきゃいけない」と押し付けてくる。
・姉とは年が離れており，常に姉に対して劣等感を持っていた。母親からも「お姉ちゃんを見習いなさい」とよく比べられていた。
・子供の頃は「一刻も早く姉のような立派な大人になりたい」と思っていた。
・姉はクライアントをかわいがってくれ，よく姉について回っていた。

〔学校〕
・地元の公立小に通う。
・中学から私立大付属校に通う。結局そのままエスカレーターで大学に進学した。
・中学時より，本当は音大に行きたかったが，周囲の（特に母親の）強い反対によって断念した。
・高校の頃に，学校の課題を頑張りすぎて疲労がたまり体を壊したことがある。大学1年生の頃，うつっぽくなり，学生相談室に通ったことがある。結局，大学の授業にはほとんど出席せず，4年生のときに退学した。
・これまでを振り返ると，特にやりたいことでなくても，周囲の期待に応えようとして頑張ってしまうところが自分にはあると思う。

〔職歴〕
・大学中退後，雑貨販売の仕事を7ヵ月行ったが，そこの店長と折り合いが悪く辞めた。
・その後，派遣社員として事務の仕事をし，現在はアルバイトで学習塾の受付をしている。

主訴，その経過と現況
① 人前で何かすると，尋常でない緊張が生じて，お腹が痛くなってしまう。これは中学生時に始まり，今でもずっと続いている。特に人前に出るとこの症状が出る。自分ではどう対処していいかわからず困っている。
② 自分に自信がなく，将来何をしていいのかわからず不安である。
③ 上記①②が積み重なって，やりたいことがあってもできない。特にこの1～2カ月，気持ちが投げやりになってきた。今では自分が何をやりたいのかすらわからなくなっている。

主訴に対するソーシャルサポート
・両親はクライアントが心療内科に通院していることは知っているものの，「薬は減ったのか」「まだ治らないのか」というようなことを言うばかりで，むしろストレス源になっている。両親は，クライアントの主訴をあまりまともにとりあってくれない。「誰にでもあること」と言われてしまう。
・彼氏に話を聴いてもらうことはできるが，「そんなこと言われても俺にはわかんない」と言われて，かえって悲しくなってしまうことが多い。
・総合的には現在，クライアントの主訴を理解してくれる人がいない状況である。

インテーク面接，CBT開始契約後の感想
・これまで受けたことのあるカウンセリングは，話を聴いてもらうことが中心であった。そうではない積極的なカウンセリングを受けるのは初めてである。効果があると良いと思う。今まで，いろんな医療機関で「ここもダメだった」という体験を繰り返して，医療に対する不信感がある。ここ(SSC)でのCBTでは，うまくいくとよいと思っている。
・ホームワーク等，CBTの課題については，むしろそういうものをやらないとダメなのではないかと思っている。そのつもりで今日インテーク面接に来たので，ぜひ今日から課題をやってみたいと思う。

対応したサポートスタッフの感想
・インテーク面接の予約を電話で受けたとき，クライアントのあまりの緊張ぶりにこちら(スタッフ)のほうが緊張してしまったぐらいである。非常に緊張が強いクライアントだと思われる。

インテーカーの所見
・CBTへのモチベーションが高く，インテーク面接によってそれがさらに適切に高まったと思われるので，クライアントのモチベーションをうまく活用して面接を進められるとよいと思う。

- 緊張とそれに伴う諸症状を中心にアセスメント開始し，その後，目標を設定し，介入に進んでいくと良いと思う。しかし抑うつの得点が高く，また本人が今後の人生の見通しを主訴に挙げており，それらをCBTでどのように扱っていくか，本人と一緒に検討することが必要だろう。
- 主治医からの紹介状をしぶっているが，ぜひ紹介状を取ってきてもらう必要がある。この件についても，本人と相談する必要がある。

3-3　第1回心理テストの結果およびケースの見立て

　インテーク面接時に同時に実施した心理テスト※の結果票を見ていただきます（図3-1）。

　当機関のテストは心理学的ストレスモデルに基づいておりますので，それに沿って簡単に結果を紹介しますと，まずストレス状況（ストレッサー）の数とレベルは高いです。それに対するストレス反応ですが，中にBDI-Ⅱ（ベックの抑うつインベントリー改訂版）が含まれていまして，その点数が50ポイントです。これは抑うつ度がかなり重症であることを示しています。またGHQ28というストレス反応を見る尺度も含まれていますが，こちらも22ポイントで重症レベルでした。GHQの中でも，身体症状と社会的活動障害とうつ傾向という項目が特に重症という結果が出ています。また気分を測定するテストからは，気分レベルでもストレス反応が重症であることがわかります。なお「爽快感」は逆転項目になっております。またコーピングと絡んで，反すうに関する尺度を使っておりますが，このクライアントの場合，ネガティブな内容を反すうする頻度が高く，しかもそれを自分でコントロールすることができません。またコーピングスタイルとしては，「"なかったこと"にする」と「あえて保留にす

※編者（伊藤）注：当機関で実施している心理テストについて紹介することが今回の事例ワークショップおよび本書における目的ではありませんので，各テストの具体的な名称や各テスト項目の結果データについては，ワークショップでも詳細に紹介しませんでしたし，本書でも紹介いたしません。現在テストについてはデータを蓄積している段階であり，いずれ時期が来たら，各テストにおけるデータとCBTとの関連について実証的に検討する予定です。以上，読者の皆様にはご了承いただきたくお願いいたします。

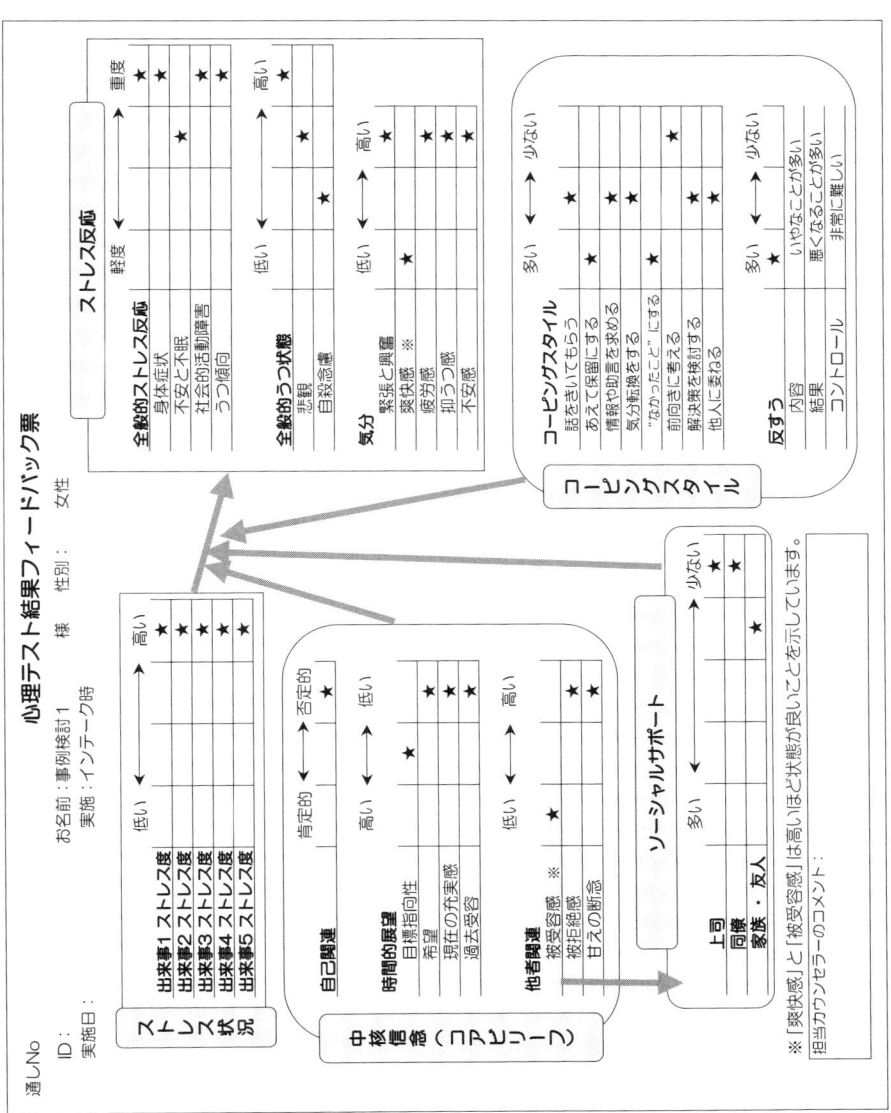

第 3 章 事例 1：セルフモニタリングによる気づきをきっかけに大きく面接が展開した事例

図 3-1 第 1 回心理テストの結果

る」というコーピングが多く使われ，「前向きに考える」というコーピングがあまり使われていないことがわかります。コアビリーフ（中核信念）にも否定的な傾向が見られます。ソーシャルサポートも少ないという結果でした。

　以上がインテーク面接の内容および心理テストの結果でした。これらの情報に基づき，私はCBTのプランを考えました。まず，クライアントが主訴としている「緊張」をテーマに，アセスメントのためにヒアリングを行いたいと考えました。しかしその前に，心理テストでのストレス反応が相当重症であることが気になりました。特にBDI-Ⅱが50ポイントであり，重症のうつ状態と思われます。このようなうつ状態では，面接の進行にも影響を及ぼすことも考えられます。クライアントは面接の主訴として，直接的に"うつ"を訴えてはいませんので，この抑うつ状態について，心理テストを用いて心理教育をし，面接でどのように扱っていくかということを検討した方がいいと考えました。

　クライアント自身は気が進まないようだったのですが，こういった状態を見ても，主治医との連携は必要であり，クライアントに対して引き続き慎重に紹介状を依頼する必要があると考えました（※なお結果的には，第4セッションで主治医から紹介状をもらうことがクライアントに了承されました）。

3-4　事例の全体構造と初回セッション

　まず本事例の全体の構造を紹介します。主にアセスメントを実施している時期は週に1回，技法の実践に入ってからは2週に1回のペースで，全部で15回のセッションを実施した時点で，一応終結としました。ただ，その後，"フォローアップ"と称して，追加のセッションを1回実施しております。

　ではこれから本事例のアセスメントの部分を紹介します。今日，このワークショップで一番皆さんにお伝えしたいのは，このアセスメントの部分です。ですからアセスメントについては1セッションずつ紹介します。

　まず初回セッションです。今後，ここでの面接で扱っていくテーマを選ぶために，主訴に関してクライアントに確認しました。緊張についてクライアント

に具体例を挙げてもらうと,「授業中に音読を当てられると緊張して声が震える」とか,「部活の合奏コンクールで,緊張のため楽器を持つ手が震えてうまく弾けず,結局,コンクールを欠場してしまった」ということが語られました。そうしたエピソードから,まずは緊張をテーマとして扱えるのではないかと思われましたが,一方でそれ以外にも問題が山積していることが,クライアントから語られました。たとえば,「自己評価が低く,そのことが緊張につながっているかもしれない」とか,「才色兼備の姉と常に比較されて,『自分は駄目だ』と苦しくなってしまっている」とか,「現在,自分の進路や方向性の見当がつかなくてイライラしている。グラフィックデザインをやりたいというのはあるが,本当にそれがやりたいかどうかもよくわからなくなってしまった」といったことでした。そして,そういったことが原因で,日頃イライラしたり落ち込んだりするのですが,そういうことを家族や彼氏に言うと,「高望みしすぎだ」などと言われてしまい,「自分では何にどう手をつけていいかわからなくなってしまった」と思い,途方に暮れてしまうということでした。以上の話を聞いて,確かに緊張もあるのですが,クライアントにとって現状がかなり混乱したものになっていると,私は理解しました。

したがって初回セッションでは,まずどの問題を扱えばクライアント自身が納得できるのかということを,2人で整理していきました。話し合っていくうちに,現在のさまざまな問題が,中学3年生のときに生じた「緊張のコントロールができない」という問題から始まっていることがわかりました。中学3年というのは進学や受験に向けて様々なテストを受けるようになる時期ですが,各種のテストを受けるたびにひどく緊張するようになり,しかもそのコントロールができなくなってしまったということでした。「そうした緊張についての問題が多少なりとも改善されれば,他のさまざまな問題についても目処がつくかもしれない」とクライアント自身が話し合いのなかで実感できたと語りました。そこで,まずは緊張をテーマに CBT を進めていくということが合意されました。

初回セッションでは,医師に紹介状を依頼することについても検討しました

が，結果的に保留とし，結論は出せませんでした。1つの理由としては，インテーク面接時の心理テストではBDI-Ⅱが50ポイントもあるなど，うつ状態の悪さがうかがえましたが，初回セッションを実施したときには，活動量が増え，気分もだいぶ改善されたという報告があったからです。例えば，友人と会って楽しくおしゃべりしたり，ウォーキングを始めてみたり，といったことです。ただし，だからといって紹介状が不要であるということはなく，それを本人に伝えると，やはり主治医への気兼ねが大きいことが語られました。「別の機関に行っていることを伝えたら，主治医の治療に反旗をひるがえすことになってしまい，二度と主治医のところに受診できない」と，インテーク時と似たようなことをそのときも言いました。そこでとりあえず紹介状については保留ということにして，第3セッション後にインテーク時と同じテストを受けていただくので，その結果を見て，再検討しましょうということになりました。ちなみに当機関では，第3セッション時，およびその後も定期的にインテーク時と同じ心理テストを受けていただくことが，ルール化されています。

　初回セッションのホームワークとしては，本事例でのテーマが緊張ということになりましたので，①次のセッションまでに緊張する場面があればメモを取ってくる，②過去にあった緊張場面を思い出して書き出してくる，③普段よくある緊張場面を思い出して書き出してくる，という3点にしました。

　ところでこのクライアントの外見や様子ですが，目が切れ長で，艶のあるまっすぐな黒髪で，まるで日本人形のようでした。私からみるととてもチャーミングな女性です。単純な質問や，クローズドな質問（イエス・オア・ノークエスチョン）には，伏し目がちではありますが，とりあえず普通に答えてくれました。しかし，開かれた質問（オープンクエスチョン）や感情を尋ねるような質問をすると，さっと顔が赤くなり，さらに伏し目がちになってしまいます。そして長いまつ毛が震え始めるのです。そういう質問に対しては，しばらくじっと考えて，答えられるときは答える，そうでないときは「わからない」と返事をしました。とにかく開始当初はずっと目を伏せていて，なかなか視線が合いませんでした。

3−5　ワークショップ参加者との質疑応答①

伊藤：初回セッションまでのご紹介でしたが，ご質問はありますでしょうか。

質問1：ホームワークの出し方についてです。うつ状態がインテーク後随分改善されたということもあるのか，初回セッションでは3つの課題がホームワークとして設定されていましたが，これはご本人と相談したうえで，セラピストが3つ位ならやれそうだと判断したのでしょうか？

大泉：そうです。インテーク面接の情報から，ホームワークをすることに対するご本人のモチベーションが高かったということもあります。また初回セッションでは，BDI-Ⅱが50ポイントもあるような状態には見えませんでした。そして緊張をテーマにCBTを進めていくことが初回セッションで合意されましたので，とりあえず次回までにどういう緊張があるのか，過去はどうだったのか，よくおきるパターン化された緊張があるのか，といった程度の区分けをして，あとはクライアントのやり方でメモを取ってきてもらうことにしたのです。

3−6　第2セッション

　第2セッションについて紹介します。まず，クライアントがホームワークで書いてきたメモを一緒に見ながら，緊張についてのヒアリングを行いました。表3-4は，第2セッションにクライアントが持参したホームワークのメモの一部です。

　はじめに，①の「前回から今回にかけて体験した緊張場面の例」について確認をしていきました。メモを見てわかる通り，私たちが普通に考える「緊張」にあたるエピソードは見当たりませんでした。その点についてクライアントに聞いてみると，「例えば，人前で発表するときの緊張といった過去に感じた緊張場面は，現在は状況的にない」とのことでした。唯一，近々行われる，専門学

表 3-4 第 2 セッションにクライアントが持参したメモ（一部）

①前回から今回にかけて体験した緊張場面の例
・小学生の生徒さんの受付担当になり，忙しくて，手がまわらないとき。
・仕事中，先生に指示されたことがよくわからず，嫌な顔と態度をされたとき。
・今後どういう仕事をしたらいいか，悩んでいて，出口が見つからないとき。
・専門学校のスクーリングがはじまるが，何をやるのか心配，薬飲んでるから眠くならないかな，当てられたらどうしようと漠然と不安→スクーリングが近づいていくと緊張になる。
・彼氏から結婚しようと言われたが嫌だ→できるのか？ 他のこともしたい。負担。

②過去にあった緊張場面の例
・大学のフランス語の授業中のスピーチ←便意，覚えられるか緊張。
・人前で楽器を弾くとき。
・職場での食事会。
・電車内や人の家に泊まり，便意を我慢して緊張。
・才色兼備で性格がよい女性の集団の中で何かやることになったとき。
・姉がまた人からほめられたと母から聞かされたとき。

③よくある緊張場面の例
・人前での発表，文章を読むとき。
・電車内や人の家に泊まり，便意を我慢して緊張。
・才色兼備で性格がよい女性の集団の中で何かやることになったとき。
・姉がまた人からほめられたと母から聞かされたとき。

校でのスクーリングが緊張の例に該当するようでした。スクーリング中の発表の際，「緊張するのではないかという不安」があるということがわかりました。しかし現在のクライアントにとっては，そうしたスクーリングの緊張よりも，①に書かれたその他の項目のほうがストレスになっていることを私に強く訴えました。つまり①に書かれていることは，厳密にいうと「緊張」ではなく「ストレス」だったのです。それらのストレスと，このセッションでのテーマとなった緊張との関係が私たち 2 人の間でまだ理解できていないということを話し合いました。

表 3-4 のメモをもとに，まずは緊張をグループ分けすることを提案し，了承

を得ました。やり方としては，緊張の強度別と場面別にメモの項目を分類して，ある程度のまとまりを作るものでした。そうして出来上がったものが，次の4つです。
① 緊張度 100 「人前での発表」
② 緊張度 85 「腹痛とか便意による緊張が高まっているとき」
③ 緊張度 60 「才色兼備で性格も良い女性の中で何かをするとき」
④ 緊張度 40 「したくないと思いながら人と接するとき」（例：家族親戚で食事をすること。職場の飲み会）

　セッション進行プランとしては，緊張度が強い順にアセスメントを進めていくことに決まりましたので，次回の第3セッションは，緊張度100と85のアセスメントをすることを予告しました。しがたって第2セッションのホームワークとしては，緊張度100と85の時の状況と自分の反応を詳しくメモしてくることになりました。初回セッションのホームワークでは，クライアントのやり方でメモをしてもらいましたが，今回は，認知モデルを意識しながらメモするように依頼しました。

3－7　第3セッション

　第3セッションを紹介します。前回のセッションの振り返りとしてクライアントから語られたことは，「緊張をセッションのテーマとしたが，今現在，自分を困らせているのは，様々な不安や嫌な気分で，それが続くと最終的には自己嫌悪や無気力になっていく気がする」ということでした。
　1番目の緊張度100の「人前での発表」について，このセッションの時にクライアントが持参したホームワークのメモをもとに整理しながら，アセスメントシートに記入していきました（図3-2を参照）。まず状況は，人前で発表をするとき若干の腹痛を感じて（①），気分的に心配になります（②）。そして，認知として，「途中でトイレに行きたくなったらどうしよう」と思って（③），気分的に焦ります（④）。そうすると，体の症状として，腹痛，動悸，気分が悪い，

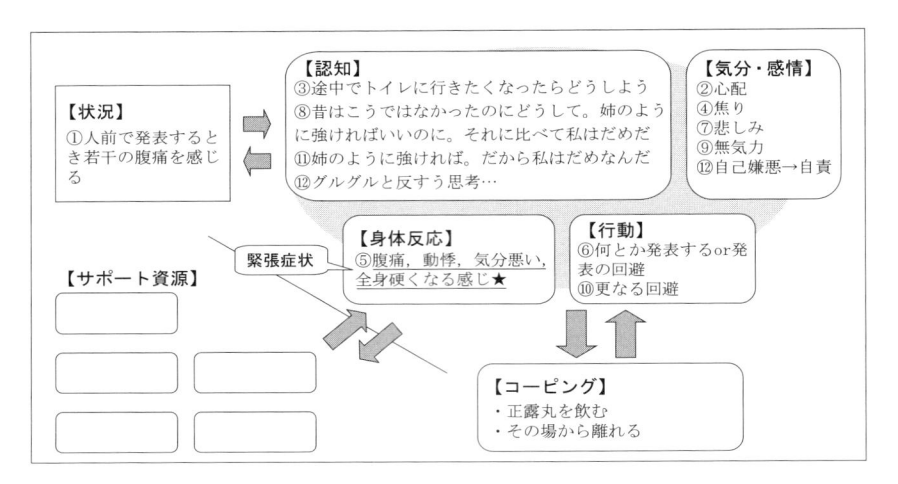

```
┌─────────────────────────────────────────────────────────────────────┐
│  【状況】         【認知】                          【気分・感情】    │
│  ①人前で発表すると  ③途中でトイレに行きたくなったらどうしよう   ②心配      │
│  き若干の腹痛を感じ  ⑧昔はこうではなかったのにどうして。姉のよう  ④焦り      │
│  る              に強ければいいのに。それに比べて私はだめだ    ⑦悲しみ     │
│                 ⑪姉のように強ければ。だから私はだめなんだ    ⑨無気力     │
│                 ⑫グルグルと反すう思考…                ⑫自己嫌悪→自責  │
│                                                                     │
│                       【身体反応】        【行動】                   │
│           緊張症状    ⑤腹痛，動悸，気分悪い， ⑥何とか発表するor発      │
│  【サポート資源】      全身硬くなる感じ★      表の回避                │
│                                          ⑩更なる回避                │
│                                                                     │
│                         【コーピング】                              │
│                         ・正露丸を飲む                              │
│                         ・その場から離れる                          │
└─────────────────────────────────────────────────────────────────────┘
```

図 3-2 緊張度 100 のアセスメント

全身が硬くなる感じというのが出てきて（⑤），行動としては，とりあえずその場は何とか発表するか，あるいは合唱コンクールへ行かないというような回避もありました（⑥）。

その後に，気分的に悲しみが出てきて（⑦），認知としては，「昔はこうではなかったのにどうしてだろう。お姉さんのように強ければいいのに。それに比べて私はだめだ」と思って（⑧），無気力になって（⑨），さらなる回避という行動につながり（⑩），それをまた「姉のように強ければ回避をしなかった。だから私はだめなのだ」と考えて（⑪），自己嫌悪して，最終的に自責感が出てきます（⑫）。また，⑧以降の認知が頭の中でぐるぐると反すうをして，それに伴う気分が出てくる（⑫）という循環を確認しました。こうした悪循環時のコーピングですが，その場でとりあえず正露丸を飲む。あるいは，その場から離れるとか，行かないということが挙げられました。

次のアセスメントは 2 番目の緊張度 85 の「腹痛と便意により緊張が高まるとき（電車内など）」（図 3-3 を参照）です。状況としては，電車に乗っていたり，席を外せないとき，若干の腹痛や便意を感じます（①）。すると，気分的に心配

第 3 章 事例 1：セルフモニタリングによる気づきをきっかけに大きく面接が展開した事例 37

【状況】
①電車に乗っていたり，席を外せないときに若干の腹痛＆便意を感じる

【認知】
③途中でトイレに行きたくなったらどうしよう
⑧昔はこうではなかったのにどうして。姉のように強ければいいのに。それに比べて私はだめだ。
⑪姉のように強ければ。だから私はだめなんだ。
⑫グルグルと反すう思考…

【気分・感情】
②心配
④焦り
⑦悲しみ
⑨無気力
⑫自己嫌悪→自責

【サポート資源】

緊張症状

【身体反応】
⑤腹痛，動悸，気分悪い，全身硬くなる感じ★，便意

【行動】
⑥途中下車するor我慢しながらトイレへ行く
⑩更なる回避

【コーピング】
・正露丸を飲む
・その場から離れる

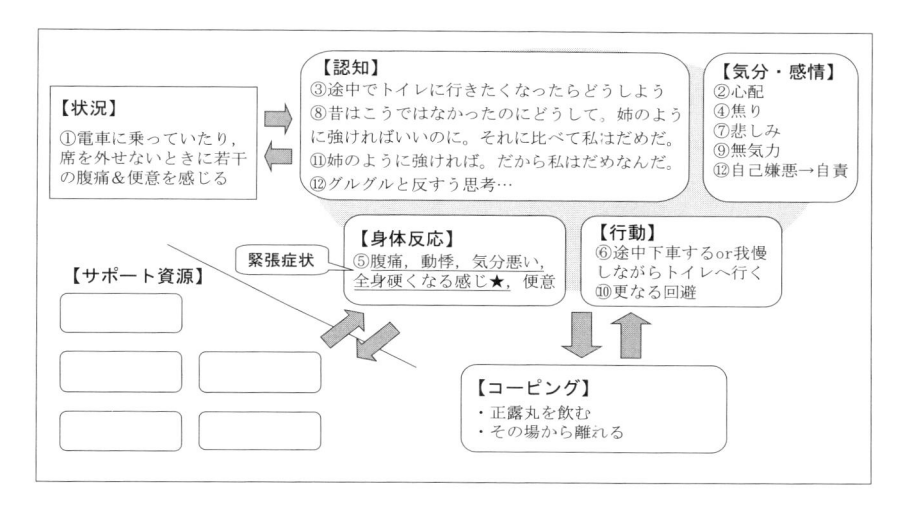

図 3-3　緊張度 85 のアセスメント

になります（②）。そして，「途中でトイレに行きたくなったらどうしよう」と考えて（③），気分が焦り出して（④），腹痛，動悸，気分が悪い，全身が硬くなる感じ，そして便意を体に感じて（⑤），途中下車をするか，我慢しながらトイレへ行くという行動をとります（⑥）。その後に，悲しみ（⑦），そして「昔はこうではなかったのにどうしてだろう。お姉さんのように強ければいいのに。それに比べて私はだめだ」と思って（⑧），無気力になり（⑨），さらなる回避を引き起こします（⑩）。そしてそのことが，「昔はこうではなかったのに，どうして。姉のように強ければいいのに。だから私はだめなんだ」という認知につながり（⑪），自責感を伴う反すうに展開していきます（⑫）。そしてコーピングですが，緊張度 100 と同じでした。緊張度 100 と 85 は，見るとわかるとおり，かなり似通った循環をたどり，最終的に自責的な反すうにつながります。

　ところで，この CBT でのテーマである「緊張」ですが，このアセスメントシートでいうと⑤にあたる身体反応ではないかということをクライアントに尋ねま

した。クライアントも「その通り」と納得したので、アセスメントシートの身体反応の⑤に下線を引き、「緊張症状」と命名しました。このような軌道修正を行えたのは、ミニスーパービジョンでのアドバイスによるものでした。その詳細は、後でまとめてご紹介します（本章 3-19 を参照）。

さて、本セッションのホームワークですが、①今日作成した緊張度 100 と 85 のアセスメントを見直してこれで間違いないか確認してくること、②残りの緊張度 60 と 40 の 2 つについて、アセスメントシートに記入してくるという 2 点としました。

3－8　ワークショップ参加者との質疑応答②

伊藤：第 3 セッションまで紹介しましたが、質問はいかがでしょうか。

質問 1：緊張を、この 4 点にグルーピングした際の絞り込み方法を教えてください。

大泉：まず場面をピックアップしました。次にクライアントにとってコントロールが不可能で、緊張度も高いといったものは何なのか、という視点で整理しました。基本的には、クライアントがピックアップしたいと希望したものを重視して選びました。

質問 2：身体反応に「緊張症状」と名前をつけたとのことですが、なぜ身体症状に焦点を当てたのでしょうか。

大泉：「緊張」というテーマでアセスメントを進める中で、様々な「緊張」がクライアントから報告され、「緊張」の整理がつかなくなっていました。そこで身体的には動悸や腹痛など明確にわかる反応がありましたので、その身体反応については、「緊張症状」と命名しました。したがって、身体症状のみに焦点を当てたということではないんです。

伊藤：補足しますと、恐らくクライアントは当初、ご自分の体験全体を大まかに捉え、それを「緊張」と呼んでいたのだと思います。それを認知行動療法のモデルで整理し、分類してみたところ、緊張性の身体反応が明確になってき

た。そこで大泉さんとこのクライアントは，その反応に「緊張症状」と改めて名前をつけたのだとお考えください。

3−9　第4セッション

　第4セッションの紹介です。この時期に専門学校のスクーリングがあり，まさに緊張度100の事態が発生しました。しかし，図3-2と図3-3に示した身体反応としての「緊張症状」はなかったことが報告されました。「途中でトイレに行きたくなったらどうしよう」とは思ったそうですが，若干心配な気分になった程度だったということでした。

　このセッションでは，第3セッションのホームワークとなっていた緊張度60と40のアセスメントシートを見ながら，循環を確認していきました。まず3番目の緊張度60の「才色兼備で性格も良い女性の中で何かをする」から始めました（図3-4を参照）。この時点でクライアントは，知人の勧めもあって，インテリアコーディネーターという資格に興味を持つようになり，資格取得のスクールのパンフレットを取り寄せていました。その中に「先輩の成功談」というコラムがあり，女性の先輩がコメントを寄せているのを読みました。

　そのときの認知は，「優秀な女の人が成功するような仕事なんだ。きっと姉みたいな立派な人がたくさんいるんだろうな。どうせ私はやっていけないだろうし，途中で落ちこぼれるのがおちだ」というもので，気分的には，不安，悲しみ，無気力感，自責感といったものが生じました。身体的反応は，「首がちょっとすくむ感じ」とのことでした。そして行動としては，スクールに行くことや資格を取得することをやめてしまいました。

　次に4番目の緊張度40のアセスメントシートを確認していきました（図3-5を参照）。「したくないと思いながら人と接するとき」の場面です。状況としては，親戚の宴会の手伝いをさせられたときです。認知的には，「どうして小間使いのように働かされるの？　いちいち愛想よく話を聞くのは馬鹿らしい」と思って，気分としてはイライラします。その後，「結局，こうした親戚付き合いを受

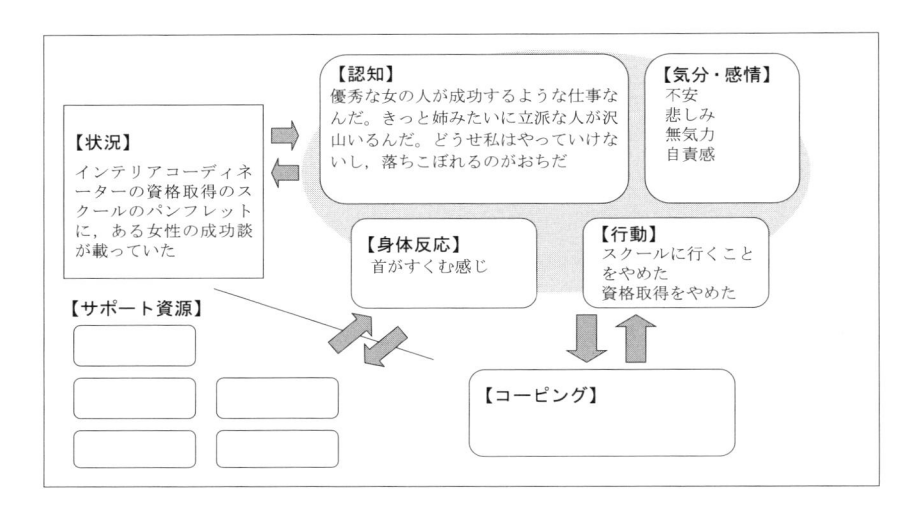

```
┌─────────────────────────────────────────────────────────────┐
│                    【認知】              【気分・感情】      │
│                    優秀な女の人が成功するような仕事    不安  │
│                    なんだ。きっと姉みたいに立派な人が沢  悲しみ │
│  【状況】           山いるんだ。どうせ私はやっていけな  無気力 │
│  インテリアコーディ  いし，落ちこぼれるのがおちだ      自責感 │
│  ネーターの資格取得のスクールのパンフレット                  │
│  に，ある女性の成功談                                         │
│  が載っていた       【身体反応】         【行動】             │
│                    首がすくむ感じ       スクールに行くこと   │
│  【サポート資源】                        をやめた             │
│  ┌───┐                                 資格取得をやめた     │
│  └───┘                                                      │
│  ┌───┐  ┌───┐        【コーピング】                         │
│  └───┘  └───┘                                              │
│  ┌───┐                                                      │
│  └───┘                                                      │
└─────────────────────────────────────────────────────────────┘
```

図 3-4　緊張度 60 のアセスメント

け入れられない私ってだめなんだ」との認知が出てきます。その結果気分としては，自己嫌悪が生じ，それがぐるぐると続いて，最終的に自責感とか無力感につながります。身体反応は，胸のむかむかです。行動としては，とりあえず黙ってその場にいます。その後は，極力，自室に閉じこもるなど，回避的な行動を取ります。コーピングとしては，その場では会話をしたくないのでテレビをつけたりとか，後で両親に文句を言ったりします。また日本の家族の風習を本で調べたり，彼に愚痴ったりということをしています。

　これで私たちが問題とした 4 つの緊張度別のアセスメントが終わりました。その中でわかってきたことは，「緊張の問題」と，「緊張などによって回避したことに対しての自責的な思考の反すう」というものがクライアントを苦しめているということです。特に緊張度 60 と緊張度 40 というのは，緊張が問題なのではなく，他と比べて自分を否定するような自責的認知と気分が問題であるということが 2 人の間で理解されました。今まで，「緊張」をテーマとして認知行動療法を進めてきましたので，こうした自責的認知・気分の問題をセッション

第3章 事例1：セルフモニタリングによる気づきをきっかけに大きく面接が展開した事例　41

```
【状況】                    【認知】                           【気分・感情】
親戚一同が集い、宴会を      どうして小間使いのように働かされる   イライラ
する。料理の手伝いなど      の。いちいち愛想よく話を聞くのはば   ⇒自己嫌悪→自
をさせられる                からしい⇒親戚付き合いを受け入れら    責感、無力感
                            れない私ってだめだ

                            【身体反応】       【行動】
                            胸のむかむか       黙ってその場にいる⇒極力
【サポート資源】                                自室にこもり、団欒の場に
                                                顔を出さない（避ける）

                            【コーピング】
            本              ・テレビをつける
                            ・両親に文句を言う
            彼氏            ・日本の家族の風習について本で調べる
                            ・彼氏にぐちを言う
```

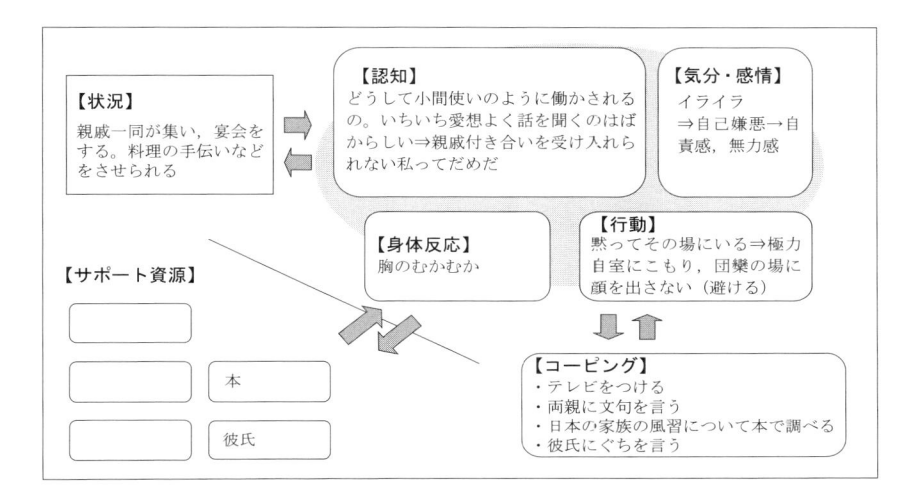

図 3-5　緊張度 40 のアセスメント

の中でどのように扱っていくのか，それについて検討する必要があるということが，クライアントとの間で共有されました。つまり，ここで行う CBT のテーマとしてこのまま緊張を単独で扱っていくのか，自責の問題にテーマを変更するのか，あるいは，両方とも扱っていくのか，ということです。

　本セッションのホームワークとしては，①今まで作成した4枚のアセスメントシートを見ながら，自分の状態に当てはめて実感できるかということを確認してくること，②主治医から紹介状をもらうこと，③「中学3年以来，リラックスという感覚すらわからない」とのことでしたが，とりあえず過去のリラックス体験を思い出してみる，の3点となりました。

　主治医からの紹介状ですが，結果的にクライアントはさほど苦もなく，紹介状を手に入れました。これはどういうことかといいますと，主治医が「CBT は効果がある」と看護師と雑談しているのを偶然耳にして，「認知療法をやりたいということは，医療不信の表明ではないのだ」とクライアントの認知が変わったからです。

3-10　第5セッション

　第5セッションを紹介します。第4セッションまで「緊張」をテーマにアセスメントを進めてきました。その過程でわかってきたことはクライアントがここでのCBTで焦点を当てたいのは、「緊張」だけではなく、「自己嫌悪や自責感」の問題も含まれるということでした。そこで自己嫌悪や自責感についてセッションでこれからどう扱っていくか、というアジェンダを立てて話し合いました。クライアント自身の考えを尋ねたところ、「現在困っていることはむしろ『自責感』なのだが、もともとは緊張のコントロールができないことに悩んでいて、どちらかひとつを選ぶことはできない。『緊張のコントロールができない』という認知も『自責』につながっている。だから両方をセッションで取り上げてほしい」とのことでした。そこで、CBTのテーマを「緊張と自責」に改めることで合意しました。

　そこで早速、今のクライアントにとって最もつらい「緊張と自責」の体験を、アセスメントシートにまとめることを提案し、一緒に5枚目のアセスメントシートを作成しました（図3-6を参照）。

　「自分は人前でしゃべったり歌ったりすることに対して異常に緊張してしまうので、自分には結局それができない」と頭で考えているというのが状況です（①）。そのような状況において、「自分には一生できないことだろうな」という認知が生じ（②）、悲しい気分になり（③）、「才色兼備な姉のように何でもできて、困難を乗り越えて解決できたらいいのに」と考えて（④）嫉妬心がわきます（⑤）。そして、ひるがえって、「自分はなぜそれができないの」と考え（⑥）、自分への不快感とかむかつきという気分が出てきて（⑦）、そして、「姉のようにできないから、やっぱり私はだめなんだ」と考えて（⑧）、自己嫌悪とか無力感という気分になって、最終的には自責感という気分にすべてがつながっていく（⑨）。そして、それをぐるぐると考え続けてとめられない（⑩）。行動としては、結局人前でしゃべったり歌ったりするということをやめたり、避けたり

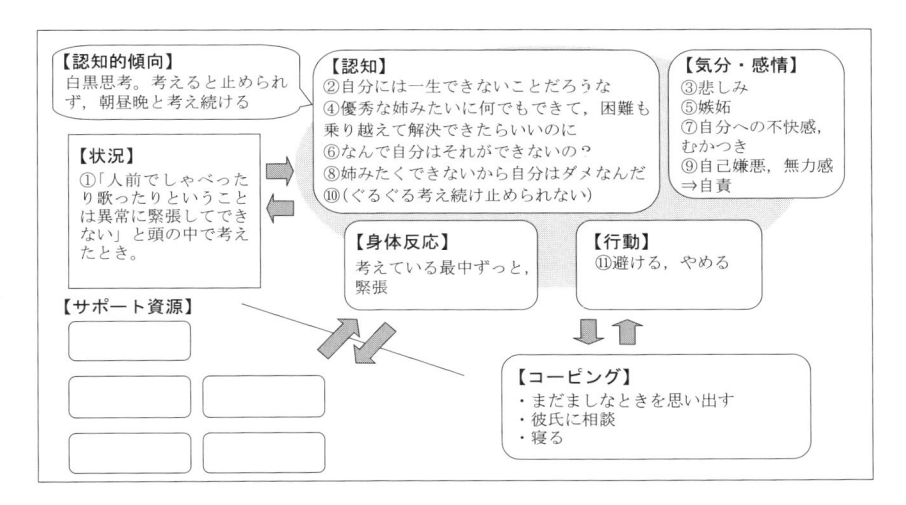

第3章 事例1：セルフモニタリングによる気づきをきっかけに大きく面接が展開した事例　43

```
【認知的傾向】                【認知】                           【気分・感情】
白黒思考。考えると止められ    ②自分には一生できないことだろうな        ③悲しみ
ず，朝昼晩と考え続ける        ④優秀な姉みたいに何でもできて，困難も    ⑤嫉妬
                            乗り越えて解決できたらいいのに          ⑦自分への不快感，
【状況】                     ⑥なんで自分はそれができないの？         むかつき
①「人前でしゃべった          ⑧姉みたくできないから自分はダメなんだ    ⑨自己嫌悪，無力感
り歌ったりということ          ⑩（ぐるぐる考え続け止められない）        ⇒自責
は異常に緊張してでき
ない」と頭の中で考え
たとき。                     【身体反応】            【行動】
                            考えている最中ずっと，    ⑪避ける，やめる
【サポート資源】              緊張

                                                【コーピング】
                                                ・まだマシなときを思い出す
                                                ・彼氏に相談
                                                ・寝る
```

図 3-6　「緊張と自責」のアセスメント

してしまう（⑪）。それがさらなる自責感につながるということです。身体の反応としては，ぐるぐると考えている最中にずっと緊張をしているということですが，これは明確な緊張症状ではなくて，何となく身体に緊張感があるということでした。コーピングとしては，まだマシだった頃のことを思い出したり，彼氏に相談したり，寝てしまうことです。

ところで5回のセッションを通して，クライアントの思考・行動にはあるパターンがあることがわかってきました。それは，思考・行動ともに白黒つけ過ぎるところがあることと，考えるととめられないで四六時中考えていることでした。こうした認知的特性もアセスメントシート内に追記しました。クライアントは，「自分の中に極端で厳しい自分がいて，その自分が自分のことを責めたり，白黒つけたがったり，考えるととめられなくなったりさせる。それもまた，自信のなさや緊張への不安をつくり上げていたんだと思う」と内省しました。セルフモニタリングによる気づきが進む中で，さまざまな自分自身の認知のパターンに気づいてきていることを共有し，CBTでは「認知の癖」といわれるものであることを説明して，理解を促しました。

本セッションのホームワークですが，①今日作成したアセスメントシートを見直し，②特に自分にとって重要とか対処が困難とか問題としたいといった項目に★印をつける，という2点になりました。②は，「問題同定」という次の作業に進むための下準備としてのホームワークです。

3-11　ワークショップ参加者との質疑応答③

伊藤：第5セッションまで紹介しましたので質問を受け付けます。まず私から質問です。この時点で，アセスメントの段階が終了したことがクライアントと共有されたようですが，何をもってそういう判断を下したのでしょうか。

大泉：2つの点から判断したように思います。1つは，セッション開始当初は緊張をテーマにアセスメントを進めてきましたが，もう1つの重要な問題である自責にどうつながっていくのかが2人の中でよく理解できたことです。もう1つは，そうした自分の問題をクライアント自身が「ものすごくよくわかった」と実感できたからです。要するにCBTのモデルに沿って問題を整理して，「ああ，こういう感じなんだ」と2人が実感できたということです。

質問1：クライアントのコーピングスタイルについての評価はいかがでしょうか。

大泉：まず，初回の心理テストで本来持っているコーピングスタイルを2人で検証しました。もともと認知的にも行動的にもコーピングは多い方でした。コーピングスタイルが，接近型か回避型かについての評価は，本来はこの方は接近型だったと思われますが，現在は「何をやってもできないんじゃないか」と思い，回避が多くなってきているのではないかということが話し合われました。面接が進む中で，接近型のコーピングを取り戻しつつあるということもわかりました。例えば興味のあるグラフィックデザインの仕事について，「どうせ続かないだろう」と回避せず，自分なりに調べたり，資料を取り寄せていたからです。ただし，緊張症状に対するコーピングは，持ち合わせていませんでした。

質問2：クライアントにとって最もつらい「緊張と自責」をヒアリングする際セッ

ション中にクライアントがつらい気持ちになることはありましたか。あった場合は，セラピストとしてどうカバーしたのでしょうか。

大泉：つらい気持ちになることはありませんでした。クライアントは，「『自分はなぜ今までこんなにつらくなっていたのか』ということについて，それを言葉にできたことによってとても整理がついた」と，むしろすっきりした気分を述べていました。

質問3：セッション中にアセスメントをしているとき，クライアントが怒りなどの感情を表出したことはありましたか。

大泉：私に対して怒りをぶつけるというようなことは一度もありませんでした。このクライアントが表出した感情としては，緊張感が挙げられると思います。私からの質問になかなか答えられないときに赤面してしまい，伏し目がちになり，まつ毛が震えるというような反応を示すことがあったからです。実際，「緊張しますか」と初回セッションのときにお聞きしますと，「若干緊張します」と言っていました。

質問4：2点，質問します。第5セッションで，「緊張」以外に「自己嫌悪」とか「自責感」というものをセッションでどう扱うかということについて検討することを提案しています。セラピストは，初期の段階で，こうしたことを念頭に置きながらセッションを進めていたのでしょうか。もう1つの質問は，「緊張」というのと「自責感」というのは心理的には大分レベルが違うことだと思いますが，この2つが急にセッションに入ってくることに関してクライアントは動揺などしなかったのでしょうか。

大泉：1つ目の質問ですが，当初から念頭に置いていたわけではありません。しかし，緊張を主訴にしながら，緊張以外の訴えが多く聞かれ，「緊張を主訴にしているのになぜだろう」と，当初から疑問は抱いていました。ただ，その時点では，「それは緊張ではないんじゃないですか」と指摘せず，もう少しアセスメントを進めていく中で見えてくるかなと思い，様子を見ていたというところです。

　2つ目の質問の回答です。緊張と自責についての話合いをアジェンダとし

たのは，確かに第5セッションでしたが，第1,2セッションから，クライアントは緊張以外にも自責感に悩まされていることはわかっていました。そうしたことをセッション中に話し合いながら，気づいていき，だんだん「緊張と自責」という2つのテーマになったという流れですので，クライアントにとっても特に違和感はなかったと思います。

伊藤：さらに補足します。緊張と自責はレベルが違うとのご質問でしたが，レベルというよりは，CBTのモデルでいうとカテゴリーの違いということになると思います。全体的に「緊張」というタイトルをつけていたクライアントの訴えを分解して，まず身体反応に「緊張症状」という名前をつけました。そしてここで出てきている「自責」というのは認知と気分が混じっているものだと思いますので，自責的な認知と自責感という感情・気分のところに「自責」が入ってきているのです。

質問5：3つ質問をします。第1に，クライアントの服装とか雰囲気を教えてください。第2に，第4セッションではリラックスを洗い出すというホームワークが出ています。クライアントは中学3年生以降にリラックスがわからなくなったと言っているので，そのときに何かが起こっていたのか。また緊張度85のアセスメントでも「昔はこうではなかったのに，どうしてなんだろう」と言っているので，どこかの時点で自分の持っていたリラックスに対する考えが変わってきたのか。そうした昔自分が持っていた考えが変化してきている，それが整理されてきて，何で自分がこういうふうになってきたのかなというあたりまで話がされていたのか。第3に，アセスメントが終わった時点で，クライアントはどれくらい認知モデルをしていたという感じがありましたか。また，理解させるプロセスで特に留意した点を教えてください。

大泉：第1の質問への回答です。服装の上はオレンジやイエローの淡い色使いのシャツ，下は，女性らしい曲線のシルエットのスカートといった感じでした。服装の色使いや上下のバランスが良く，「今日もすてきですね」と言いたくなるようなおしゃれな感じでした。雰囲気は，おどおどした感じでした。受付

スタッフの観察ですが，カウンセリングの予約カードをスタッフの目の前でケースに入れる際，その手が震えていたそうです。受付でもセッション時もうつむいていました。ただ，自分の意見を述べるときは，きちんと話をしていました。見かけは普通にどこにでもいそうな年相応の女性だと思います。

　第2の質問への回答です。中学生のときに特別何かあったということはクライアントは記憶していないようでした。ただ中学3年のとき，受験勉強に向けて，「テストに失敗してはいけない」，「誰にも恥ずかしくない進路を選ばなければならない」と感じた頃から緊張するようになったと言っていました。私も特にそれについて詳しく聴くことはせず，「昔はそうじゃなかったのに，何かわからないけれど，だんだん今のように緊張するようになってきたのね」という理解に留めました。

　第3の質問への回答です。認知モデルの理解度は良好でした。当初は，「認知」と「気分」をちょっと混同していましたが，ちょっと説明をすると，両者の区分けもすぐ理解しました。また認知モデルの循環も矢印で追うことができました。モデルを理解してもらうのにセラピストとして留意した点は，モニタリングのホームワークを多く出すこと，そのホームワークを使ってクライアントが理解したとわかるまで，認知モデルの分類や循環を何度も心理教育することでした。

質問6：第5セッションでまとめのアセスメント（図3-6）をしていますが，今まで書いた4枚のアセスメント（図3-2から図3-5まで）よりも完成度が高いように見えます。これはクライアントがここまでのアセスメントができるように変化してきたのでしょうか。それともセラピストがガイドしているのでしょうか。

大泉：基本的にはセッション中に一緒に考えて，クライアントがアセスメントシートに記入しました。クライアントは認知モデルを十分理解していましたので，私が誘導しなくても，ある程度の記入は可能でした。認知と気分をいかに結びつけるかということについては，若干私がガイドしました。また認知的傾向をアセスメントシートに付け加えたのは，私から提案しています。

3-12　グループ討議の発表①

伊藤：グループ内でどんな話が出たか，お聞かせください。

発表1：2つ出ました。1つ目は，CBTに対する理解力の高いクライアントであり，面接構造から外れることがなかったので，セラピストは進めやすかったのではないか。2つ目は，アセスメントに5セッションかけているが，もう少し短く済んだのではないか，ということでした。

発表2：モチベーションの高いクライアントであったので，CBTの入りがよく，セラピストとして進めやすかったのではないか思いました。このグループでは，臨床場面で子どもを扱っている人が多く，モチベーションが低い子どもにどのようにCBTを入れていったらよいか，という話題が出ました。また，アセスメントで，クライアントとセラピストの両方が問題を同定していく作業は，とても重要だという感想が出ました。

発表3：このグループでは，全体的な感想は，過緊張なクライアントにも関わらず，比較的スムーズに自己開示ができ，セラピストとの関係も早期に作れたことがすばらしいという話が出ました。また，アセスメントの提示が，詳しくてわかりやすかったという意見もありました。一方，大学退学についてはちょっと気になりました。もし自分がセラピストなら，大学退学の経緯は詳しく聴取するかなと思いました。

発表4：私たちのグループは，CBTを臨床で使っている人が2人，勉強中という人が3人でしたが，事例を通して具体的にセッションの内容が聞けたことがとても勉強になったとの感想が出ました。また，スムーズにセッションが進んだのは，理解力とモチベーションの高いクライアントによるものなのか，セラピストの進め方がスマートだったのか，という点についてもっと詳しく話を聞けたらありがたいなとの感想が出ました。このディスカッションに同席したSSCのスタッフからは，「やはり心理教育の効果が出ていたのではないか」とのコメントをもらいました。

発表5：私たちのグループでは，クライアントの過去や背景の問題をセラピーの中でどう位置づけて扱っていくかについて話し合いました。CBTの契約の問題になるのかもしれませんが，クライアントの過去や背景の問題を，実際にどの程度聴取しようとするのか，またそれらを主訴とどの程度結びつけて考えていこうとするのかということです。

発表6：4つの感想が出ました。1つ目は，アセスメントを通してクライアントが自分自身の問題をつかんでいったことがすごいということ。2つ目は，アセスメントでは，焦りとか怒りとか自己嫌悪などたくさんの感情が表出した中で最終的に「自責」が選ばれた経緯をもっと詳しく知りたいということ。3つ目は，図3-6のアセスメント中の【認知的傾向】に「白黒思考」と記入されていますが，このことばは，クライアントとセラピストのどちらが初めに言い出したのかということ。4つ目は，緊張の場面が4つに分けられて非常にスムーズに進んだ印象があるというものでした。

大泉：「白黒思考」ということば自体は私が言い出しました。クライアントが極端な考え方を報告したときに，「それは認知療法では白黒思考といいます」と心理教育しました。それがクライアントにとってフィットしたので，アセスメントに書き加えることにしました。

発表7：セラピストの指示的要素が少なく，CBTはクライアントとセラピスト双方で協力して作り上げることが実感としてよくわかったという感想が出ました。それから，クライアントはやはり能力が高いのですが，一方でセラピストがクライアントの話を引き出すための対話のマネジメントがうまいのではないかと思われるので，逐語レベルで詳しく知りたいと思いました。特に第1セッションで混乱したクライアントが最終的に緊張をテーマに選んだところのクライアントとのやりとりがわかったらいいなという話が出ました。

3－13　第6, 7セッション

　第6, 7セッションを紹介します。問題同定から目標設定，技法選定をこの2セッションで行いました。今まで作成したアセスメントシートを見ながら，クライアントが★印をつけてきたところに特に焦点を当て，問題を同定する作業を一緒に行いました。本人がホームワークでつけてきた★印は，自責感と緊張症状でした。

　話し合いの結果，次の5つに問題がまとめられました。
1. フォーマルな場や人前のスピーチなどのとき緊張症状が出る。
2. 自分を「だめなんだ」と責めはじめるとその考えをとめられない。
3. いろいろな物事に白黒つけ過ぎる。
4. 「緊張症状があるから自分はだめなんだ」と思って正社員になろうとしない。
5. 姉と比較して自分を責める。

　次に，同定した問題を見ながら，現実的な目標を考えていきました。目標設定と技法の選定で1セッション分を使っています。

　目標は次の3つになりました。
1. 緊張症状をコントロールするためにリラクセーション法を習得する。
2. 自分を責めることのないような考えを，様々な角度から思いつけるようにする。
3. グラフィックデザインの仕事をやってみようと考えて，その考えを行動に移す。

　次にこれらの目標を達成するための技法を選定し，それぞれの技法に対してどの程度時間をかけるかということを話し合いました。その結果，来談動機でもある緊張に関わる目標1について，セッションで最も時間をかけて扱っていこうということで合意されました。というのも，以前は緊張しているという自覚すらなかったのに，中学3年以降は緊張をコントロールができなくて現在に

至っているということで，クライアントが，「そもそもリラックスするってどういうことかも見当がつかず，1人ではできないので一緒に進めてほしい」と訴えたからです。技法の選定については，セラピストから提案し，初めに腹式呼吸を試してみることで合意しました。その後，自律訓練法や筋弛緩法などその他の技法をさらに行うかどうかについては，腹式呼吸の効果を見てから再度検討することになりました。

次に目標3の「グラフィックデザインの仕事をやってみようと考えて行動に移す」というものですが，この時点で，既にクライアントなりに動き始めているということがわかっていました。ですので，セッションではあまり時間をかけずに，簡単に経過報告をするという程度に扱うことになりました。

最後に目標2の「自分を責めることのないような考えを，様々な角度から思いつけるようにする」についてです。技法としては，認知再構成法が適当だと思いました。したがって通常であれば，その習得を目指すことになります。しかしクライアントは，自分の問題の全体像をつかむアセスメントの過程で，既に認知再構成法にあたるような考えの修正をしており，そのことをセッションで報告してくれていました。つまり，セルフモニタリングで自分のネガティブな認知を捉え，その瞬間に別の適応的な考えを思い浮かべたり，またそれによって結果として緊張を緩めたり，次の行動へつなげたり，ということもできていました。そこで，そうした報告を取り上げて，「そういう対処自体がCBTでいえば認知再構成法なのだ」と心理教育を行いました。そして当機関で使っている認知再構成法のためのツールを示し（第5章を参照），クライアントがこれまで報告してくれたことを認知再構成法の流れに沿って当てはめ直し，「こうして適切な考えを浮かべられているようですね」と伝えました。クライアントはその説明に納得し，「認知再構成法を改めてセッションで教わる必要はないが，自分が行った認知再構成法的な考え方をセッションで報告したい」と述べました。

こうして認知再構成法については報告してもらうことがアジェンダとなりましたが，その中から一例をご紹介します。「弁護士の友人を観察した」というエ

ピソードです。クライアントは旅行がてら旧知の友人(女性)の所を訪ねました。その友人は才色兼備のエリート弁護士で，クライアントは昔から彼女に劣等感を抱いていました。しかし今回，これをいい機会にじっくり彼女を観察してみようと思いついたそうです。そして，じっくり観察してわかったことは，「何だ，結構つまんないことでミスするんだな」とか，「意外と物事を知らないんだな」とか，「学歴はすごくても，やっていることは私たちと変わらないんだな」ということでした。そうした気づきを頭の中で実感していたら，「もしかして私は，才色兼備の女性を怖がりすぎていたのかも」と気づいたのだそうです。そして，クライアントの認知が「才色兼備，イコール立派な人間ではない」と変わったとのことでした。

　腹式呼吸については，呼吸のセルフモニタリングをまずはホームワークとして依頼しています。例えば緊張したときの呼吸がどうなのか，リラックスしたときの呼吸がどうなのかという，状況ごとに身体を観察し，メモするという課題です。

3-14　第8〜14セッション

　第8セッション以降，技法の実践，効果の検証と維持，終結についての話合いを順次行っていきました。本ワークショップでは，アセスメントを中心に紹介したかったので，アセスメントの部分は，1回のセッション毎に紹介しましたが，これ以降については少しまとめた形で紹介していきます。

　まず，目標2「自分を責めることのないような考えを，様々な角度から思いつけるようにする」についてですが，クライアントは，日常生活で自分や他人をよく観察し，その中から発見された自責的認知に対して別の認知を考え出そうとする対処を継続的に行い，それをセッションで報告してくれました。セッションで報告することの意義をクライアントに聞くと，「薄々気づいてきたことを実感する場であり，しゃべることやセラピストとの話し合いの中でまた新たな気づきができる場なのだ」と述べました。クライアントにとって報告する

こと自体がコーピングになっていることを共有しました。実は私もこの報告の時間が楽しみで，その話を聞いて，驚いたり，感心したりしましたので，それをクライアントに率直に伝えています。先ほどの弁護士の友人の話も「そんなところでもモニタリングを応用したんですか」と驚いたことを思い出します。ただ毎回成功したエピソードばかりに私が関心を示してしまうと，うまくいかなかった場合に，言いづらくなるかもしれないので，2セッションに1回ぐらいは，「結果を知りたいのではなくて，プロセスをお聞きしたい」ということをクライアントに伝えました。

　そうした報告の中から2つほどエピソードを紹介します。1つ目のエピソード，これは才色兼備なお姉さんへの劣等意識ですが，面接中もそのお姉さんの名前を言って，「○○姉ちゃんと比べて」というのが口癖でしたが，例えば，先ほどの弁護士の友人という例でも，「必ずしも才色兼備な女性だからといって」という認知が生まれてきた経緯もありまして，「確かに○○姉ちゃんは，才色兼備で，努力家で，誰にでも優しく，性格もいいけど，だからといって私は自分を彼女と比べる必要はないし，私が彼女を追う必要もない」と思えたら姉と比較すること自体が少なくなったということを言っていました。

　それから，2つ目のエピソードは，へそピアスをつけるときの緊張のエピソードです。へそピアスは今若い人の間で流行っているボディピアスの一種ですが，クライアントは自分を変えたくて病院に穴をあけに行ったのだそうです。待合室で待っている間に緊張症状が出てきました。いつもなら，こんなに緊張するのは自分だけではないかと考えるのだけれど，冷静に考えようと思って，その間に，「ああ，緊張が上がったな」，とか「下がったな」というのを観察し続けました。それで，「初めて穴をあけるのだから，緊張するのはみんな同じだな。こんなときにみんなはどうやって対処しているのだろう」と，自問自答しました。受診中にも医師に，「施術中は皆何をやって過ごしているのですか」と他の患者の様子を聞いたり，ピアス以外の会話でちょっと気をそらしり，あるいは違うことに集中し，無事へそピアスをつけることができました。

　次に目標1のリラクセーションのために選んだ技法である腹式呼吸について

です。セッションの時間配分としては，腹式呼吸の練習に重点をおきました。第8セッションから第14セッションの中で，まず，2セッション使って腹式呼吸導入のための姿勢の取り方を練習し，次の2セッションを使って肩の脱力を練習し，それから腹式呼吸自体の練習を，残りのセッションで行いました。この期間のホームワークは，技法を実践する際に自分の身体がどうなっているのか，自己観察をとにかくこまめに行うことを毎度依頼しました。「どこかが気持ちいいとか，痛いとか，かゆいとか，何か感じることをちょっとでもいいのでちゃんと観察をしてきてくださいね」とお願いをしました。その報告と私の意見をもとに，クライアントが納得するまで一つ一つの項目をトレーニングしました。

　やはり，もともと緊張を主訴にCBTを受けにきているだけあって，腹式呼吸のトレーニングは順調には進みませんでした。たとえば肩の脱力一つとっても，それがなかなか思うようにできませんでした。通常，両肩同時に脱力してもらうことが多いのですが，このクライアントの場合，片方ずつ練習するという具合に，スモールステップ方式で進めていきました。つまりこのクライアントにとっては，自責的認知を再構成するのは1人で難なくできたというのに，肩を脱力することさえ非常に困難だったのです。したがって，セッションの中でも認知再構成法がアジェンダとして話し合われているときは楽しい時間なのですが，腹式呼吸法のトレーニングに移ると重苦しい雰囲気に変わってしまうのでした。セッション中も「とにかく難しい」と顔をしかめることが多くありました。またホームワークで練習するときも，「このまま肩の脱力ができなければ次の呼吸法に進めない」という考えが頭に浮かび，不安を感じ，練習ができなくなってしまうこともあったということでした。その結果，クライアントのCBTに対するモチベーションが下がり気味になったときもありました。この問題については後で述べますようにミニスーパービジョンを受けました（3-19参照）。そしてクライアントにセルフモニタリングを実施してもらい，その結果を丁寧に聞き取り，さらにそこからどのように次のステップにつなげていくのか，具体的な見通しを伝えていくことで，乗り切ることができました。

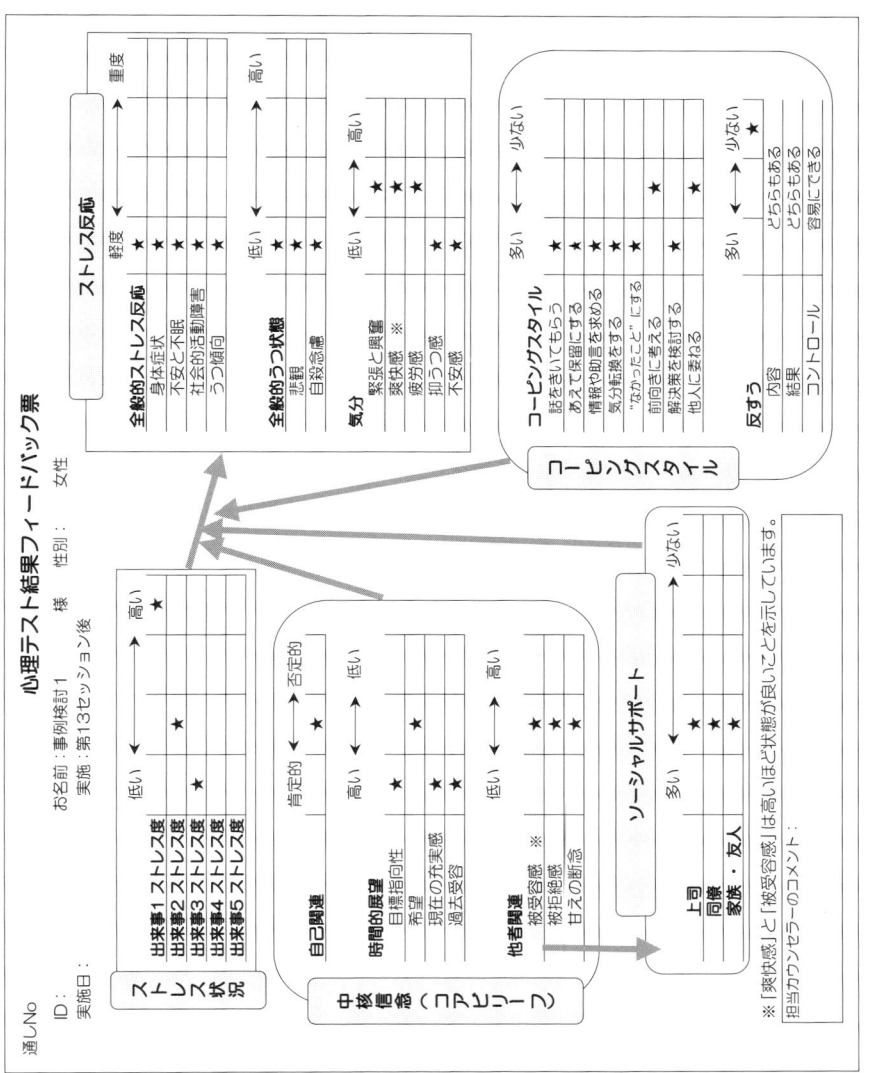

第3章 事例1：セルフモニタリングによる気づきをきっかけに大きく面接が展開した事例 55

図3-7 第13回心理テストの結果

そういう経緯はありましたが，次第にクライアントは腹式呼吸を身につけ，効果が出てきました。たとえば第14セッションでは，現実の仕事場面での緊張に対して腹式呼吸を適用したところ効果があったことが報告されました。学習塾受付で生徒さんへの対応をしていたときに，忙しくなって，「あれもやらなきゃ，これもやらなきゃ」と思っていた矢先に，緊張し始めてきたそうです。それで，「ああ，そうだ，姿勢に気をつけないと」と思って，下半身に重心を置いて，呼吸法も行い，対応を続けました。認知的には，「今はこれ（業務）だけに集中しよう」と考えたら，緊張が少し緩和され，その業務に十分集中できたそうです。

第13セッション終了時に実施した心理テストの結果（図3-7）を第14セッションにてフィードバックしました。今まで自分で止めることのできなかった反すうを，容易にコントロールできるようになっていることがテスト結果からわかります。クライアントによると，たとえぐるぐる考え出しても，「今は地下鉄線に乗っているので，この線を降りるまではぐるぐる考えよう。そして，降りたらやめよう」と，時間を決めることで，それなりに止められるようになったとのことでした。その他の結果も，たとえばストレス反応ではBDI-Ⅱの結果が1ポイントまで下がっているなど，大きな変化が見られます。コーピングも全体的に増えています。コアビリーフも肯定的な方向に軒並み変化しており，ソーシャルサポートも増加傾向です。インテーク時に実施した図3-1と比較していただければと思います。クライアント自身も，テスト結果について話し合っているとき，「人生でこんなに楽しいと感じたのは初めてだ」と言っていました。

3－15　第15セッション

第15セッションです。この時点で，技法の実践や効果が維持されていることが確認されましたので，今後の面接の進め方を検討するために，目標達成度の評価を行いました。まず，目標2「自分を責めることのないような考えを，様々

な角度から思いつけるようにする」の達成度を聞くと,「気づいたときは自分を責めて生きてきたが,今はもうそんなことはないので,達成度は100％以上」ということでした。目標1「緊張症状をコントロールするためにリラクセーション法を習得する」については,達成度は75％と評価されました。さらに達成度を上げるためには,たとえば以前クライアントが興味を示した自律訓練法を行うことなどもできることを提示したうえで,クライアントの考えを聞くと,「緊張していない自分はあり得ないという感じだった。だからここまで来られただけでも満足度は高い。たとえ75％であっても,それで充分な気がする」ということでした。そこで自律訓練法は市販のマニュアルを購入して自習できることを伝え,特に一緒には練習しないということで合意されました。目標3「グラフィックデザインの仕事をやってみようと考えて,その考えを行動に移す」についても,すでに行動に移していることが確認され,達成度100％ということが共有されました。このような話し合いの結果,ここでのCBTを終結にしてもいい段階に入ったことが合意され,念のため4カ月後にフォローアップのセッションを1度実施し,それで大丈夫であれば終結にするということになりました。「4カ月の生活をセッションでどのように報告するか,考えてくる」というのが,第15セッションのホームワークになりました。

3－16　第16セッション（フォローアップセッション）

　第16セッションは,フォローアップセッションです。セッションの冒頭で,クライアントは生活上の大きな変化を2つ報告してくれました。1つは,「なんとなく不安だから」と通院を続けていたのを,主治医と話し合って終了にしたことです。もう1つは,正社員として就職が決まったことです。採用面接のときにかなり緊張したそうですが,それにもうまく対処できたということでした。
　その他にもいくつかの認知的な変化を教えてくれました。たとえば,今までは「腹痛があるから無理だ」とあきらめて,やりたいことをやらなかったのだけれど,「腹痛があって何が悪いの。別に病気なわけでもないし,うまくつき

合っていけばいいんじゃないの」と思えるようになったということでした。それから、前は「だから自分はだめだ」と自分を責めていましたが、その「自責」が「反省」に変わったということでした。何かがうまくいかなかったとき、それを振り返ることはとても重要だとセッション中に話し合ったことがありましたが、うまくいかなかったときに、「全部自分が悪いというわけではないけれど、悪い部分は認めよう」と考えて、「自責的認知」が「反省的認知」に置きかわったということでした。こうした自責的認知が変化したら、より楽な気持ちで就職活動ができるようになったということでした。また、「悩む時間を決めて悩もう」と思うことで気持ちの切りかえがうまくなったということでした。

このようにフォローアップ期間を設けて状況をおうかがいしましたが、これまでの改善を維持できていること、CBTで学んだことを実践しつづけていることなどが共有できたことで、このクライアントとのCBTは終結になりました。

3－17 ワークショップ参加者との質疑応答④

伊藤：最後のセッションまで紹介しましたが、ご質問はいかがでしょうか。

質問1：腹式呼吸法の際に出てくる「姿勢」についてもう少し具体的に教えてください。

大泉：「姿勢」とは、下半身に重心を置いて、上半身は力を抜くということです。下半身は3点に重心がかかるように、具体的には、両足と、おへその下あたりの腹筋にグッと力を入れて、3点で身体を安定させるという練習です。「3点重心」という考え方は、例えば、二輪車はバランスが悪くて、走っていないと倒れてしまいますが、三輪車のように3点で支える事で、走らずとも安定することができます。そこで人間の場合には、腹筋あたりに力を入れることによって、両足と腹筋の3点で重心をとろうとする考え方です。下半身が安定したら、上半身は、肩を脱力させることによって、力を抜くようにします。例えば、電車のなかで立っている際、下半身の重心がうまく取れていないと、ちょっと電車が揺れただけで、バランスを崩して、倒れそうになりま

す。それが3点に重心を置くことを心がけると、ちょっと揺れてもふっ飛んでいきません。クライアントは、電車の移動中に姿勢の練習を行いました。

質問2：認知療法の本を読むと、媒介信念や中核信念を治療のターゲットに含めていますが、今回、それを行わなかった理由はなんでしょうか。

大泉：「自責」をたどっていくとコアビリーフに繋がるとは思いますが、「緊張」を主訴にスタートしたので、緊張に対する技法を中心に進めていきました。このテーマが一旦達成された時点でまだ認知的な問題が指摘されるようであれば、その時点でコアビリーフを検討してもよかったかもしれませんが、今回はそのような問題があると考えませんでしたので、特に扱いませんでした。

伊藤：補足します。最後に行った心理テスト（図3-7）のコアビリーフ（中核信念）のところが、このクライアントの場合、肯定方向に改善しています。要は、ストレス反応が改善しても、中核信念がネガティブなままであれば、媒介信念や中核信念といったスキーマレベルについて検討する必要があるかもしれません。しかしこのクライアントはそうした問題がありませんでしたので、スキーマレベルを扱う必要もないだろう、といった判断があったかと思います。

質問3：時間を決めて反すうするというコーピングをしていますが、これは、クライアントの発案ですか。

大泉：そうです。ぐるぐる考え続けているから悪いサイクルに入っていくのだということはアセスメントでわかっていました。そこでクライアントは、「じゃあ、やめればいいじゃん」と思ったのですが、そう簡単にはやめられないから、時間を決めてやめようかな」と考え、来談時利用する地下鉄で試したら、まあうまくできたという話でした。

質問4：「柔軟な考えを身につける」という目標に対して、クライアントがうまくできなかったときセラピストは、どのような働きかけをしましたか。また腹式呼吸の練習がうまくいかなかったときはどのように働きかけましたか。

大泉：前者は、うまくいかなかった場合も報告するようクライアントに伝えてありました。しかし結果的にうまくいかなかったということがなく、セラピス

トのフォローが必要になるということがありませんでした。一方で後者の腹式呼吸の練習は思うように進まないときもありました。例えば，息を吐くとき，力が入っておならが出そうになり，うまくできなかったといった体験があり，「自分はやっぱりできないんじゃないか」というネガティブな認知も生じました。しかし，その認知に対しては，腹式呼吸法ができるようになれば認知も変わっていくだろうと考え，認知に対して直接的なフォローはせず，話を聴くに留めました。そしてスモールステップ方式で，腹式呼吸の練習そのものに意識を向けさせるようなホームワークを設定し，そちらに集中してもらうような枠組みを作りました。

3−18 全体のまとめ

　全体のまとめです。緊張をテーマとしてCBTを進めてきましたが，セルフモニタリングが進む過程で，自責的な認知や気分の問題があることが理解されたケースでした。またクライアントのセルフモニタリングによる気づきによって認知的対処がスムーズに進んだケースであるともいえます。CBTを通じてのクライアントの変化を表3-5にまとめました。心理テストは前述した2つの心理テスト（図3-1，図3-7を参照）の要点だけをまとめました。また認知，行動，身体／気分についても本ケース開始時から終結時にかけての変化をまとめました。認知の特徴としては，「自責」という認知が「反省」になり，「姉のようにできないからだめ」じゃなくて，「姉と比べることはない」とか，相手の発言に対して白黒つけたがってイライラするというのは，相手の言うことにすべて白黒をつけないで流せるようになったとか，ぐるぐる考えることは止めることができないと思い込んでいたのが，時間を決めたら止めることができるようになった，などです。行動的には，正社員で就職したというところが大きな変化です。身体／気分は，緊張のコントロールができない状態が，緊張のコントロールがまあできるようになりました。気分的にも，自責感とか自己嫌悪があったのが，結構楽しい気分を感じられるようになりました。

表 3-5　クライアントの変化のまとめ

		開始時	終結時
心理テスト	ストレッサー	ストレスレベル：高い	ストレスレベル：低い～高い
	BDI-Ⅱ	50 ポイント	1 ポイント
	GHQ 28	総合 22 ポイント	総合 2 ポイント
	気分調査	緊張と興奮・爽快感・疲労感・抑うつ感・不安感→すべて重症	爽快感・疲労感→中程度
	コーピングスタイル	「あえて保留にする」「なかったことにする」→多い「前向きに考える」→少ない	「前向きに考える」「他人に委ねる」は中程度，それ以外はすべて多い
	反すう	いやな内容で結果も悪くなる反すうが多発し，自己統制困難	少なく，容易にコントロール可能
	コアビリーフ	自己：否定的，時間的展望：否定的，他者：否定的	自己：中程度，時間的展望：肯定的，他者：中程度
	ソーシャルサポート	少ない	やや多い
認知		・自責 ・腹痛があるからやりたいことはできない ・姉みたいにできないからダメだ ・やりたいことはあきらめよう ・相手の言うことに白黒つけたがり，イライラが持続 ・グルグル考え始めると自分では止めることができない	・反省 ・腹痛があってもうまくつきあっていけばいいじゃん ・姉と比べることはない ・やりたいことをやってみよう ・相手の言うことを全て白黒つけず，流せるようになった ・グルグル考えるのは，時間を決めよう

行動	・アルバイトや契約社員で仕事をする ・人と極力会わない	・正社員で仕事をする ・人と会う，人に相談する
身体／気分	・緊張症状のコントロールができない ・自己嫌悪，自責感	・緊張症状のコントロールがまあできる ・楽しい

3－19　ミニスーパービジョン

　ミニスーパービジョンについてその一部を紹介します。セッションを実施した日に，ほぼ毎回10分程度の簡単なスーパービジョンを受けました。その中から4例，紹介します。
　1つ目の例です。緊張をテーマとして扱うことになったのに，モニタリングをすると自己嫌悪といった緊張とは別の感情が出てくることについて，どのように扱ったらいいかと質問しました。このケースもまとめてみるとすんなり行ったように見えるかもしれませんが，緊張を訴える割にはあまり緊張症状が出ていなくて，それが私の中でよくわからず，迷っていました。
　スーパーバイザーからは，クライアントの訴える緊張と，モニタリングで報告された自己嫌悪という感情とがどのようにつながっているか，それについての整理ができていないのではないか，との意見が出ました。つまり，両者には関係があるのか，あるとしたらどのような関連性が見られるのか，関連性がある場合それらを一緒に扱う方がよいのか別々に扱う方がよいのか，それらを明確にするためには，さらに情報収集する必要があるのではないか，というアドバイスをもらいました。
　また，クライアントは自分の体験全体を大雑把にとらえ，それに「緊張」とネーミングしているが，むしろ身体症状だけを切り取って，そこに「緊張症状」とネーミングしたほうが，やりやすくなるのではないか，という指摘も受けました。

2つ目の例です。モニタリングを始めたとき，過去の身体症状は下痢など下腹部に症状化していたのですが，最近は上半身にも症状が出るというクライアントからの報告がありました。クライアントは，モニタリングをすることで症状が悪化しているのではないかと，そのときとても不安になっていました。クライアントの不安を聞いて，セラピストの私まで，モニタリングをさせすぎて，クライアントを不安にさせてはいけないんじゃないか，と不安になってしまい，スーパービジョンで相談しました。

　スーパーバイザーの回答は，「モニタリングを始めると身体感覚が敏感になり，そのような報告を受けることがある。クライアントの報告はモニタリングの効果であって，症状の悪化ではない」というものでした。それを聞いて，私自身が安心したことを覚えています。

　3つ目は，技法の実践時の例です。「肩の力が抜けないと次に進めないんじゃないか」と思うと不安になるというクライアントの不安に対して，セラピストはどう答えたらよいか，とスーパーバイザーに質問しました。それはさらなる緊張を生む認知なので，「今は気にしなくていいんだよ」とか，それを気にするかわりに，「やってみたらどんな感じがするかといった，身体的な気づきに意識を向けさせてはどうか」と伝えるとよいとのアドバイスを受けました。またリラクセーションは，受動的な感覚を身につけてもらうことが不可欠で，そのためにはどうしても練習してもらう必要があるのだと指導されました。

　4つ目の例です。呼吸法施行時に，本人が「力み過ぎる感じ」という感想を述べていたのを受けて，それをどう考えたらいいのかとスーパーバイザーに質問しました。すると「どこが力み過ぎているの？」とスーパーバイザーから逆に質問されました。考えてみると力んでいるのは，お腹の周りだけだったんです。それを聞いたスーパーバイザーからは，「腹式呼吸をする上で腹筋が力むなら問題ないのではないか。練習を重ねれば，あまり意識しないでも自然にできるようになる」というアドバイスを受け，それを次のセッションでクライアントに伝えたところ，納得してもらえました。

3－20　本事例における留意点と苦労した点および楽しかった点

　ケースを通じて留意した点や苦労した点をお話します。まずアセスメントの段階についてです。このクライアントは「緊張」を訴えており，緊張症状も明らかに見て取れるのですが，一方で抑うつ症状が重症レベルであり，その抑うつ症状を，セッションでどう扱うか，かなり気をつけました。まずBDI-IIの結果が重症レベルである場合，一般的にはどういう状態なのか，詳しく時間をかけて説明をしました（第1から3セッションにて実施）。もう1つが，重症のうつ状態であることからどうしても主治医の紹介状をいただく必要がありました。しかしクライアントの中に，「紹介状を依頼するということは，医師に対する不信の表明である」という認知が強くあり，なかなか応じてもらえませんでした。そして「セラピストが紹介状をクライアントに強く要求すると，ここでのCBTが中断になってしまうかもしれない」というネガティブな自動思考が私の中に出てきまして，どのようにアプローチすべきか，少し悩みました。もしクライアントが言えないなら当機関からお手紙を主治医にお送りすることも可能であるとか，幾つかの案はスーパービジョンでも話し合いました。結果的には，先ほど申したとおり，「医療不信の表明ではない」とクライアントが先に気づいてくれたので，よかったと思います。

　それから，緊張以外の，たとえば自己嫌悪といった気分が報告がされていましたが，それらをどのように位置づけたり関連づけたりしながら面接を進めていったらいいかについて気を配りました。最初から「緊張といっているのに何でそういう気分が出てくるのだろう」と，私のほうに疑問があり，ヒアリングをする際，この点については相当注意しながら聞き取りをしました。最終的には，「緊張」というテーマから「緊張と自責」という妥当なテーマに置き換えることができました。

　クライアントは，腹式呼吸の練習中に体の感覚が実感できないことに対して，強い不安を訴えました。私も同じく不安になってしまい，進め方に苦慮しまし

たが，その際ミニスーパービジョンはとても強い味方になりました。

次は，楽しかったことです。途中から，クライアントのモニタリングの報告が本当に楽しくて，多分，面接室の外にまで笑い声が漏れていたのではないかと思います。たとえば，「弁護士の友人の観察にまでモニタリングを使ったの～？　エーッ！」という感じです。初めクライアントはうつむき加減で座っていましたが，セッションを重ねるうちに正面の私を見るようになり，表情も明るくなり，笑うようになりました。そういう変化を目の当たりにできたことが，私にとって楽しいことでした。

3－21　本事例から学んだこと・反省点・本事例を選んだ理由

このケースから学んだことについてお話します。まずモニタリングの重要性です。クライアントはモニタリングの習慣がつくことで自分や周りの状況が見えてきて適切な対処につなげていました。そうした様子を見て，CBTのスキルの原点は，やはりモニタリングなのだと改めて学びました。次に丁寧なアセスメントの効果です。クライアントの訴えをそのまま受け入れるのではなく，丁寧にアセスメントをしていくことで，重要な問題点を明らかにしていくことができるということを学びました。またアセスメントそれ自体がクライアントへの最大の援助なのではないかと思いました。つまり，アセスメントが丁寧に共有されていれば，クライアント自身で認知を変えてみたり，行動に移してみたりといったCBTの次のステップへ進むことができます。違う言い方をすれば，アセスメントさえ丁寧にしっかりと行うことができれば，セラピストはその後に楽ができてしまうということなのだと思いました。クライアント自身が持っている自然治癒力，というと大げさかもしれませんが，クライアントの持っているものに勝るものはないことを実感しました。また腹式呼吸をスモールステップで進めたのですが，その手順をセラピストとして体験できたことはよかったと思います。

反省点です。今回，このケースに関しては，疾患に対する心理教育は行って

いません。インテーク時にクライアントは自ら「パニック障害だ」と言っていました。しかし紹介状には「社会恐怖」と記されていました。クライアントがいう「パニック障害」に対しても，なぜそう思っているのかなど，本当はヒアリングをしてもよかったはずなのですが，していません。参照するモデルとしてDSMに基づくような疾患をアセスメントの中に盛り込み，心理教育を行っていませんので，その辺に反省点が残っています。それから，先ほど，「アセスメントは5回よりも短くできるのではないか」という意見が出ていましたが，私自身も，整理していくまでにちょっと時間がかかったなと思いますので，アセスメントの回数はもう少し短くできたのかなと今になっては考えます。

　最後に，本ワークショップの話題提供において本事例を選んだ理由についてです。モニタリングによる気づきが進む中で面接が進展した，比較的わかりやすいCBTのケースということで本事例を選びました。本事例は，クライアントの訴えをそのまま聞くのではなく，認知モデルに基づいてアセスメントしていくことを通じてクライアントの抱える問題が明確に見えてきた，というものだと思います。つまりアセスメントの重要性を示せる事例だと考えたからです。さらにCBTはセラピスト主導で進めていくように思われがちですが，実際にはクライアントの気づきなどが非常に重要で，CBTがセラピストとクライアントとの協同作業であることを示せるケースなのではないかと思い，本事例を選んだというのもあります。

3-22　グループ討議の発表②

伊藤：時間の都合で，ディスカッションで話されたことを全てお話いただくのは難しいかと思いますが，こんな意見や感想が出てきたということを簡単に教えていただければと思います。

発表1：様々な意見や感想がありました。たとえば，このクライアントの場合，認知の変容が比較的自然な形で進んだので，セラピスト自身も言っていましたが，やりやすい事例だったのではないかとか，リラクセーションをこんな

第3章　事例1：セルフモニタリングによる気づきをきっかけに大きく面接が展開した事例　67

に丁寧に進めるとは予想以上であったとか，BDI-Ⅱの値があまりにも極端に下がっているので，逆にその予後が心配であるとか，このクライアントは他人に対してよく見られたいという意識があったかもしれないので，それがセラピストとの関係性においてもあったのかもしれない，といったことです。

発表2：3つ疑問が出されました。姉に対する認知は大分緩和されてきましたが，母親に対する認知はどうだったんだろう，というのが1点目です。2点目は，リラクセーションのときにモチベーションが下がったとのことでしたが，それを上げるために他にどんなことをしたのだろう，ということです。3点目は，ご発表にテクニカルタームが出てきましたが，それはこの事例の発表用として使ったのか，それともセッションでもクライアントとの共通言語として使ったのかどうか，ということです。

発表3：様々な意見や感想が出ました。素朴なところでは，CBTの進め方がよくわかったとか，逐語ばかりを提示するのではない事例の発表形式が新鮮だったとか，改めてこのクライアントの動機づけの強さに驚いたとか，アセスメントをじっくりやったことがよかったんじゃないか，とかいったことです。またケースバイケースだと思いますが，アセスメントにどれくらいかけるのか，呼吸法に何セッションかけるのか，といった見極めがやっぱり難しいという感想がありました。

発表4：このグループでは，日常の中でクライアントがセルフモニタリングを自然にできているというのが，やはり能力の高い方なんじゃないかという感想がありました。またリラクセーションのトレーニングを丁寧にやっているのがいいという感想もありました。それから，セラピストが動揺しないで進めているのが全体を通してすごいと思ったということ。ミニスーパービジョンがすごく大事なポイントだと思うので，もう少し詳しく聞きたかったということが出ました。疑問点としては，クライアントがセッションとは関係なく行う自分自身の目標を，なぜCBTの目標の中に入れたのかということが挙げられました。それから，へそピアスをつけたというエピソードは，自分がセラピストだったらアクティング・アウトというふうに受け止めてしまうか

もしれないので，その辺をおおらかに受けとめているセラピストの捉え方を聞いてみたいということも出ました。

発表5：我々のグループでは，CBTの治療過程というのは，クライアントとの協同作業であったり，スーパービジョンを受けたりと，セラピスト一人でケースを抱え込まない構造になっており，それが重要なのではないかという感想が出されました。それからインテークそのものが治療的に大きく働いているのではないかという意見もありました。

発表6：アセスメントに時間をかけ，混沌としているものをうまく整理したと思う，という感想がありました。できれば，CBTのテーマが「緊張」から「緊張と自責」へと変更されていった理由や経過をさらに詳しく聞きたかったです。また，インテーク時の心理テストのうつ状態の結果について，具体的にどのようにクライアントに説明をしたのかということについても，もっと詳しく教えてもらいたかったです。

発表7：セラピストからも「自己治癒力」という言葉が出てきましたが，なんといってもこのクライアント自身の力が大きかったんじゃないかと思いました。アセスメントのプロセスがしっかりしていたので，問題同定の段階でかなり治療が深まっていて，クライアントの持っている力が発揮されてきたのだと思います。アセスメント自体が治療になっているという側面があり，セラピストが発表したように，アセスメントをしっかりやるということによって，後でセラピストが楽をできるというのは，まさにそのとおりではないかと思いました。

伊藤：どうもありがとうございました。大事な疑問がいくつも出されたのですが，時間の関係でお答えすることができず，申しわけありません。皆さんからの「ソクラテス式質問」というふうに受け止めて，今後，私たちで自問を続けていきたいと思います。1つだけ，簡単に答えられるご質問がありましたので，それだけ大泉さんに答えてもらいたいと思います。テクニカルタームをクライアントと共有したのか，それともこの発表用に使ったのか，というご質問です。

大泉：セッションの中で使っています。
伊藤：補足しますと，その辺はクライアントの好みによります。そういうタームを使うのが好きなクライアントもいれば，あまり好まないクライアントもいて，その辺は反応を見ながら，という感じです。事例1については以上です。長時間お付き合いくださいまして，ありがとうございました。

3-23 話題提供を行っての感想と今後の展望

　今回のワークショップの受講者は，すでにCBTを実践されている方もいらっしゃれば，個々の臨床現場の状況に合わせてこれから使ってみようという方々，これから現場に出てCBTを実践してみたいと希望している学生さんなど，様々な方がいらっしゃいました。ただし皆さん，当機関のCBTワークショップなどに参加したことのある方々であるという意味では共通の基盤があり，質問やディスカッションの内容が質の高いものであったと感じました。たとえば，「スキーマ（コアビリーフ，中核信念）はどうして扱わなかったのか」とか「アセスメントはもっと短縮できたのではないか」といった様々なご意見やご質問をいただき，受講者の方々の質問力の高さに感心するとともに，ご意見やご質問について考えてみることで，私自身もあらためて本ケースを振り返ることができました。

　CBTには様々な技法がありますが，それらの技法が比較的平易で，誰にでも扱いやすくみえるためか，CBTというとどうしても技法に脚光が当たりがちです。たとえばCBTのセラピーで，いきなりコラム法（認知再構成法）を導入したといったケースを耳にすることもあります。しかしながら，技法を真に生きたものにするためには，CBTの基本ステップである，「アセスメント→問題の同定→目標の設定」という一連のプロセスをクライアントと共に進めていく必要があります。そのようなプロセスをしっかりと踏んではじめて，各技法がクライアントの問題解決のための武器になりうるのだと思います。本ケースにおいても，自分自身の問題に対するアセスメントが内在化されたからこそ，リ

ラクセーション法といった技法の効果が発揮されたのだと思います．本ケースを選んだのは，CBTにおいても他の心理療法と同様にアセスメントが重要であることを伝えたかったからですが，皆さんからのコメントをお聞きして，多少なりともそれをお伝えできたことがわかり，胸をなでおろしました．

　今後の展望としては，CBTにおけるアセスメントの重要性を，自分の担当するケースで意識しつづけると共に，このような機会を通じて広く伝えていきたいと考えております．このようなことは文献からはなかなか学習しづらいので，やはりこのようなワークショップなどの機会が重要だと思うからです．

〈参考文献〉

伊藤絵美：認知療法・認知行動療法カウンセリング― 初級ワークショップ．星和書店，2005．
成瀬悟策：リラクセーション．講談社，2001．

第4章

事例2：侵入思考が現実化する不安に対して認知再構成法を導入した事例

話題提供者：初野直子

4-1　話題提供者の自己紹介

　事例2を担当する初野直子と申します。まずは私の心理臨床に関する経歴を簡単に紹介します。私は2002年に大学院の修士課程（臨床心理学専攻）を修了し，2003年4月に臨床心理士の資格を取得しました。教育相談系の仕事や，民間の医療機関（精神科クリニックでの個人心理療法・デイケア）で仕事をしておりました。認知行動療法（以下，CBT）の専門的なスーパービジョンを受けるようになったのは2003年の後半からになります。2003年の後期から，精神科併設のCBT専門のカウンセリングルームで勤務を開始し，継続的なスーパービジョンを受けるようになりました。翌年の2004年4月から，CBTの専門機関である洗足ストレスコーピング・サポートオフィス（SSC）での勤務を開始しました。担当ケースについて，随時ミニスーパービジョンを受けながら面接を行っております。

4-2　初回セッションまでの手続き

　今日発表する事例2は，きれいにまとまったものというよりは，今になって振り返ってみると色々と反省点のある事例です。今回はその反省も含めて発表

していきたいと思います。

　まず，初回セッションまでの手続きについてお話します。これはインテーク面接と心理テストを指します。つまりケース担当者である私が，実際にクライアントに会う前に受け取る情報となります。

4−2−1　クライアントの属性
18歳男性，高校3年生です。

4−2−2　来談までの経緯
　高校卒業後に急に気分が沈み込み，インターネット等でカウンセリング機関を調べて当機関に予約をしたということでした。お姉さんがクライアントの異変に気付き，家族で「うつ」への対応・カウンセリングができるところを探したそうです。特に「認知行動療法」の専門機関を探したということではありません。当機関をCBTの専門機関とは知らず，家が近いことなどから，たまたまこちらにいらしたということでした。

4−2−3　インテークで得られた情報と見立て
　以下，インテーク担当者から引き継いだ情報を紹介いたします。インテークにはお父さん，お姉さんと一緒にいらして，ご本人の希望により，インテーク面接中も同席されたとのことでした。

医療機関，他の相談機関への通院通所
- 現在も今までもなし（※インテーク面接および現時点でのテスト結果からは，特に医療機関にかかる必要はないと思われること，面接を通じてその必要があると判断された場合には，担当者からその旨を伝えること，当機関からも医療機関への紹介が可能であること，などをインテーク担当者からクライアントに伝え，了承を得ている）。

現在の生活状況
- 家族・家庭：本人(18歳)，父(50代，会社員)，母（40代，公務員），姉（20代，会社員）の4人暮らし。家族は仲良く，家の居心地は良い。

- 職業：高校を卒業したばかり。4月から都内の大学に通う予定。
- 健康状態：良好。
- ライフスタイル・生活習慣：現在，高校卒業後の休みの期間中であり，ゆっくり過ごしている。今までは高校の部活（バスケット）や，引退後は受験勉強で忙しかったので，今は暇すぎる感じがしてつまらない。時折，高校の友達と遊びに行く。大学でもバスケットをやりたいので，体がなまらないようにするために，受験後からスポーツジムに通っている。

生活歴・家族歴
- 幼少期：人みしりだった。
- その後：小学校の後半には活発だった。小・中学のバスケット部の仲間といつも一緒で，別の高校に入ってもよく遊んでいた。高校は進学校で，勉強に頑張って取り組んでいた。地元の友人のほとんどは進学や就職の都合で家を出てしまうため，今までのようには会えない。自分は第一志望の大学に受からず，そこに合格した友人からは妙に気を遣われた感じがして，付き合いづらくなってしまった。
- 特記事項：特になし。
- 既往歴・治療歴：特になし。

主訴・およびその経過と現況
- 主訴の発生時期と経過：1週間前，家で過ごしているとき，気分が暗くなっていくことに気づいた。以前にも「また，この『うつ』だ」と思うことがあったが，そのときはすぐに治った。今回は1週間も続いてしまって心配になった。姉にうつだと相談したら思わず泣いてしまい，「うつは早く対応した方がいいらしい」と家族みんなで専門機関を探してくれた。自分も何とかしたいと思っている。
  ○ 第一志望に落ちたことと，高校卒業が今回のきっかけではないかと思う。卒業すると，小学校から一緒だった仲間が地元から離れてしまったりする。今はまだ学校も始まっていないし，居場所がない感じ。
  ○「うつ」とは―やる気がしない。不安になったり緊張したりする。いろいろとめどなく考えてしまう。身体もドキドキしたり，だるさがある。
  ○ 普段からマイナス思考。完ぺき主義で，達成できないと落ち込んでしまう。潔癖症で，電車のつり革とかが苦手。自分でも少し神経質だと思う。
- これまで，および現在の対処法とその効果：以前のときは，プラス思考を意識した。
- 主訴に関するソーシャルサポートの経過と現況：両親，姉は自分が悩んでいるのを知ってくれていると思う。普段からいろいろ話せて支えでもある。後は，自分と同じ大学に行く友人の存在も支え。この友人も第一志望ではなかったから，話をしていてホッとする。

・主訴に対する要望と見通し：主訴の回復および再発の予防。自分で何とかできるようにしたい。自分がマイナス思考で辛くなっているところもあると思うので，思考や気分の切り替えを上手にできるようになりたい。

インテーカーの所見
・認知パターン，状況因などが重なっての軽うつのエピソードと思います。自己理解が良好なので本人の話を元にアセスメントを行い，問題同定⇒目標設定⇒技法選択……という通常のCBTのプロセスをたどっていくとよいかと思います。
・"潔癖症"についてはアセスメントするか否か，ご本人と相談して決めてください。
・アセスメントの結果，通院（服薬），親面接の必要性が認められたら，その都度応すればよいかと思います。

4-2-4　第1回心理テスト※の結果

　インテーク時に施行した心理テストの結果について簡単に報告します。1年以内に経験したストレスとして本人があげたのは2つ，受験勉強と友人関係でした。どちらも主観的に評定されたストレス強度は「やや低い」となっていました。それに対して，ストレス反応はGHQ28の結果が中程度（下位項目の「社会的活動障害」が重症），BDI-Ⅱが軽症となっています。気分調査では，疲労感・抑うつ感・不安感が高いと出ました。

　コーピングスタイルに関するテスト結果として，本人がよく使うコーピングは「話を聞いてもらう」が多いようですが，その他のコーピングは多くも少なくもなくという中程度の結果でした。あまり活用できていないのが，「情報や助言を求める」や「他人に委ねる」というコーピングのようです。反すうは頻度が高く，コントロールも難しいという結果でした。ソーシャルサポートは多いようです。コアビリーフ（中核信念）については自己，他者，時間的展望全てにおいて，特にネガティブなものはありませんでした。

※28頁を参照ください。

4－3　面接の経過

4－3－1　面接の構造
　X年3月からX年11月の期間に，インテークと50分の面接を10回実施しています。基本的には，隔週のペースで来談されていました。8回目の後に2カ月ほど間があいていますが，予約が入り再開されました。そして，10回目の後で半年以上の間隔が開いたため，当機関の手続きとしてフォローアップのアンケートを行い，近況の報告と心理テストの回答をいただいております。

4－3－2　初回時点でのカウンセラーのプラン
　インテーク情報と心理テストの結果を受けて，私が考えたことです。まず，クライアントは「急に気分が沈んできたとき（1週間前の夜）」の自分の状態を把握しているようですので，詳細に教えてもらおうと考えました。どのような状況で，クライアントはどんなことを考えていたのか，どんな気分だったのか，どんなことをしていたのか，身体の様子はどうだったのか，具体的に聞いてCBTのモデルに整理できるのではないかと予想していました。クライアントの体験を外在化して共有し，セルフモニタリングについても心理教育も実施したいと思いました。
　また，以前にも同様の「うつ」を経験したことがあるようなので，そのときの話も是非聞きたいし，今回の「うつ」との類似点や相違点の有無についても知ることができればよいと思っていました。また，以前すみやかに回復したときに，クライアントがとった具体的なコーピングはどんなものなのかというのも，知りたいところです。
　その他，現状や過去の体験について，必要に応じてヒアリングの時間を設けたいとも思いました。学校や友人の話を聞く時間を設けるかどうか，クライアントと相談しながら決めていこうと考えました。

4−3−3　ワークショップ参加者との質疑応答①

伊藤：それでは，ここまでの事実関係についてご質問があればお願いします。

質問1：インテークも50分という理解でよろしいのでしょうか。

伊藤：インテーク面接は大体1時間半から2時間の時間をとっています。今回のようにご家族同伴の場合は，まず当事者に同席の意向をうかがいます。人によってはご家族が1時間半ずっと一緒の場合もあれば，私からCBTの説明をしたり契約の話になった段階で，そこで再度入室したいという方もいらっしゃいます。その辺は当人の希望に合わせております。

質問2：今のところの情報だけで見ますと，1週間前の夜から急に気分が沈むという話を聞いただけで，皆さんそうだと思いますが，相当奇異な感じを受けています。インテークをとられた段階では，そのことはそれなりに納得できるような話の流れだったのでしょうか。

伊藤：先ほど初野さんが「今から思えば」と申していましたけれど，私も今から思うと結構間の抜けたインテークをやっているんです。その意味は後でおわかりになると思いますが。面接のときは特に「変だ」と思わずに聞いておりましたし，BDI-Ⅱの点数も軽うつくらいの点数だったので，「ああ，軽いうつなんだなあ」などと思っていました。たしかに，うつには早めに対処というものだけれど，こんなに早い対処の人も珍しいななどと呑気に考えておりました。

質問3：クライアントさんの印象は，その時点では明らかに何か変ということはなくて，それなりに話として納得できるという感じだったのでしょうか。

伊藤：そうなんです。非常に仲がよいご家族のようだったんですね。それで，クライアントである息子さんが割と感情的に豊かな感じで，その息子さんが「自分はうつだ」と泣いていたら，ご家族が「これは大変だ。どこか早く探して，カウンセリングを受けよう」という感じになったのかな，という非常に素朴な受けとめ方をしておりました。

4－3－4　初回セッション

　それでは初回セッションに入ります。初回セッションのアジェンダは，①各回（50分面接）の進め方の説明，②心理テスト結果のフィードバック，③主訴についてのヒアリング，でした。①のところでアジェンダ設定についての心理教育を行い，これらのアジェンダを決定しました。

〈テスト結果のフィードバック〉

　継続面接の初回では，インテーク時に行った心理テストの結果を解説しながらフィードバックします。クライアントによって，簡潔にテスト結果をお返しして終わる場合と，結果に対する感想やコメントを聞く時間を多めに割く場合とがあります。この方は色々と感想をお話してくださる方でした。

　ストレス反応について解説をし，社会的活動障害の高さや，疲労感，抑うつ感，不安感といった気分の状態についてフィードバックすると，それについて次のようなコメントがありました。「そうなんです。自分はいつか自殺してしまうのではないか，人を刺したりしちゃうんじゃないか，そう考えてドキドキしちゃうんです。」「うつ病になったらどうしよう，うつ病になったら治らないらしいから不安です」。さらに「以前の"うつ"のときもこういう状態で，でもすぐにおさまったのだけど，今回はそれが長引いているから心配なんです」ともおっしゃっていました。

　この時点で，カウンセラーの側には＜あれ？　これはいわゆる日常生活での憂うつとは違うんじゃないかな？＞と，もやもやとした思いがありつつ，フィードバックを終えています。

〈主訴についてのヒアリング～CBTモデルでのアセスメント開始〉

　このアジェンダでは，クライアントの「うつ」について，以前にもあったという同様のエピソードと今回のエピソードをうかがいたいということを，まず伝えました。が，クライアントは特に以前の「うつ」について細かくは覚えていないということでした。得られた情報は「たしか，そのときも春休みとか冬休みとか，生活がゆっくりしている時期だった」「そういうときに，ちょうど少年犯罪のニュースとか『キレる』特集なんかをTVで見てしまって，『自分も人

を刺しちゃったらどうしよう』と不安でドキドキしていた」「でも前にそうなったときには，1 週間も長引かずに回復した」ということくらいでした。インテークの情報では，自分なりのコーピングとして「プラス思考を意識する」というのが挙げられていたのですが，それも具体的に覚えているわけではないようで，「学校で部活が始まったら暗く考えなくなった」という程度の情報を得たのみです。ちょうど環境が変わる時期で，生活がゆっくりしていたことなどが今回との類似点のようです。ここでは，これ以上詳しくは聞いていません。

　アセスメントには初回から第 3 セッションまでをかけました。過去のエピソードに比べ，今回のことについては，特に調子が悪かった日時まで記憶しているようでしたので，さっそく「気分が急に落ち込んだ夜」について聞き始めました。うかがい始めてすぐに，このエピソードは CBT モデルに記入して体験を理解しやすそうだという予想がつきました。そこで，初回面接の残り時間はあまりなかったのですが，「不安でドキドキした」ときの様子がどのようなものなのかを教えてもらいながら，それを CBT の基本モデルに整理し，次の図 4-1 をつくりあげていきました。

　そのときの状況としては，受験も終わり高校生活も終わり，とにかくゆっくりと過ごしていた日だったそうです。夕食後に部屋にもどってゴロゴロしていたところ，図 4-1 のような状態になってしまったということなのです。本人としては，特に何をしていたわけでもなく，きっかけらしいものはないということでした。本を読んだり，ネットをしていたり，何かしているときには大丈夫なことが多いとも言っていました。

　ボーっとしているとき，ふと「人を刺しちゃったらどうしよう」「少年犯罪の犯人のようになったらどうしよう」ということが浮かんでしまって（図 4-1，認知①），さらに自分がナイフで人を刺しているイメージが浮かんでしまった（図 4-2，認知②）ため，テストのフィードバック時のコメントにあった「不安になってドキドキ」の状態となったそうです。さらに，「自分がやっている図が浮かぶということは，本当のことなのだ（図 4-3，認知③）」という考えがあったこともわかりました。

第4章　事例2：侵入思考が現実化する不安に対して認知再構成法を導入した事例　79

```
【状況】                        【状況】                                      【気分】
特にやることがない生活          ①「急に人を刺しちゃったらどうしよう」          ①不安(90)
夕食後，自分の部屋に戻っても      「ニュースと同じようになっちゃったら          ②不安(100)
やることがなかったので，ベッ      どうしよう」                                  ③不安(100)
ドでゴロゴロしていた            ②＜自分が人を刺すイメージが浮かぶ＞
                              ③「イメージが浮かんでいるということは
                                本当なんだ」

                              【身体】              【行動】
                              ②③ドキドキ，肩に    ①～③その場でずっと考え
                              力が入る              続けた

【サポート資源】
家族
                              【コーピング】
                              気分転換にジムにいく
```

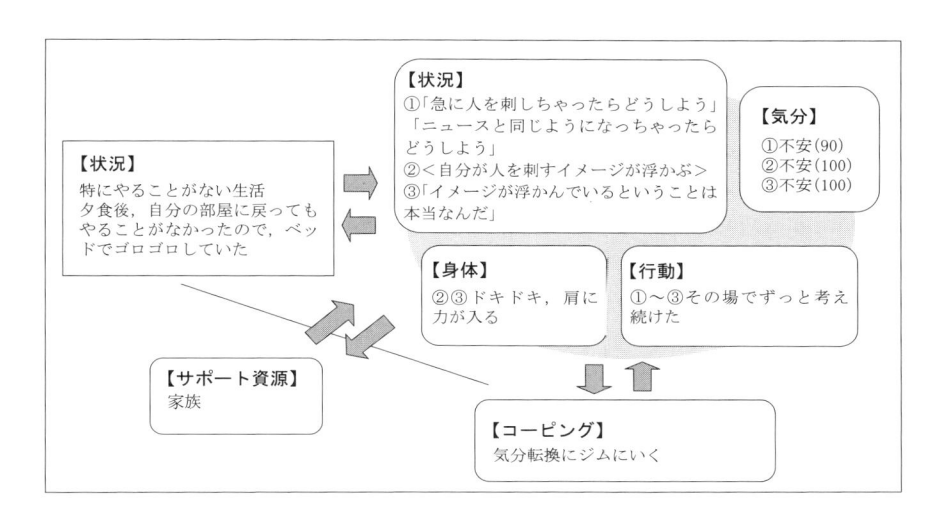

図 4-1　初回面接でのアセスメントシート

　そしてコーピングとしては，気分を切り替えるために何か行動を始めるようにしているということでした。このときはジムへ行っています。また，不安の内容（「人を刺しちゃったらどうしよう」）については家族に話をしていないようでしたが，それでも家族の存在そのものがサポートとして機能しているということで，サポート資源に位置づけられました。
　この CBT モデルが出来上がったところで，これがまさしくクライアントが「うつ」と呼んでいる状態なのか尋ねると，「そうです」ということでした。以前に経験した「うつ」も似たようなパターンだったようです。そして，この「うつ」が大きくなったら自殺をしてしまうのではないか，その「うつ」というものになったら治らないのではないか，そう考えると不安や憂うつな状態になる，というお話でした。認知の内容には他にも，「飛び降りちゃったらどうしよう」「車道に倒れこんで轢かれちゃったらどうしよう」などもあると言っていました。
　なお，この図 4-1 を作成しながら，クライアントには CBT の基本モデルや，基本モデルに基づくセルフモニタリングについて，心理教育を行っております。

〈CBT で取り組む対象についての確認〉

　実はこのアセスメント図を描きながら、「軽うつ」という情報をインテーク担当者から得てケースを開始した私は、クライアントの反応がいわゆる「軽うつ」と違うことに驚いておりました。むしろここまでの話ですと、クライアントは侵入思考を体験していて、それに対して不安を高めるような解釈をしているのではないかと予想することができます。クライアントが苦痛に感じているのはこの不安の方ではないだろうかと考えた私は、この時点で、あなたがここで扱いたいことは「うつ」なのか「不安」なのかということを、それぞれの特徴をあげてダイレクトに尋ねてみました。例えば「うつ」というと、何もしたくないなとか何にも興味が持てないなという意欲・興味の低下や、悲しい気分や、何となく考える力が鈍ってしまう、食欲がない、睡眠がとれないといった症状があるが、それが自分にあって、それを何とかしたいのか。それとも、「何々…だったらどうしよう」「対処できなかったらどうしよう」と考え、「そうなったら大変なことになっちゃうかもしれない」という思いから「不安」が生じ、ドキドキしたり、息苦しくなってしまったりということがあって、それを何とかしたいのか。あなたはどちらに近い体験をしていてしんどいのか、ここで主に扱いたいのはどちらか、ということを尋ねてみたのです。するとクライアントは「『不安』の方です」とすぐにハッキリ答えてくれました。「人を刺しちゃったらどうしよう」という不安が先にあり、そう考えてしまったことについてあれこれ悩むうちに憂うつになるということで、尋ねてみると、本人も不安が先に生じると自覚していたのです。

　ただ、今にして思うと、ここで焦って「うつ」か「不安」かなどと迫らなくてもよかったのになあと反省してしまいます。もう少しアセスメントを丁寧に進めた上で、反応のどのポイントを優先的に扱うかということを、きちんと話し合えば済むだけの話だなと思います。

〈初回面接でのホームワーク〉

　この回のホームワーク（以下、ホームワーク）ですが、ここで書いたアセスメントシートの見直しと付け足しをお願いしました。まずは欄をあまり気にし

なくてもいいので，どこでもいいので，なにか気づいたことや補足があれば書いてきてください，と。

　そしてセルフモニタリングの課題として，ここに書いてあるような「不安でドキドキ」がまた生じたときに，CBTモデルの各領域を観察することにもなりました。そして，まだ「うつ」というのもよくわからないので「あっ，また来た，また『うつ』だ」と思ったときの体験も観察して教えてくださいというホームワークを出しました。次回，それをまたCBTモデルに整理しながらツールに外在化していくことも伝えてあります。

〈クライアントからのフィードバック〉

　まず「このことについて話せてよかった」と，話をしたこと自体が非常に大きいようでした。また，「こうやって型にはめてもらって，それを見て非常にすっきりした」とも言っていました。

〈カウンセラーの感想・まとめ〉

　初回セッションを終えた時点でのクライアントの印象は，とてもハキハキとした男の子で，ちょっと声が大きいなと思うくらいに元気よく感じました。一方でとても礼儀正しい印象もあり，人からも好ましい印象をもたれるだろうなという感じの方でした。きちんと髪型も整えて，年ごろの男の子らしいおしゃれをしているのですが，それも過度な感じではありません。初回の時点で，自分の反応を語るときに，その反応がアセスメントシート上に描かれたCBTモデルのどの領域に対応するか，自分で指差すことができていたので，モデルに対する理解も良好だったと思います。

　初回を終えて，今後の課題を考えました。まずはクライアントが「うつ」と呼んでいる状態を，とにかくきちんとCBTモデルで共有する必要があると思いました。初回の段階で，いわゆる軽うつのエピソードだけではないということがわかったのですが，より具体的にはどのような体験をしているのか。クライアントのセルフモニタリングの内容を受けて，アセスメントをつめていくのが当面の課題となります。

　それからもう1点，この段階で考えたのは，クライアントはどうやら侵入思

考と呼べるような体験をしていて，それに対する過剰な反応がありそうだということでした。そのため，その反応（侵入思考に対する反応）についてもきちんとアセスメントしたいとも考えておりました。つまり，まだ「うつ」というのがよく分からないからちゃんとモデルで見ていこうと思いつつも，不安障害のモデルを参照して概念化できるんじゃないかなという仮説を立てたわけです。

4-3-4-1　ワークショップ参加者との質疑応答②

質問1：人を刺してしまうんじゃないかというところで，状況として，普通こういうことを言い出すということは，現実においてたとえば，友だち関係で嫌なことがあって刺すんじゃないかと言い出すのではないかと思うのですが。その辺の話し合いはあったのですか。たとえば，刺すということはだれか対象が出てきますよね。本当に漠然とした単なる不安なのでしょうか。その辺が知りたいのですけれど。

初野：このときの「人を刺しちゃったらどうしよう」ということについて，実際にはもう少し質問をしています。特に何かエピソードがあって，それに反応して刺してしまいそうなのではなく「今はすごくゆっくりした生活をしていて，それなのにそういう考えが急に浮かんでしまうのだ」ということでした。また，「人」というのは不特定で，具体的に誰々を刺したい訳ではないということは確認しています。

質問2：クライアントの印象についてですが，このときの本人の表情とか姿勢はどんな感じだったのでしょう。それから，侵入思考がありそうだと当たりをつけたときに，何か行動的なことについても確認したのでしょうか。たとえば，確認行為とか，何回も手を洗わなきゃいけないとか，いわゆる行動面にもそういうことが出ているのかどうかという確認はされたでしょうか。

初野：まず姿勢・表情については，初回ではちょっと頑張っている感じというか，緊張している感じというか，リラックスはしきっていないなという印象を受けました。姿勢もちょっと前のめりかなという感じです。表情は，緊張が感じられながらも笑顔があるし，コミュニケーションは良好だったと思います。

侵入思考と当たりをつけて，行動についても確認したのかという点ですが，痛いところを聞いてくださいました。初めに「振り返ると穴がいっぱいある」と申し上げた点の1つなのですが，不安障害のモデルで見ることができるのではないかと予測しておきながら，詰め切れていないところがあるんです。その不十分な点が，主に回避行動についてのアセスメントです。彼の認知的な回避や中和行為の有無についてはしっかりとアセスメントできてないんですね。もっとしっかりと認知的な行動，中和行為にあたるものがどうなっているのかアセスメントできれば良かったと思います。

4-3-4-2 アセスメントの続き

第2セッションでは，アセスメントシートを持ち帰って見直した感想を教えてもらいました。紙に記入されたものを見ることで，客観的に自分のことを見るようになった，それで落ちついた，という報告がありました。さらに，初回にフィードバックした心理テストの結果に対してもコメントがありました。コーピングスタイルとして『考えたり検討したりしても解決するようなものでなければ，それは棚上げしてみる・一時保留してみる』というものがあることを知り，「ああ，"考え込まない"という対処もあるんだ」と思ってそれを実践してみたそうです。その結果，うまくいくこともあったと話していました。

〈その後のセルフモニタリング，アセスメント〉

第2セッションでもアセスメントの続きを行っています。まずは初回のアセスメントシートにクライアントが沢山の書き足しをしてきたものをシェアしました。また，クライアントの観察を受けて，次に示すアセスメントシートを一緒につくりました（図4-2）。「飛びおりてしまうのではないか」「人を刺しちゃったらどうしよう」「車道にふと倒れこんで轢かれちゃったらどうしよう」という認知は，特に彼がそう考えるような理由がある（飛び降りたい衝動がある，刺したいと思う相手がいる，など）わけではないのに，頭に浮かんでしまうということも観察されています。ボーっとしているときに特に多いようです。窓やベランダを見て浮かぶなど引き金があることもあるけれど，それはその窓

から飛びおりたいわけではなくて，やっぱり急に浮かんじゃう感じなのだと。そこで，その考えはクライアントが望んでいようがいまいが勝手に生じてしまうということで，あえて「状況」の欄に入れました。なんだか勝手に考えが生じてしまうという状況があるのだけれど，それに対してクライアントがどう反応しているのか把握しよう，というわけです。

　そのような侵入的な思考に対するクライアントの反応は「もう何をしても意味がない」「この状態は治るのか？　またなるのでは？」という認知や，不安，憂うつ，無力感でした。＜その考えが浮かんだら，もう何をしても意味がないと考えるの？＞と尋ねると，そういう考えが浮かぶと，本当にそうなるのだと強く思い込むところがあるのだということでした。さらにその後，「考えても無駄なんだ。治ってもまたなるんだ」と続くようです。

　それに対する行動としては，「何もしない」「そのことをただ考え続けてしまう」という報告がありました。そもそもクライアントの場合，このことを考え出すとずっと反すうが続いてしまうし，むしろ考えなくてはいけないと思っていたようなのです。逃げずに考えなくては，と。私もそういう話を聞いて＜認知的にも回避をしていないなあ，それなのに不安が維持されているなあ＞と，疑問に思っていた記憶があります。でも反すうの内容を聞ききれていないので，認知的に回避をしていないと思うのはこちらの早合点なんですよね。色々考えることで，とにかく安心できる結論を探しているのであれば，それも中和行為といえるでしょうから。

　このときの体の反応としては，ドキドキするし，そうやって考え続けているので何だか疲れるということでした。

　また観察の結果，気づいたこととして「実は最近，その急に浮かぶ考え自体は減ったのだけれど，自分からあえてまた考えて，無理やり自分で不安にしているところがある」という報告もありました。じゃあ，それについてもCBTモデルで見てみようか，ということで，「浮かぶことが減った」ということを「状況」にボンと入れて，クライアントの反応を訊いています。＜「浮かぶことが減った」状況であれば，不安が軽減するのではないの？＞とクライアントの反

第4章 事例2：侵入思考が現実化する不安に対して認知再構成法を導入した事例　85

【状況】
①家に一人でいるとき。ボーっとしていたら「飛び降りちゃったらどうしよう」と頭に浮かんだ

【認知】
②本当にそうなるのでは
③もう飛び降りてしまうんだから何をしても意味がない，この部屋に居るのも今日で最後かもしれない
⑤この状態は治るのか？　治ったとしてもまたなるのでは？

【気分】
②不安
③不安，憂うつ
⑤不安，無力感

【身体】
②〜④ドキドキする
⑤疲れる

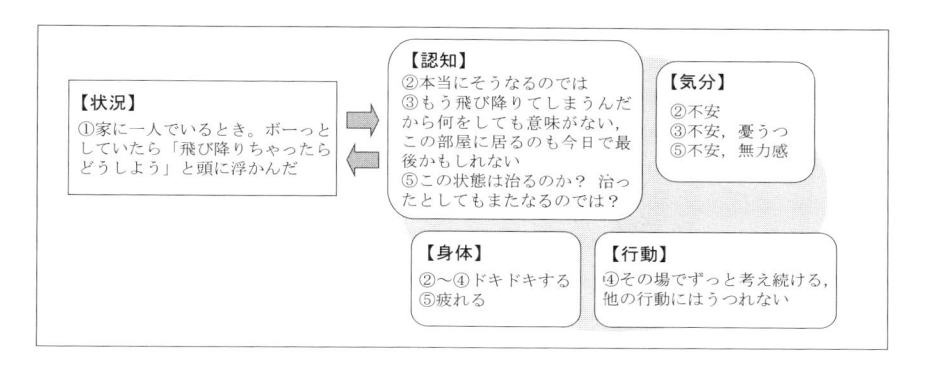

【行動】
④その場でずっと考え続ける，他の行動にはうつれない

図4-2　アセスメントシート　侵入的な思考に対するクライアントの反応

応を聞いていくと，「完璧に治ったわけではない」「ちゃんと向き合っておかないと，またなったときに対処できないかもしれない」「治ってもまたなるんだ」という認知があって，とにかくぐるぐると考え続けてしまうということがわかりました。そう考えて不安になるし，やはり疲れてしまうそうです。

　さらにホームワークで，侵入的な思考が軽減したけれども自分で色々考えて不安になってしまう状態をモニタリングして，クライアント自身でCBTモデルに記入してみることになりました。ホームワークへの取り組みやセッションでのクライアントの様子を見ると，十分にCBTモデルを理解していることがわかったので，そのようなホームワークになったわけです。クライアントも自分で書いてみたいということでした。

　図4-3（次頁）が，ホームワークでクライアントが書いてきたアセスメントシートを，第3セッションでさらに一緒に整えたものです。

　侵入的な思考が減ったということで「じゃあ，治ったのかな」「治ってからどうなるのかな」「またなっちゃうのかな」ということを良く考えるようになったそうです。そうすると，たとえば朝起きたときにも，ふと「今は浮かばなくても，また浮かぶようになっちゃうのかな」というのが，考えたくないのに出てきてしまう。そういう考えが始まってしまうと，ぐるぐると考え続けて止まら

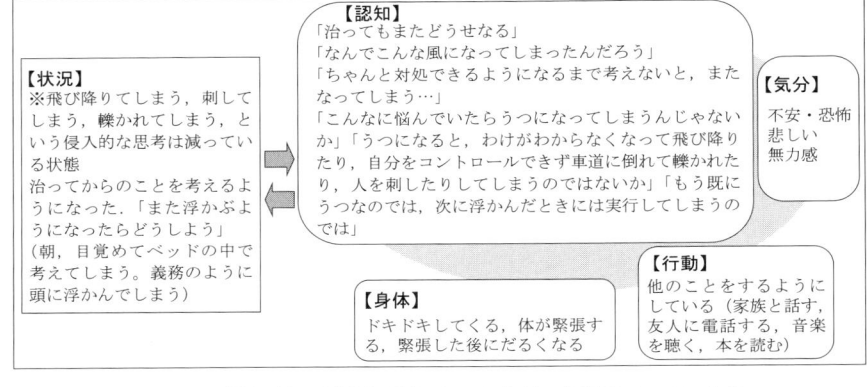

```
┌─────────────────────┐   ┌──────────────────────────────────────┐   ┌──────────┐
│【状況】             │   │【認知】                              │   │【気分】  │
│※飛び降りてしまう，刺して│   │「治ってもまたどうせなる」             │   │不安・恐怖│
│しまう，轢かれてしまう，と│   │「なんでこんな風になってしまったんだろう」│   │悲しい    │
│いう侵入的な思考は減ってい│⇄ │「ちゃんと対処できるようになるまで考えないと，また│   │無力感    │
│る状態               │   │なってしまう…」                       │   └──────────┘
│治ってからのことを考えるよ│   │「こんなに悩んでいたらうつになってしまうんじゃない│
│うになった．「また浮かぶよ│   │か」「うつになると，わけがわからなくなって飛び降り│
│うになったらどうしよう」 │   │たり，自分をコントロールできず車道に倒れて轢かれた│
│（朝，目覚めてベッドの中で│   │り，人を刺したりしてしまうのではないか」「もう既に│
│考えてしまう．義務のように│   │うつなのでは，次に浮かんだときには実行してしまうの│
│頭に浮かんでしまう）   │   │では」                                │
└─────────────────────┘   └──────────────────────────────────────┘
                          ┌──────────────────┐  ┌─────────────────┐
                          │【身体】          │  │【行動】         │
                          │ドキドキしてくる，体が緊張す│  │他のことをするように│
                          │る，緊張した後にだるくなる│  │している（家族と話す，│
                          │                  │  │友人に電話する，音楽│
                          │                  │  │を聴く，本を読む）│
                          └──────────────────┘  └─────────────────┘
```

図 4-3　嫌な考えが浮かばなくても自分で不安にしてしまう

なくなってしまう．その一番初めに出てきてしまう考えは「状況」に入れてありました．第 2 セッションでの「飛び降りてしまうのでは」と同じ扱いにして記入してきたそうです．

　そういう考えが浮かんでしまうと，非常に不安になったり恐怖を感じたりする．それはなぜかというと，「また浮かぶようになっちゃうのかな」と考えた次の瞬間には「いま治ってもまたどうせ浮かんじゃうんだ」とすでに決め付けているからだということでした．また，「考え続けないほうが楽だと分かってはいるんだけれども，ちゃんと向き合わなきゃいけないのではないか」という思いもあり，どうしてこういう状態になったのかを考えようとするそうです．そうこうしていると，「こんなに考えているとうつになってしまうのではないか，きっとなってしまうんだ，うつになると飛び降りちゃうんだ……」と続いていってしまうのだということでした．

　行動としては，今はとにかく他の行動にうつるように心がけているそうです．ベッドから出て顔を洗いにいくとか，それから何かしらの活動をする．この「考えないで（突き詰めないで）他のことをする」というのは，先ほど心理テストのフィードバックに対する反応としてご紹介したものです．特にクライアントの状態に絡ませて解説したわけではないのですが，コーピングという概念に

ついての心理教育を受けて，初回セッション以降に自ら工夫するようになった対処ということでした。ただ，それがうまくいくときもあれば，失敗するときもあるそうです。

　これらのアセスメントを通じて，クライアントが主訴として「"うつ"がきた」と表現していたのは，不安や恐怖を引き起こす考え（「飛び降りてしまうのでは」「人を刺してしまうのでは」「倒れて轢かれてしまうのでは」）が浮かんでしまい，それについてあれこれと考えてしまう状態であることがわかりました。そして，あまり考え続けていると「うつになるのではないか」という不安にもつながり，さらに，「うつになるとやはり恐ろしい考えが実現してしまうのではないか」というように，どんどん連鎖してしまうようです。

　クライアントが苦痛に感じ，対処したいと思っているのはその不安感だということが確認できました。また，「こうなるのでは」という考えが生じると，「きっとそうなる」と決め付けてしまう傾向があり，「実現してしまうのなら何をやっても無駄」と，無気力感も感じていました。

〈ミニスーパービジョン〉

　第2セッションの後に受けたミニスーパービジョンについて紹介します。クライアントが「うつになったらどうしよう」と不安になる前提には，「『うつ病』になった人は不自覚に飛びおりてしまうのだ，自分をコントロールできなくて人を傷つけるのだ」という認識があるようでした。うつ病のことをいろいろ理解した上で，「うつになっちゃたら大変だ」と不安になっているわけではないので，クライアントのそもそもの認識に誤りがあるのではないか，こういったことはどう扱えばいいだろうかということを相談しました。

　それに対してスーパーバイザーからは，クライアントが恐れている状態と大うつ病が異なることは明らかなので，その点についてはやはり心理教育が必要だろうというコメントを受けました。そういったことについては気づいてもらうというよりも，きちんと情報として伝えた方が良いでしょう，と。この場合，クライアントには「自分をコントロールできなくなってしまうのではないか」という認知があって不安になり，不安になればなるほどその「コントロールで

きなくなるんじゃないか」という認知が活性化されている可能性もあるのでは，という指摘もありました。このクライアントは，そういった悪循環で不安が高まると，「飛びおりてしまうんじゃないか」と思わず考えてしまう。彼はそういう自分の反応をうつ病につながるものとして認識しているけれども，専門的にみたらそれは違うんだということをしっかりと伝えるために，DSM-Ⅳなどを使うことも1つの方法であるというコメントを受けました。

〈「不安障害」と「うつ病」についての心理教育〉

　ミニスーパービジョンを受けて，次のセッションで，不安障害とうつ病についての心理教育を行いました。「不安障害」の説明をし，DSM-Ⅳの『特定の恐怖症』の診断基準を提示しました。このときになぜ特定の恐怖症を選んだのかといいますと，「うつ病になってしまったらどうしよう」「うつ病になってしまったらおしまいだ，大変だ」というクライアントの状態が「うつ病恐怖」という言葉で表現できるのではないかと思ったためです。

　皆さんの中には，このクライアントへの心理教育がなぜ『特定の恐怖症』なのかなと思う方もいらっしゃるかと思います。アセスメントの内容からすると，『強迫性障害』（以下，OCD）の基準を提示しても良いのではないか，と思われる方もいらっしゃるでしょう。私がそのときなぜOCDの診断基準を提示しなかったかというと，私はこの方の場合は不安に対しての儀式的な中和行為が見あたらないと思っていたからなんですね。なので，とりあえず不安障害という大きなカテゴリーで心理教育をして，参照してもらう基準としては「特定の恐怖症」を選びました。ただ，この点については，振り返ってみるとやはりアセスメントがまだまだ足りないということと，不安障害，OCDに対する私の理解が甘かったという反省があります。OCDの基準としては，強迫観念もしくは強迫行為のどちらかがあれば良いわけで，必ずしも中和行為がなくてはならないということではないですよね。いずれにせよ，OCDの基準を示したほうが，クライアントもより納得できたかもしれません。行動としてはただ考え続けるだけで，特に考えることを避けているわけでもないから中和行為に当たるものも見当たらないと早合点していたのも大反省です。

それらの反省はともかくとして，このときの心理教育ではうつ病についても説明をしました。それに対して本人も非常に納得できたようで「うつとは違うカテゴリーがあることを知ることができて良かった。自分は不安障害の基準の方に当てはまると思うし，心配していたことと『うつ病』とは違うと分かって安心できました」とフィードバックしてくれました。

4－3－5　問題点の抽出と目標設定

第4セッションでは，これまでに作成したアセスメントシートから，問題点を抽出しました。クライアントの反応においてどのような悪循環が起きているのか，その悪循環の中でどこを問題として扱うか，といったことについてリスト化していきました。

■問題リスト

> □ 何かイメージが浮かぶと，それが本当に起こることだと決め付けてしまい，ネガティブな気分になる。
> □ 不安や恐怖を引き起こす考えが浮かんだときに，さらに不安を高めるような考え方をしてしまう。
> □ 嫌な想像が浮かぶと，そのことについて考え込んだり，繰り返し考えてしまうが，そうやっても不安が下がらない。
> □ 「またなるのでは」と先のことを気にしすぎて，そのときやるべきことに集中できない。
> □ この状態（こわい考えが浮かんで不安になる状態）は治らないと考えて無気力になってしまう。
> □ これらの反応がうつにつながると考えて不安になったり，これらの反応が生じたことを自覚して憂うつになる。

このような問題リストをつくった後，さらに問題リストの内容をCBTモデルで図式化して本人と共有しました（図4-4）。この時に，侵入思考という現象

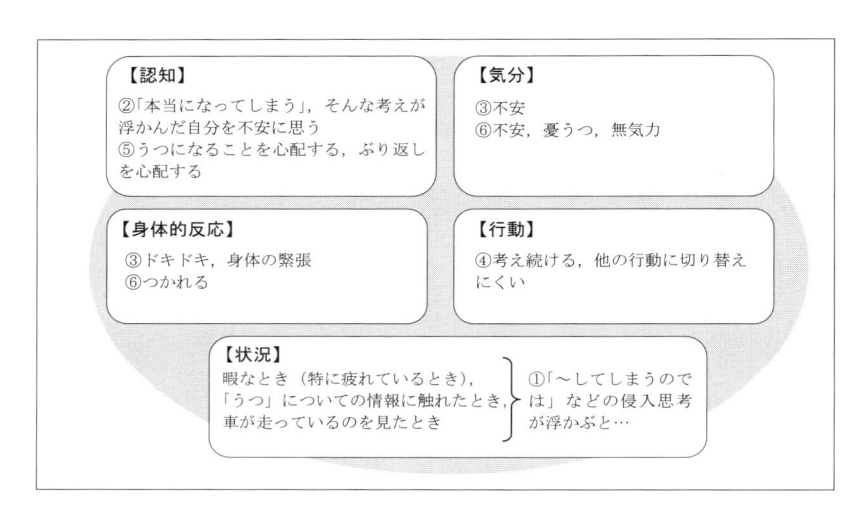

```
┌─────────────────────────────────────────────────────────┐
│  ┌──────────────────────────────┐ ┌──────────────────┐  │
│  │【認知】                       │ │【気分】          │  │
│  │②「本当になってしまう」, そんな考えが│ │③不安            │  │
│  │浮かんだ自分を不安に思う       │ │⑥不安, 憂うつ, 無気力│  │
│  │⑤うつになることを心配する, ぶり返し│ │                  │  │
│  │を心配する                     │ │                  │  │
│  └──────────────────────────────┘ └──────────────────┘  │
│  ┌──────────────────────────────┐ ┌──────────────────┐  │
│  │【身体的反応】                 │ │【行動】          │  │
│  │③ドキドキ, 身体の緊張          │ │④考え続ける, 他の行動に切り替え│
│  │⑥つかれる                     │ │にくい            │  │
│  └──────────────────────────────┘ └──────────────────┘  │
│  ┌─────────────────────────────────────────────────┐   │
│  │【状況】                                          │   │
│  │暇なとき(特に疲れているとき),  ┐①「〜してしまうので│   │
│  │「うつ」についての情報に触れたとき,├は」などの侵入思考│   │
│  │車が走っているのを見たとき     ┘が浮かぶと…      │   │
│  └─────────────────────────────────────────────────┘   │
└─────────────────────────────────────────────────────────┘
```

図 4-4 簡易モデルでの問題の図式化と確認

について心理教育しました。クライアントが不安になったり憂うつになったりするきっかけになっているイメージや考え，つまり「人を刺しちゃったらどうしよう」「車道にふらっと倒れて轢かれちゃったらどうしよう」などは，実は心理学的には「侵入思考」と呼ばれるものなのだということを，はっきりと伝えたのです。＜侵入思考は，それまで考えていたことやその人の意思とは関係なく，突然ふと頭にのぼってくるもので，本人が全く望んでいないような内容であることも多いものです。侵入思考そのものは異常なことではないし，実はそれが浮かんでも捉われないですぐに忘れてしまう人も多いんです，つまり侵入思考が生じたことに過剰に意味づけしないんです。侵入思考そのものは意識せずに生じてしまうものだからコントロールの対象にはならないけれど，そういった思考が浮かんだことに対する反応は工夫が可能で，そこを整えてあげられると良いといわれています＞といった伝え方をしました。

続いてそれらの問題点がどのようになれば良いのかを一緒に考え，目標リストを作りました。そして，それぞれの目標を達成するためにどのようなことを行うかを話し合いました。

■目標の設定

□嫌なイメージ，考えが浮かんだときの反応を整える。（侵入思考が生じたときのコーピングの種類を増やす。）
□不安を引き起こすイメージや考えが浮かんだときに，自分で不安を高めずにすむような考え方を身につける。⇒認知再構成法の導入を決定
□嫌な考えが浮かんだときに，そのことについてぐるぐる考えつづけるだけでなく，切り替えもできるようになる。
　⇒認知再構成法の導入を決定
□ネガティブな気分になったときに実行できる気分転換のレパートリーを増やす。
　⇒気分転換の候補をカウンセラーと共にブレインストーミングをする。各方法のイメージを詳細にして，行動実験を行う。
□先のことに不安になっても，目の前の課題に取り組む。

　嫌なイメージや考えはコントロールの対象にはならないという心理教育をして，本人も納得したので，ここでのCBTにおいて目標とするのは，それが生じたことに対する反応の方です。クライアントがまず挙げたのは，「とにかく今とは違う考え方も身につけたい，自分で不安をあおらずに済むようになりたい」ということでした。クライアント自身，とにかく自分は思い込みが強いという自覚があるので，違う考え方ができるようになると色々なことが楽になると話していました。それから，「突き詰めて考えることは必要なこともあるだろうけれど，切り替えもできるようになりたい」とも言っていました。どうも何かにつけて「考えなきゃいけない」と思ってしまうという傾向があり，そのような傾向も改善したいとのことでした。

　それから，無気力感や憂うつなど，ネガティブな気分になったときに自分で気分の切り替えができるようになりたい，と気分転換のレパートリーを増やすことも目標となりました。部活や学校などスケジュールがあれば，なんだかんだと気がまぎれるけれど，何もないときにつらくなりやすい，ということが今

回のことで分かったのだそうです。これについてはその後のセッションで，気分転換になりそうなもの，やってみたいもの，やれそうなものをブレインストーミングして，その候補を沢山あげる作業をしました。それらのイメージをさらに緻密にすると良いというミニスーパービジョンを受け，いつ，どこで，誰と，どんな風に実行するのかを詳細にイメージしてもらい，さらにホームワークで行動実験をして報告してもらう，ということをしばらく続けました。

　これから先のことに対して不安になっても目前の課題に取り組めるようになる，という目標については，私のほうでは問題解決法という技法の導入も考えたのですが，本人が「まず自分でやってみる」ということだったので，本人の工夫に任せて，セッションではその報告をしてもらう，という形にしました。本人によれば，大学生活の準備やバスケ再開に向けてのトレーニングなど今やるべきことは本当はいくらでもあり，自分でそれをやればいいのだ，とのことでした。

4－3－6　ワークショップ参加者との質疑応答③

伊藤：それでは，ここでまたご質問をお受けします。その後グループディスカッションの時間を設けますので，後でディスカッションの内容もグループ毎に発表していただきます。

質問1：アセスメントシートを作成するときに，侵入思考を「状況」として扱ったことについて，もう少し詳しく説明してください。

初野：先ほど申し上げたように，私の頭の中には不安障害のモデル，特にOCDのモデルがあったんですね。侵入思考はクライアントの意図とは関係なく自動的に浮かんできてしまう現象なので，コントロールの対象ではないと位置づけて，あえて「状況」として扱いました。クライアントがしんどくなっているのは，その侵入思考に対して過度な意味づけをしているためではないかと予想ができたし，実際，すでに初回セッションでの報告には「イメージが浮かぶということは本当にそうなってしまうんだ」という自動思考も報告されていました。意図的な工夫が可能なのは侵入思考ではなく，それに対する

反応の仕方や解釈，つまり侵入思考に対する自動思考になりますので，その区別がつきやすいように，侵入思考は「状況」欄に，それに対する自動思考は「認知」欄に，それぞれ分けて記入しました。クライアントはベッドでゴロゴロしているという状況に反応しているのではなく，自分が飛び降りるイメージや，飛び降りちゃうんじゃないかとふと浮かんでしまった考えに反応し，不安になっていたわけです。

伊藤：ちょっと補足しますと，不安障害のモデルというのは基本的に，「こうなったらどうしよう」という段階と，それに対して「そうなるとこうなってしまう」と解釈する段階と，認知が2段階に分かれているのです。特にOCDの場合，たとえば「手がきれいに洗えていなくて，ばい菌が残っていたらどうしよう」，「そうすると何か重大な病気にかかってしまう」というような，2段階の認知があるとされています。そのようなとき，「こうなったらどうしよう，ああなったらどうしよう」という1段階目の認知は，認知再構成法などでは対象としないんですね。それは扱ってもしょうがないからです。ばい菌が残っているかどうか，というのは，実際には明確にはできませんし，大きな問題ではありません。そういった心配について議論してもしょうがないので，むしろこれは侵入的に浮かんできてしまうものとして，「状況」と同じような扱いをします。そしてそれに対する解釈，「そうなってしまうとこうなるんじゃないか，ああなるんじゃないか」といった結果についての解釈を，操作できる認知として扱うやり方をとることが多いのです。初野さんの対応も，このような考え方に基づくものだと思います。

質問2：先ほどから「反省」という言葉を繰り返し使っていらっしゃるのですが，今までの展開をお聞きして，反省するべき点は特にないように思うのですが。繰り返し「反省」とおっしゃっている点を，もう一回具体的に教えて下さい（笑）。

初野：ありがとうございます。反省しながら発表しているので，皆さんには聞き苦しかったかもしれません。大きな反省点は，不安障害のモデルを想定してアセスメントしておきながら，詰め切れていない部分が目立つということで

す。もし不安障害を想定するのであれば，なぜその不安が持続したかということで，回避や安全行動のチェックをもっと丁寧にしなければならなかった，と。OCDじゃないかというのであれば，不安の中和行為に該当するものがあるかどうかを丁寧に確認しなければならない。この事例は，その詰めが十分ではないままに次の段階に進んでしまったと思っています。実は，私はこの事例を経験してから特にその点について気をつけるようになったのですが，かなりこちらから聞いていかないと，小さな回避などがアセスメントできないことが多いんですね。この事例も振り返ってみると，いろいろと気になる点はあります。「対処できるようになるために，考えなくては」という認知も報告されているので，それがもっと具体的にはどういうことだったのか，どういう回避や安全行動につながっていたのか，今にして思えばもっとよく知りたかったと思うのです（注：ここでいう回避や安全行動には「認知」も含まれます）。そこに，彼の不安を維持させてしまう要因を見つけられたかもしれません。

質問3：要するに，診断をきっちりしていたか，していないかという問題なんですね。そうすると，DSM-IVなどに基づく診断をしっかりしていないと認知療法というのは展開していけないのかという問題になるような気がします。しかし現時点では，この症例はかなり展開しているように思われるのですが。

初野：診断がきっちりできないと，CBTを導入できない，CBTを展開できないということではないと思います。ただ，CBTでは不安障害についてのモデルがしっかりとあるので，それを最大限に活かしたかったということです。今のご質問は，実は本事例のこの先の展開にも関係しています。より精緻なアセスメントをして，クライアントに不安障害のメカニズムをもっとしっかり説明できていれば，認知再構成法で新たな認知を創り上げるときの基準をもっとしっかりと設定できたのではないかと思います。具体的にいうと不安障害は，その下位分類が何であれ，曝露という介入が非常に重要です。アセスメントをもう少ししっかりと行い，目標設定の段階で曝露についてきちんと心理教育できていれば，認知再構成法のときに，不安を下げるための認知

だけでなく，むしろ不安に曝露するような認知を創り上げることを強調できたのではないか，と今にして思うわけです。このあたりの話については，後ほどまた触れます。

質問4：侵入思考の発生そのものを「状況」とみなしてアセスメントした，ということですが，普通そういう侵入思考が生じるときの「状況」というのがありますよね。つまり侵入思考はいつも起きるわけではなくて，どういうときに起きるのかという自己観察のアプローチみたいなものはあったのでしょうか。

初野：セルフモニタリングは課題になっていました。その中で，「飛びおりちゃうんじゃないか」「刺しちゃうんじゃないか」「車に飛び込んでしまうんじゃないか」が浮かびやすいのは，疲れているときや寝不足気味のときだということに気づいています。また，ベランダを見た・窓を見たとか，通り魔や交通事故のニュースを見たとか，直接のきっかけがある場合もありました。しかしこれらも，ベランダに対して不安になっているわけではなくて，ベランダを見て「飛びおりてしまうんじゃないか」と浮かんだ侵入的な認知に対して，不安を高めるような反応をしているのだという理解をクライアントと共有しています。

質問5：私の中でちょっと奇妙な感じがあるのですが。それは，家族仲が非常に良い，親子関係も姉弟の仲も非常に良いという関係の中で，非常にアグレッシブな侵入思考が出てくるという点です。何か奇異な感じがします。この人の場合，対人的な関係において「ノー」と何かを否定するなどネガティブなことを言える人なのかどうか，そこはどうなんでしょうか。インテーク情報を見ると，受験に成功した友人に気遣われてしまったからといって，関係を切っていますよね。そういうことを言われるのが嫌で，腹を立てるという形ではなく，パッと関係を切ってしまう。そういうパターンがあるのかなと思うのですが，その辺の対人的な関係においてネガティブなことを相手に言うとか，あるいは嫌なことは嫌と言うとか，そういうことについてはどうなのでしょうか。

初野：対人関係においても，ここでアセスメントしたのと似たようなことが起きてしまっていたんだという話をしていました。たとえば，「何か怒らせてしまったんじゃないか」とか「自分が相手を傷つけてしまったんじゃないか」と気になると，「きっとそうだ」「相手はもう怒っているに違いない」と思い込んでしまうことが多かったそうです。そして，「怒っているなら，きっともう自分とは話したくないだろう」「今さら何を言っても無駄だ」というように考えてしまいがちだったという話でした。そのような対人関係の傾向についても，認知再構成法で取り組んでいきたいとおっしゃっていました。

4-3-7　グループ討議の発表①

伊藤：それでは，グループで議論された内容や疑問などを，グループ毎にご発表ください。

発表1：まず診断についての話が出ました。見立ての部分をもう少し行わないと，その後のアセスメントが混乱してしまうのではないかという話と，アセスメントシートにどうしても目がいってしまいがちなので，その分，診断的な面が疎かになるのではないか，という話が出ました。次に，生育歴において同じような症状が出ていたのであれば，そのときはどうだったのかということをもっと知りたいという意見が出ました。また，お父さんと来たというのは，そのことは何か心理的な意味があるんじゃないかという話が出ました。それからOCDかもしれないと考えた場合に，儀式的な中和行為というものが見つけられなかったということですが，その辺はどんなやりとりがあったのでしょう。頭の中でメンタルチェックをしている可能性もあるので，細かいやりとりをもう少し教えていただけたほうが良かったと思います。

発表2：まず，ここまでのところクライアントとセラピストの一体感があまり感じられないという意見と，診断について迷っていらっしゃるようでしたが，この時点でのその迷いは合っているのではないかという意見がありました。それから，アセスメントされた図が沢山たまると思うのですが，そこから問題リストに落とし込んでいくのが非常に難しそうだ，という感想がありまし

た。

発表3：先ほどの事例と同様，アセスメントの重要性が実感されました。その時々の認知や気分などをシートに書き記して，後で整理をすることが重要なのだと思います。また，クライアントとカウンセラーが協同していく中で，カウンセラーが気づかなくても，クライアント本人が後から気づくこともあるかと思いますので，やはりシートに記録すること自体が大切なのだろうという意見が出ました。それから，CBTでは基本的に診断をしてそれに沿ったパッケージを考えていくのだと思いますが，たとえそうだとしてもまず大事なのはクライアントとの関係であり，重視すべきであるという話がありました。一方でケースをどう見るかということが後々の進行に影響していくので，今，当時の見立てを振り返ってみての反省点などがあれば聞きたいということです。また，家族の仲のよさが，クライアントの家庭の中で感情などを言い出しにくいような雰囲気を作っているのではないかということと，年齢的に自分は感情について親には率直に言えないのではないかなど，このクライアントの家族に対する興味や関心があります。これからどのようにこの事例が展開していくのかが楽しみです。

発表4：私たちのグループでは，侵入思考を中心に据えてモデルをつくっていくというのがとてもわかりやすかったし，すっきりしていたのではないかという感想が出ました。それから侵入思考があるが，単純なOCDではない雰囲気もあるので，ひょっとして統合失調症などの可能性もないだろうかという意見もありました。必要があれば医療機関への紹介をするということだったけれど，アセスメントも含めて紹介するという必要性があるのではないか，そのことを念頭に置きながら面接を進めることは大事なことだという話がありました。それから，さまざまな話の中で，親やセラピストに無理して合わせるような印象があるので，まだ語られていない何か葛藤的なこともあるのではないかという感想もありました。そういうことをどうアセスメントするのか，その辺はCBTではどう扱うのか，その辺について興味があるという話が出ました。

発表5：私たちのグループでは，ケースの背景，すなわちクライアントの生活歴，家族との関係性などで非常に気になる点が多かったという意見が出ました。また，今回アセスメントシートを実際の書式のまま紹介していただいたのですが，それが非常にわかりやすかった，視覚から理解できるので非常にイメージしやすかったという意見が出ました。それから，インテーカーの所見では軽うつのエピソードということだったのですが，実際にセラピストが面談をしたとき，これは不安の方が大きいんじゃないかというところで絞り込みが非常に難しくなってきて，この後の整理が非常に重要になっていくのではないかという意見が出ました。

発表6：私たちのグループでは，今までのグループの方々が皆さん報告されたと同じようなことを感想として持ったわけですが，もっと砕いた言葉でいうと，先ほどどなたかが「奇妙ですよね」とおっしゃった，その「奇妙さ」にこだわってしまってなかなか議論が先に進みませんでした。グループの中にも，クライアントの言っていることが奇妙で，それをどうしても了解できない，了解できないのだから医師への受診を勧めたいという人もいれば，了解できるという人もいました。私個人の感想としては，侵入思考の内容の根っこの部分がどうも気になってしまって，この人に対してCBTというやり方を適用してもいいのだろうか，ということがあります。それでもCBTがしっかりと継続しているわけですから，この後どうなるのかということが楽しみでもあります。

発表7：こちらのグループでは，まず，診断について検討されました。そちらの機関では実際にどのように診断をしているのか，おうかがいしたいという要望も出ました。このケースについていうと，最初はうつ傾向という話でしたが，その後は不安障害が検討されています。でもこの奇妙さなどを考慮すると，2軸も検討した方がいいのか，あるいは他の診断名も検討した方がいいのか，といったことが話題になりました。また，これは当然検討されているだろうということでありましたが，もし危機的な状況，たとえば本当にこのクライアントが飛び込んでしまうといったことがあった場合，そのリスクマ

ネジメントはどうしているのか，という話もありました。それから，コーピングレパートリーを広げていくというやり方ですが，ただコーピングを広げていくということだけにしておくと，場合によっては状況を回避してしまうという対処ばかりが増えてしまわないかという意見があり，どのようにそのあたりを意識されていたかということについてもおうかがいしたいと思いました。

伊藤：ありがとうございました。では，まず初野さんからケースについてリコメントいたします。また，大きなご質問・ご意見があったと思いますので，それについてはこのケースに限ってのお答えではなく，当機関ではこういうふうにしていますというご説明を私からいたします。

初野：色々なご意見をありがとうございました。1点目に，認知を含む中和行為が見られなかったというが，メンタルチェッキングがあったかもしれないのではないか，もっと細かなやりとりが必要だったのではないかというのは，本当にもっともだと思います。その部分が大きな反省点の1つなのです。この時点では，儀式的なチェックといったことは確認できなかったのですが，もっとしつこく丁寧に聞いていれば，中和行為に当たるものが色々と出てきた可能性があると思います。ご指摘，ありがとうございます。

　それから，クライアントとセラピストの一体感が感じられないというご意見をいただいたことについてコメントします。クライアントとの関係性についてお伝えするのがなかなか難しいのですが，私としては，かなり一緒に協同作業ができていたという印象があります。双方向的なコミュニケーションをとりやすい方でしたので，進め方についても相談しながらやっていけていたと思います。アセスメントする対象として，「『自分はうつなんじゃないか』『自分がうつであれば，飛び降りてしまうんじゃないか』と考え，実は不安になってしまう」というクライアントの体験を絞り込めたのも，クライアントと話し合っていくうちに見えてきたことです。アセスメントシートを2人の間におきながら，ひたすらクライアントの不安について話を聞いていましたが，セッションに対するクライアントの感想も，「話せて楽になった」

とか,「吐き出せてよかった」ということが非常に多かったです。

　残り2点, コメントしたいと思います。リスクマネジメントについてですが, これは最初によく話を聞き, クライアントが実際に飛びおりたいわけではない, 刺したいわけではないということを確認しております。別にそうしたいわけではないのは明らかなのだけれど, そういう考えがどうしても浮かんでしまう。意図と関係なく生じる自我違和的な認知で, でもそれが自分自身の認知であることを自覚している, ということが明らかだったので, その考えを侵入思考として扱いました。

　最後に, 侵入思考に対するコーピングを広げていくという目標について, コーピングを広げることが効果的な場合もあれば, そのことが回避になってしまうこともあるのではないかというご意見についてお答えいたします。おそらく, これは「コーピング(対処)」という言葉の意味をもう少し広くとっていただくと, こちらの意図が伝わるかと思います。対処のスタイルというのは, 何か1つが絶対的なものというわけではなく, 様々なレパートリーがあったほうが良いとされています。なので, 嫌な考えが生じたときに「考え続けないようにする」とか「気分転換をする」ということの他に, たとえば「そのまま不安の様子をみてみる」とか「せっかくなので不安についてとことん考えてみる」とか, そういったこともコーピングに入りうるのですね。何か1つのコーピングを見つけるということではなく, レパートリーを広げるというふうに受け止めていただければと思います。

伊藤：それについて, 補足も含めて私の方からも話をさせてください。このクライアントのコーピングについては, 図4-4をもう一度ご参照ください。このクライアントには, 侵入思考に対する認知的反応もありますが, さらに, 認知的な反応, すなわちネガティブな考えがぐるぐる続くことによって二次的な軽いうつが生じていて, そのうつに対するコーピングという意味もあるかと思います。そのようなネガティブな反すうが続いてしまうという状態に対しても, いろいろなコーピングを見つけるという文脈で出された目標だと理解しているのですが, 初野さん, どうでしょう。

初野：そちらが気分転換のレパートリーを増やすという目標につながった方で，ご指摘いただいたのは，侵入思考に対するコーピングに関してかと思ってコメントしていました。

伊藤：その点についても，皆さんのコメントに対してノコメントします。そもそもはインテークの所見で私が「軽うつ」などと言っていたことが，初野さんの「反省」につながっているのですね。何故そうなったかというと，1つはインテークの時点で本人がうつと言っており，私がそれを安易に了解してしまい，まずは「うつ」と捉えて担当者にケースを託してしまったわけです。もう1つは，彼はインテーク時に侵入思考について一切話をしていなかったのです。その時は，家族が一緒にいたのですが，彼は家族には侵入思考についての悩みを一切，話したことがなかったようなのです。ですから実際にケースが始まって，担当者と1対1の話し合いになった時点で，彼は初めて自分の恐怖や不安について話したのです。初野さんからのケース報告を受けて，「ああ，彼は，家族がいるところでは自分の一番心配しているところは話さないで，1対1のカウンセリングが始まったところで話すことにしていたんだな」と，むしろ私は納得しました。言いわけがましいようですが，インテークでこういった侵入思考的やそれに伴う不安といった問題があることが全くわからなかったのには，こういう事情があったのではないかと思っています。

そういう意味では，さっき疑問に出されたカウンセラーとクライアントの一体感というご指摘についてですが，初野さんとこのクライアントは十分に協同作業が出来ていたと思います。初めてこういうことについて話せる人ができたという感じで，ご本人も楽しそうに通ってきていました。「刺してしまったらどうしよう」といった不安を初めて他人に話せて，それをきちんと扱ってくれる場所だということで，彼は初野さんのことを信頼していたと私は思っています。

それから，思考の奇妙さについての話が出ていますが，これも初野さんが言っていましたように，それこそが侵入思考だとしか言いようがないんですね。侵入思考には奇妙な内容のものがあるものであり，御本人もその不合理

さをわかっているということが非常に重要になります。不合理とわかっているのだけれど出てきてしまって，すごく怖くなってしまうというのが侵入思考の特徴です。このケースでは「刺す」という内容があるために，皆さんいろいろな連想をされるかもしれませんが，侵入思考の内容に注目するのではなく，その内容が不合理であることに本人が気づいているか，気づいていないかというところが非常に重要だと考えます。このクライアントは明らかにその不合理さに気づいていました。

それから親面接と診断，そして危機介入については，このケースをちょっと離れて，私どもの機関でどういう考え方をしているかということを申し上げたいと思います。

まず，親面接ですとか，配偶者の面接ですとか，合同面接ですとか，CBTではそのような家族面接も普通にやります。もしもそのときに，他のアプローチと違いがあるとしたら，何のためにどういう話をして，それをどのように生かすために家族面接をしているのかという，CBT 全体の構造に組み込んで，何のために家族面接をしているのかということを全員が共有できたところで初めて面接をするということです。他のアプローチでもそうするのかもしれませんが，CBT では特にそこをはっきりさせて面接します。ですので，ケース・バイ・ケースなんです。心理教育を共有するために家族を呼ぶ場合もあれば，むしろストレッサーそのものである家族と会って，環境調整を図ることもあります。また，サポート資源としての機能レベルを上げるために家族に来ていただく場合もあります。ですから，アセスメントがあって，家族面接をする目的が明確に共有されてから実施します。

それから診断については，まずこちらが民間の心理相談機関であるという前提があります。日本の法律では診断するのは医師であって，民間機関の心理士がそのようなことはしないことになっておりますので，実はこの話は非常に微妙です。我々の取っているスタンスは，診断は我々心理士がするのではなく，「DSM-Ⅳさん」だということです。クライアントと一緒に DSM を参照して，「DSM さんがこう言っているから，あなたの状態は，どうもこう

いう診断に該当する可能性があるらしい」というふうに考えていくのです。そういう意味では我々の機関でどれだけ厳密に診断をしているか、というのも微妙な話なんですが、では厳密に診断できないと CBT ができないかというと、そういうことではないと思います。少なくともこのケースに関しては、不安障害のモデルで大きくとらえながら、進めていくことができています。もちろん厳密に OCD であるとの鑑別をして、もしかしたら曝露反応妨害法など別のアプローチもあったのではないかという考え方もあるとは思いますが、その辺はケース・バイ・ケースだと思います。ちょっと歯切れの悪い回答で申しわけありません。

それから、危機管理に関しては、インテーク面接を開始する前の最初の契約のところで、危機とこちらが判断した場合は秘密保持を約束できない場合もあるということを納得していただいた上で契約をして、インテーク面接を実施しております。ですからこのクライアントについてはさきほどの初野さんの回答のとおり、危機について心配はしていませんでしたが、万が一のことがあればもちろんこちらでできる限りの危機介入を行います。

4-3-8　技法の実践―認知再構成法の導入から代替思考の案出まで

それでは、技法の実践（第5～第10セッション）について紹介していきます。

〈認知再構成法の導入〉

不安を惹起するような考えが浮かんだときに、認知的な工夫ができるようになるという目標があって、それに対して認知再構成法を導入しています。まずは認知再構成法の目的を説明し、本技法の全体の流れを、ツールを見せながら伝えました。（※当機関で使用している認知再構成法用のツールについては、本書の第5章、および伊藤（2006）を参照してください。）

まず第1ステップとして、ネガティブな気分が生じた場面、このクライアントの場合は不安になった場面ですが、その場面を同定して、そのときにどんな考えが（自動思考）浮かんでいたのか、どんな気分だったのかを捉えてシートに記入します。いつもこういう考えが浮かぶんです、という大きなまとめかた

ではなくて，いつどこでどんなとき，何をしているときだったか，というくらいピンポイントで記入します。そして自動思考の中で，自分にとって一番しんどいもの，こう考えなかったら気分も楽なのに，というものを1つ選んで，第2ステップでそれを色々な角度から検討します。とにかく，あれやこれやと色んな角度から，その自動思考について考えてみるわけです。ただ考えろと言われても難しいかもしれないので，ここでは色々な質問に対する答えを出してみる形で，自動思考に対する検討を行います。最後の第3ステップでは，自分の目的に合った形で新たな考えをまとめて，その結果ちゃんと気分が楽になったかどうかを確かめて，おしまいです。

〈場面の特定と自動思考の同定〉

　認知再構成法の概要や流れを説明した後，実際に強い不安を感じた場面を想起してもらい，その場面の特定と自動思考や感情の同定をして，セッション中に一緒にシートに記入していきました（図4-5）。その際，ストレス場面の切り取り方や自動思考についての心理教育をしました。このように，一度面接の中で練習をしてから，ホームワークとして不安になったときの状況や自動思考をモニタリングしてシートに記入してくるという練習をしています。

　その後のセッションで，ホームワークで記入されたシートを元に認知再構成法で扱う場面を決めて，検討する自動思考を同定しました（図4-6）。場面を決めて，というのは記入された数枚のシートの中から，特にどのネタを使って認知再構成法を練習していくか相談したということです。このときに選択されたのは，「飛び降りちゃったらどうしよう」という考えが浮かんだ場面で，「考えたということは，本当にやってしまうんじゃないか」という自動思考が検討の対象として選択されました。確信度が高いこと，クライアントが特に扱いたいと思っている自動思考であることが，選択の理由です。

　状況としては，ショッピングモールのようなところで，3階くらいから1階を見下ろしたときということでした。吹き抜けの周りがぐるっと円状にお店になっていて，どの階からも1階が見下ろせるそうです。見下ろすといっても，クライアントの目線の高さにはガラスの柵というか壁があって，それ越しに見た

第4章 事例2：侵入思考が現実化する不安に対して認知再構成法を導入した事例　105

具体的場面：最近，ひどくストレスを感じた出来事や状況を1つ選び，具体的に記述する

いつ？　どこで？　誰と？　どんな状況で？　どんな出来事が？（その他なんでも…）

先週の水曜日の夜。ジムからの帰りにコンビニで買ったヨーグルトとゼリーを冷蔵庫に入れに，台所に行った。冷蔵庫に袋のまま入れて，台所から出ようとしたら，流しのカゴに入っていた包丁を見てしまった。包丁が目に入って，「人を刺しちゃったらどうしよう」という考えが浮かんだ瞬間。

気分・感情とその強度（％）
- □ 不安（100％）
- □ 恐怖（90％）

自動思考とその確信度（％）：そのとき，どんなことが頭に浮かんだろうか？
- □「本当にやってしまったらどうしよう，いつか本当にやってしまうんじゃないか」（90％）
- □「本当に刺したくなっちゃっていたらどうしよう」（90％）
- □「こんなことを考えちゃうなんて，自分は普通の人と違うのでは」（80％）
- □「将来もっとひどくなって，実行しちゃったらどうしよう」（90％）

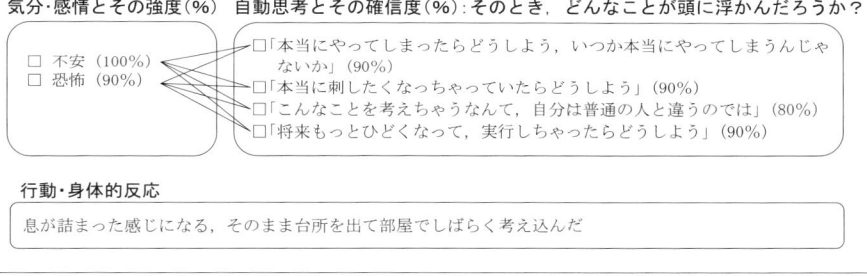

行動・身体的反応

息が詰まった感じになる，そのまま台所を出て部屋でしばらく考え込んだ

図 4-5　認知再構成法：ストレス場面の切り取りと自動思考・感情の同定の練習

そうですが。そのときに「ここから飛び降りちゃったらどうしよう」という考えやイメージが浮かんだそうです。この侵入思考に対する反応の方を扱っていくということで進めていますので，「飛び降りちゃったらどうしよう」は状況欄に記入してありました。クライアントも，もうこの形式を理解しているんですね。

それに対する自動思考が，「考えたということは，本当にやってしまうんじゃないか，飛び降り自殺してしまうんじゃないか」などで，確信度も90％と非常に高い。感情も，不安が100％，恐怖も80％くらいあるということでした。

ちなみに他の自動思考は「考えているうちに飛び降りたくなっちゃったらどうしよう」「治らなかったらいつか実行しちゃうんじゃないか」というものでした。それらは全て「（こんな考えが浮かんだということは）本当にやっちゃうんだ」という自動思考が何とかなれば落ち着くと思うということでした。

〈自動思考の検討〉

次に自動思考の検討を行いました。このような状況（侵入思考が浮かんでい

```
┌─────────────────────────────────────────────────────────────────────┐
│ 具体的場面:最近,ひどくストレスを感じた出来事や状況を1つ選び,具体的に記述する │
│ ┌─────────────────────────────────────────────────────────────────┐ │
│ │ いつ? どこで? 誰と? どんな状況で? どんな出来事が? (その他なんでも…) │ │
│ │ 一昨日,△△ショッピングモールに買い物に行ったとき,ふと3階のガラスの手すり越しに1階の広場 │ │
│ │ を見おろした。(←大きな吹き抜けのようになっている)そのとき,「ここから飛び降りちゃったらど │ │
│ │ うしよう」という考えと,自分が手すりを乗り越えて下に飛び降りるイメージが浮かんだ。そのイメ │ │
│ │ ージが浮かんだ瞬間。                                              │ │
│ └─────────────────────────────────────────────────────────────────┘ │
│ 気分・感情とその強度(%) 自動思考とその確信度(%):そのとき,どんなことが頭に浮かんだろうか? │
│ ┌──────────────┐ ┌─────────────────────────────────────────────┐ │
│ │ □ 不安 (100%) │ │ □「本当にやってしまったらどうしよう」(100%)         │ │
│ │ □ 恐怖 (90%)  │ │ □「考えたということはやりたいんだろうか,本当にやってしまうんじゃ │ │
│ │              │ │   ないか(飛び降り自殺してしまうんじゃないか)」(90%) │ │
│ │              │ │ □「考えているうちに本当に飛び降りたくなったらどうしよう」(80%) │ │
│ │              │ │ □「治らなかったらいつか本当に飛び降りちゃうのではないか」(75%) │ │
│ └──────────────┘ └─────────────────────────────────────────────┘ │
│ 行動・身体的反応                                                    │
│ ┌─────────────────────────────────────────────────────────────────┐ │
│ │ 心臓がドキドキする,足がすくむ感じ,店に入ってボーッとしていた      │ │
│ └─────────────────────────────────────────────────────────────────┘ │
└─────────────────────────────────────────────────────────────────────┘
```

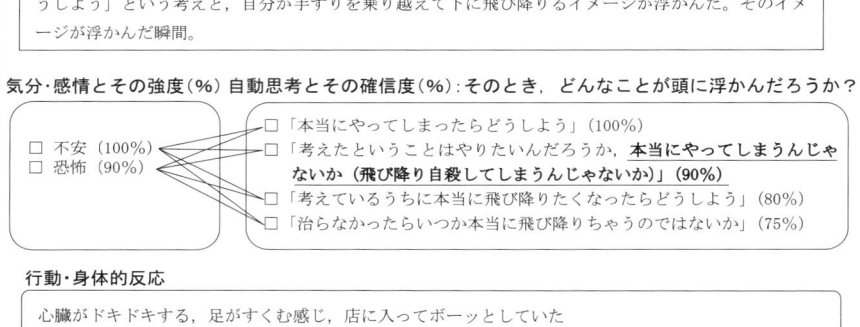

図4-6 認知再構成法:検討対象の自動思考の同定

ることも含めて)で生じている自動思考(「考えたということは,本当にやってしまうのではないか」)について,他にどんな考え方をすることができるだろうか,ということをあれこれ検討していったのです。検討を進めるために,以下の質問が記載されているツールを使用し,それらの質問に回答する形でブレインストーミングをしていきました。そのときに強調したのは,とにかく色々な考えを数多く出してみるのがポイントだということです。この段階では,ちょっとこれはおかしいかな,使えないかなといった「評価」をするのはとりあえず置いておいて,何でもいいから,些細なことでも,やけくそでも苦し紛れでもとにかく数多くのアイディアを出してみるんだという構えをもってもらいました。こういった指針で進めていくと,何だかんだといっぱい出てきますし,突拍子のないものや,笑えるものが出てくることも少なくなくて,盛り上がりながら進めていくことができました。

　認知再構成法での自動思考の検討は,このケースに限らず,とても楽しい協

同作業になることが多いと思います。私は今より経験が浅かった頃，自動思考を検討するときに，クライアントがうまくこの作業にのらなかったらどうしよう，反証が見つからなかったらどうしよう，と思ってしまうことが多く，そのせいで認知再構成法に対する苦手意識がありました。でも，私自身がブレインストーミングの構えをきちんとクライアントと共有して，「とにかく考えてみる」作業に率先して参加するようになってからは，その苦手意識も変わったように思います。（検討の初期の頃は特に，カウンセラーもブレインストーミングに参加しています。）次に示すのは，ブレインストーミングで出された回答の一部です。なお＜＞の発言は，クライアントの検討をさらに促すために，私が投げかけた質問です。（※状況・自動思考は図4-6を参照してください）

● 自動思考がそのとおりであるとの事実や根拠（理由）は？
　自分は衝動的なところがあると思うから＜実際例は？＞友人にからかわれてムッとしてひっぱたいたことがある，バスケの試合で相手に挑発されると，プレイが乱暴になる／自分は何をしでかすか分からないところがあると思っているから／自分を信用しきれていない／飛び降りる人は，たいてい突然やっちゃうんじゃないかと思うから／衝動的になったときは，特に深く考えずに行動しているから

● 自動思考に反する事実や根拠（理由）は？
　別に飛び降りたくはないと頭の中で分かっているから／まさか自分はそんなことはしないと心のどこかで思っているから／飛び降りるのが怖いから，やるわけないと思っているから／大学に入ったらまた楽しい生活を送れると思っているから／＜衝動的な人はみんな飛び降りるの？　友人ひっぱたいたらみんな飛び降りるの？　プレイが乱暴な人は飛び降りるの？＞自分より衝動的なヤツでも別に飛び降りていない，死んでもいいとかいうヤツだって飛び降りない，別にバスケで乱暴だからって飛び降りるほど衝動的ではないかも，ひっぱたいたのも1回だけだし／＜飛び降りる準備をしていたの？　柵をよじ登るために何か台に乗るとか荷物をおくとか？＞片手に紙袋をもっていたし，柵も高いか

らフラフラと飛び降りることはできない／そうとう気合を入れないと，あの柵は越せない／そこまでして飛び降りたくはない／たぶんよじ登っている間に止められる／＜その考えが浮かんで，実際にしたことはある？＞今までもそういう考えはしょっちゅう浮かんだけれど，飛び降りなかった／＜想像したことって全て実現する？＞大学全部落ちて浪人かもとか，浪人したらどの予備校に行こうとか想像したこともあったけど，4月から大学生である

● 自動思考を信じることのメリットは？

　衝動的にならず落ち着いた人になろうと思う／食欲が減ってヘルシーになる／おしゃれとかする気が失せるから，金を使わなくて済む／家族が悲しむだろうなとか想像して，家族のありがたみを再認識する／眠りが浅くなって目覚ましがなるとすぐ起きられる／身なりを気にしなくなって髪形を整えなくてすむ，整髪料やドライヤーを使わなくなったら将来ハゲるリスクが減る／ボーっとするから体力の温存になる／普段あまり哲学的なことを考えない俺が，死について考えたりする機会になる／考えることで自分と向き合える／今のうちにやっときたいことは何だろうと考えて，悔いのない毎日を送ろうとするキッカケにできる／もう会わないかもとか思うと皆イイやつだったなと思える／ショッピングモールの安全性について考えられる

● 自動思考を信じることのデメリットは？

　人と会いたくなくなる＜どうしてデメリット？＞気分の切り替えの機会がさらに1つ減っちゃう／せっかく外出してるのにテンションが下がる／気分が暗くなる／楽しむつもりで来たのに楽しくなくなる／寝起きがスッキリしない／自分に自信がなくなる／考えすぎてハゲるリスクが高まる／動く気が失せる／食べる気が失せる／眠りが浅くなる／バスケのトレーニングをしても無駄かなと意欲が低下してしまう／身なりを気にしなくなってダサくなる，大学でモテることができなくなる

● 最悪どんなことになる可能性があるか？

　本当に飛び降りるんじゃないかと考え続けてしまって辛い＜？＞そのことでうつになって，大学生活が楽しめなかったら最悪／飛び降りて死ぬ＜考えたか

らやっちゃうんじゃないか，という自動思考があって不安なクライアントが，そこからどうやって飛び降りるの？＞考えているうちに，わけが分からなくなって，錯乱状態になって止めに入る人を振り払って飛び降りる／悩み続けて，思い切って友人に相談したら危ないヤツ扱いされる／その考えにビビッてその場で号泣してしまい，それを知り合いに見られてしまう＜それでどうなったら最悪？＞それで馬鹿にされて，すっかり自信を失って大学にもいかなくなる

● 奇跡が起きたら，どんなすばらしいことになるか？

なんだか突然その考えが消えてよい気分になる／ガラスの柵が天井まで伸びて，絶対に飛び降りられなくなる／その場の皆に同じ侵入思考が浮かんで，みんなで「あらまあ」とか共有できて気分が和む／飛び降りたら下に凶悪犯人がいて，そいつを潰して表彰される，自分は無傷／侵入思考が浮かんだ気がしたけれど気のせいだった／たとえ何処から飛び降りても傷つかない強靭な体になって，飛び降りちゃったら〜なんて不安がなくなる／実は背中に羽があって空を飛べるようになる

● 現実には，どんなことになりそうか？

友達や家族の顔が浮かんで思いとどまる／気はめいるけれど，飛び降りない／不安なまま買い物をして，その後から友達に会っているうちに気分が変わってくる，でもまた同じようなことが起こる

● 以前，似たような体験をしたとき，どんな対処をした？

とりあえず帰って寝た＜こういう自動思考＋不安なときに，どんな認知で寝たの？＞「考えるのがもうイヤだ，寝たい」と考えて／自分が本当にそんなことをしたりするのか自問した／じっくり考えても解決策が出なかったからあきらめた＜どうやって？　どんな認知で？＞「ほっておこう」／自分はそんなことしないと言い聞かせた／なるべく考えないようにした／音楽を聴いて気分転換する／やる気が出ないから徹底的にだらけた

● 他の人なら，この状況に対してどんなことをするだろうか？

「そんなわけない」と一人つっこみをして終わりにする／無視する，軽く流す＜どうやって？＞「なんだ？　いまの。ふ〜ん」って／気を紛らわせるために

トレーニングする／気にしないようにする，深く考えないようにする＜自動思考があって不安になった後，どんな認知で気にしないの？＞「トレーニングしたほうがいいよな」とトレーニングする／より深く考えて解決策を出そうとする／ストレス発散する＜どんなふうに？　どう考えて？＞「今日は気分転換しよう」と考えて，徹底的に遊ぶ，友達とカラオケ行ったり出かける／＜この場では？＞ひとまず買い物してから後でじっくり考える／お茶を飲む＜？＞「まあ，落ち着け」と思ってとりあえず飲み物が買える場所を探して，飲む／どんなイメージだったかな，とちょっと盛り上がってリプレイする／かっこよい飛び降り方を想像する／「よくあることだ」と気にしない／どんなときにこうなるのか，記録をとって分析して，絶対に解明してやると意気込む

◉この状況に対して，どんなことができそうか？

　考えが浮かんできても「あ，またきたな」と意識的に軽く流して，元々の目的（買い物）を続ける／疲れているサインだと考えて，頑張っている自分を褒めてあげる（遊びで疲れている場合は自分をたしなめる）／友達と会ってから何をするか考えて，そっちに集中する／どうせ色々と考えて不安なのでほっとく／「もともとの目的は遂行しよう」と考える

◉もし友人だったら，何と言ってあげたい？

　悩んでるんなら相談しろ／おまえにそんな度胸はない／考えすぎ／飛び降りたくないんでしょう？／もし飛び降りようとしても，絶対に止められるし，柵をよじ登っている間に気が変わるよ／想像力がたくましすぎる／自分を信じなよ／飛び降りたら痛いぞ／疲れてるんじゃないの？　寝れば？／＜アドバイスのみ？　本当に，全く同じ体験をしている人が目の前にいたとしたら？＞そういう考えが浮かんだら，そりゃ不安だよな

◉自分自身に対して，どんなことを言ってあげたい？

　友人に言う項目をそのまま自分に言う／本当は臆病なんだから，ムリ／周りの人が悲しむって分かっているからそんなことをしないよ／そもそも飛び降りられる状況が整っていない（荷物持って柵越えは無理）／大事な友達を思い浮かべたら絶対に飛び降りないよ／今までさんざん考えたのに実行していない，

とカウンセリングでも指摘されたじゃないか

〈ミニスーパービジョン〉

　ブレインストーミングの段階で，いかに多くの回答を引き出すかという点もポイントですし，その内容も様々な角度のものがほしいところです。このケースでは，「自動思考に反する事実や根拠は？」という項目で初めに出てきたのは「まさか自分はそんなことはしないと心のどこかで思っているから」，「そんなことをすると家族が悲しむと思っているから」などと，「思っているから」の連発でした。「思う」ばかりが根拠に並んでいて良いのだろうか，とその点をミニスーパービジョンで質問したところ，事実として妥当かどうかだけを検討するわけではないので，「思う」というものが挙がっていること自体は問題ではないというコメントをもらいました。とはいえ，事実レベルの反証も引き出したいということでアドバイスをもらい，それに基づき以下のような質問をクライアントに投げかけ，回答を増やしていきました。＜今までもそういう考えが浮かんだと言っていたけれども，その考えが浮かんだことで実際に飛び降りたことはある？＞，それに対する回答は「今までもこういうのが浮かんだけれど飛び降りてないや」というものでした。こうなってくると，なるほどたしかに事実レベルの反論なんだなと思いました。

〈代替思考〉

　色々出した回答を参照して，元の自動思考とは別の考えを新たにまとめあげ，記入していきました。強い不安につながっていた自動思考を別の考えと置き換える，もしくは，元の自動思考はそのままでも，そこに他の考えを付け足してみる。まずはそうすることで不安が下がりそうな考えをまとめてみよう，という基準で新しい考えをまとめていきました。その際，実際に頭に浮かべるような感じ，つまり台詞の形にしています。代替思考を考え出したことで，元々の自動思考に対する確信度がどのように変化したのか，感情がどのようになったのかも確認して記入しました（図4-7）。

　認知再構成法は，一連のステップを一度やっておしまいということはなく，クライアント自身で使いこなせるようになるために，だいたい3クールくらい

```
┌─────────────────────────────────────────────────────────────────┐
│ 元の自動思考（確信度%）と感情（強度%）                          │
│ ┌─────────────────────────────────────────────────────────────┐ │
│ │ 状況：ショッピングモールの3階から1階の広場を見おろして，「ここから飛び降りちゃったらどうしよう」│ │
│ │ という考えと，自分が手すりを乗り越えて下に飛び降りるイメージが浮かんだとき。│ │
│ └─────────────────────────────────────────────────────────────┘ │
│ ┌───────────────────────────────┐ ┌─────────────────────┐      │
│ │「考えたということは，本当にやっちゃうんじゃないか」│ │不安(100%)        │      │
│ │(90%)                          │ │恐怖(80%)            │      │
│ └───────────────────────────────┘ └─────────────────────┘      │
│                    ⇩                                            │
│ 新たな思考（確信度%）と現在の感情（強度%）                      │
│ ┌───────────────────────────────┐ ┌─────────────────────┐      │
│ │「今まで何度も飛び降りたらどうしようと浮かんだけ│ │                    │      │
│ │れど，飛び降りたことはない」(90%)│ │                    │      │
│ │「イメージしただけで本当になるなら，今ごろ自分は│ │不安(40%)           │      │
│ │もっとモテているはず」(80%)     │ │恐怖(20%)           │      │
│ │「このまま引きずってもムダだから，とりあえず今日│ │                    │      │
│ │は楽しもう」(60%)              │ │                    │      │
│ │「これからせっかく大学生だから飛び降りたくない。│ │                    │      │
│ │バスケやりたい」(90%)          │ │                    │      │
│ │「ああ，また来たな，とりあえずほっておいて買い物│ │                    │      │
│ │しよう」(100%)                 │ │                    │      │
│ └───────────────────────────────┘ └─────────────────────┘      │
└─────────────────────────────────────────────────────────────────┘
```

図4-7 認知再構成法：適応的思考の案出

は一緒に，丁寧にツールを使用して行います。この事例ではこの先の流れとして，不安が維持されるメカニズムについての心理教育を行って，曝露につながるような台詞を選択する基準をさらに設ければ良かったかと思います。たとえば，「このまま不安がどうなるか観察しよう」とか，「無理に不安を下げようとせずに，不安を感じてみよう」というような認知も持てるようになると，幅がさらに広がっただろうということです。ただ，曝露ということで基準を設けてはいないものの，あれこれとたくさん検討をすると，それにつながるような考えも案出されてはいるんですよね。

認知再構成法についてのクライアントのフィードバックは，「他の悩みについても役に立ちそう。使いこなせるようになれるといいと思う」というものでした。クライアントが最も不安を感じていた対象は，「刺しちゃったら」「飛び

降りちゃったら」「轢かれちゃったら」などと浮かんでしまう思考でしたが，普段の対人関係でも悪い方に考えて不安になってしまうところがあり，そういったことにも認知再構成法を使えるようになりたいということでした。その後，本事例は，このようにクライアントが認知再構成法を習得したことによって，すべての面接目標が達成されつつあるということが合意された時点で，終結となりました。

4-4　全体のまとめ

　ケース全体のまとめについてお話します。まず，インテーク時の心理テスト結果と，終結の半年後に取ったフォローアップ時点でのテスト結果について，その概要を表4-1に示します。
　本事例では，クライアントが「うつ」と表現していた状態についてアセスメントを行った結果，彼が苦痛に感じていたのは，勝手に浮かんでしまう侵入的な思考に対する不安だということがわかりました。そこで侵入思考に対するクライアントの反応を整えるスキルを習得してもらうために認知再構成法を導入しました。
　CBTモデルに沿って自分の体験をセルフモニタリングしたり，認知再構成法に取り組むことで，クライアントの侵入思考への反応は変化していきました。思考の内容にとらわれたり，そのような思考が侵入的に浮かぶという事実に対して過剰な意味づけをすることが減少していったのです。
　クライアント自身は，セルフモニタリングや自動思考を捉える練習などによって，自分自身の反応を客観視できるようになったことに効果があったと語っていました。毎回，セッションの初めに前回からの様子をうかがうのですが，カウンセリング開始当初は，「飛び降りちゃうのでは」などと浮かんだときに「そんなことはない」と思えたかどうかについての報告や，そのような考えが浮かんだこと自体に「まだ浮かんじゃうんだ」と落ち込んでしまう，という報告が，よく聞かれました。それが，自動思考のモニタリングが継続的なホー

表4-1　カウンセリング前後の心理テスト結果

心理テスト	インテーク時	最終回から半年後（アンケート）
ストレッサー	ストレスレベルやや低い 例：受験，友人関係，部活の引退	ストレスレベルやや低い 例：卒業，受験，友人関係
BDI-II	軽症	問題なし
GHQ	中程度	ストレス反応なし
気分調査	疲労感，抑うつ感，不安感→重症 緊張と興奮，爽快感→中等度	緊張と興奮，抑うつ感→低い 爽快感，疲労感，不安感→中程度
コーピングスタイル	話を聞いてもらう→多い 情報や助言を求める，他人に委ねる→少ない	話を聞いてもらう，あえて保留にする→多い， なかったことにする，情報や助言を求める，気分転換をする，前向きに考える，解決策を検討する，他人に委ねる→中程度
反すう	頻度が高く，嫌な内容を反すうする，結果は悪い，自己統制はかなり努力すれば可能	頻度は中程度，嫌な内容を反すうする，結果は悪い，自己統制はかなり努力すれば可能
コアビリーフ	自己：中程度，時間的展望：中程度，他者：中程度	自己：中程度，時間的展望：現在の充実感と過去受容が高い，他者：中程度
ソーシャルサポート	多い	多い

ムワークとなってからは，「『ああ，またきたな』って感じ」「疲れているサインだから，『ああ昨日は夜更かししすぎたな』と思って，昼寝しちゃいました」など，侵入思考が生じてもその内容そのものについて反応することがなくなってきたことが報告されるようになりました。さらに認知再構成法を実施した結果，

「今までもそのような考えは浮かんだけれど，刺すことはなかった（＝考えることと実行は別のものとして捉えている）」「そんな考えが浮かんじゃったら，そりゃ不安になるものだよな（＝不安な体験を否定せず，肯定している）」等の考えを自らその都度考え出すことができるようになり，彼が楽になっていったことに大きく影響しているのではないかと思われます。

　ただし終結時でも，CBTによる効果が，まだ全てに般化しているわけではありませんでした。道を歩いていて「ふらっと車道に出て轢かれてしまうのでは」が浮かぶと，やはりまだ不安になるといったことが語られていました。しかしそれをすべてセッションで扱うのではなく，これもむしろ練習の題材になるという位置づけで共有し，あとは彼の自助努力に任せるという形での終結にしました。それは，すべての現象をセッションで扱う必要があるわけではなく，CBTによって習得したことを彼自身が使えればよい，という考え方にもよりますが，あとは大学に入り，彼自身の生活が忙しくなったというのも終結の理由の1つです。

　当機関では最終セッションの半年後，フォローアップとしてアンケート調査と心理テストを郵送にて実施しています。このクライアントは，アンケートに近況やカウンセリングの感想を書いてくれていました。感想としては，とても話しやすかったこと，心のうちを吐き出せて落ち着いたことなどが挙げられていました。現在は，非常にスッキリとした状態だそうですが，長い休みのときに以前のような侵入思考やそれによる不安を体験したことがあったけれども，そのときには認知再構成法を自ら使って乗り切ったということでした。これからもCBTでやったことで乗り切っていくつもりだけれど，また必要になったらこちらに通いたいのでお願いします，と最後に書かれてありました。

4-5　ミニスーパービジョン

　ミニスーパービジョンについては，事例の流れの中で紹介してきましたが，ここではその他の例についても紹介します。Qが私，初野からの質問で，Aが

スーパーバイザー，すなわち伊藤からの回答です。

● 目標設定から手段・技法の選択について
Q1：目標の中には，クライアントが1人で取り組むという扱いになったものもあるが，それだと不十分な点はないだろうか。目標だけ設定されて実行できなかったら，かえってクライアントの負担になるのではないかという懸念がある。
A1：目標さえ設定できれば，あとは自分で取り組む力のあるクライアントもいる。具体的な取り組み方や計画まで話し合われていると良いだろう。また，クライアント自身の取り組み状況について簡潔に教えてもらうということを，毎回のアジェンダとして設定することもできる。いずれにせよ，クライアントの取り組み状況についての共有の仕方を，クライアントと話し合うこと。

● 自動思考のモニタリングについて
Q2：（自動思考の検討段階に入ったことを報告。）
A2：認知再構成法で検討対象となる自動思考を同定した後も，自動思考をキャッチする課題は継続すること。検討するための自動思考を見つけたらモニタリング終了ということではなく，自動思考のモニタリング能力を伸ばしていくことが大切である。認知再構成法は，最終的には不安を感じたその場で，自動思考をとらえて工夫ができるようになることを目指すものである。

● 自動思考の検討・ブレインストーミングについて
Q3：（ブレインストーミングでの回答をスーパーバイザーとシェアした。）
A3：ブレインストーミングで出てきた回答についても，了解できるところまで詳しく聞いていくことが必要。たとえば，自動思考を信じるデメリットとして「こういう状況でこの自動思考があると，人と会いたくなくなる」とあるが，人と会いたくなくなることの何がデメリットなのか。他にも，対処として「お茶を飲む」というのが出ているけれど，「本当にやっちゃうかも」

という自動思考がある状態でどうやってお茶を飲むに至るのか。そこまでを含めてイメージしてブレインストーミングできると良い。飛び降りるイメージがあって「本当になってしまうんじゃないか」という自動思考をぐるぐるさせたままで喫茶店に行くのか，それともほかの認知を何か浮かべて手持ちのペットボトルを飲むのか。そういうことを具体化していくこと。

4-6　本事例における留意点と苦労した点

　ケースを進める上でまず留意したのは，クライアントが「うつ」と表現している体験についてCBTモデルに沿って理解をし，それを共有することでした。このクライアントの言う「うつ」は，ある場面における自分の体験につけたタイトルであり，それはどうやら私たち専門家の考える「うつ」とは別のものらしいことが初回でわかりました。これは，CBTのモデルが描かれたアセスメントシートにクライアントの体験を外在化していったからこそ，理解できたことだと思います。つまりモデルやツールを使うことで，「うつ」というクライアントの言葉に混乱させられずに，主訴を整理できたのではないかと思うのです。

　その上で侵入思考の扱いについて，侵入思考とそれに対する自動思考を区別するように促しました。きちんと心理教育を行ったのは問題リストの作成時なのですが，アセスメントの段階からその点を意識していました。侵入思考は認知的なものなので，別に認知の欄にあっても支障なくアセスメントはできたかと思うのですが，状況欄にあった方が視覚的に分かりやすいというか，後の心理教育が入りやすいかと思います。

　とはいえ，やはり苦労したのは侵入思考が生じたときの行動的な反応のアセスメントです。「考え込んでしまう」「特に何もしていないときに生じることが多いので，そのまま何もせず，他の行動にもうつれない」とクライアントが言うのを聞いて，やはり回避はないのかな，それなのにどうして不安が維持されているのかな，と悩んだ記憶があります。別に，必ずしも回避が生じていなきゃいけないということではないのですが，こうやってあらためて事例を振り

返ってみると、もう少し詳しく聞いていけば、中和行為に位置づけられそうなものがボロボロとありそうなんですね。回避について、なんだかモヤモヤとしたものを感じながら、十分に聞ききれていなかったなと反省しています。

4-7 本事例から学んだこと

　たとえクライアントが簡潔な言葉で体験をあらわしたとしても（たとえば本事例での「うつ」）、それを具体的に聞いていくことが非常に大切なのだと改めて実感した事例でした。CBTモデルに基づいて、クライアントに体験の想起や言語化を促しつつ聞いていくと、＜こういう認知もあったのではないか＞とか＜こういう身体反応なら、こういう感情もあるのではないか＞というように、カウンセラー側も色々と予測しやすくなっていきます。そういったカウンセラー側の予測をクライアントとすり合わせていくことを通じて、アセスメントがより緻密になっていくのだと思います。この予測とのすり合わせについては、カウンセラー側の疾患モデルの知識と理解も大きな助けになると思います。そして今回振り返ってみて、予測したのであれば、とにかく徹底的にしつこくすりあわせてみることが大切だと感じました。それが本日、しつこく「反省」と申し上げている点です。特に不安障害の方に限らず、回避の傾向は言語化されにくい（回避として自覚しにくい）ところがあるように思いますので、今現在私は、さまざまな事例において、「こんな考えがあったのでは？」「こういう行動をとったりしない？」と具体例を挙げて聞いてみるように心がけています。

　また、認知再構成法など技法を実践している間にも自動思考のモニタリングはする必要があるのだ、技法に入ったらモニタリング終了ということではないのだ、ということを本事例の中で実感できたことも大きかったと思います。スーパービジョンを受けるまでどこか漠然と、自動思考のモニタリングは検討の対象とする自動思考が同定されるまでのもの、と思っていたところがありました。面接がどこまで進んでいるにせよ、クライアントは日常生活で様々な体験をしているわけで、常にモニタリングの構えをつくっておくことでモニタリ

ング内容が詳細になりますし，自分の反応をコントロールしやすくなるんですね。この事例でも，自動思考の継続的なモニタリングが面接の展開に大きく関わっていると，まとめてみて改めて思いました。

4−8　ワークショップ参加者との質疑応答④

質問1：この方のCBT開始から現在に至るまでの実際上の生活のレベルについて，たとえば勉強や友人関係についてははどうなんでしょう？　さきほど友人関係の問題に認知再構成法を使いたいといった話がありましたけれど，そういったことについて実際に変化があったかどうか，もし分かれば教えて下さい。

初野：毎回，現状報告というアジェンダの中でうかがったことからお答えします。大学が始まってみたら，新しい人間関係が楽しくて，思ったよりも充実しているということでした。友だちもできたし，授業も忙しくて充実しているので，そういうときは嫌な考えが浮かぶのも減るという報告がありました。それから，ここで立てたCBTの目標を意識するようになってから，いろいろ考えて勉強が手につかないということはないということでした。そもそもの適応も，決して悪い方ではなかったと思います。

4−9　グループ討議の発表②

発表1：私たちのグループで1番目に出たのは，家族関係について気になる点が最初からあったのだけれども，それについての話題が面接の中では出なかったのかどうか，出なかったとすると，それがCBTのスタイルなのかどうかということです。それから，自動思考のキャッチを丁寧にやることで，自分の反応をコントロールできるようになり，状態がよくなっていくのだろうという感想が出ました。丁寧な訓練が必要なのだろう，という感想です。ただ，1つ気になったのは，認知再構成法を身につけたはずなのに，般化しきれて

いないのはどうしてだろうかという点でした。

発表2：感想として2点出ました。1つは，最初のインテークで「軽いうつ」とされていたケースを，面接をしていく中で見立てを改め，セラピストが上手に面接を組み立てていったことにより，心理テストにも反映されるような効果が出てきたのではないかということです。もう1つは，後半のホームワークとセッションの関連をもう少し具体的に説明してほしかったという感想です。

発表3：技法の勉強になるケースだったということと，対応が難しい事例，すなわちレベルの高い事例だったということが，感想として出ました。またCBTの，セラピストからクライアントに何かを与えるのではなく，クライアントの中の資源から出てきたものを用い，その中から自分を支える考え方を選択していくというスタイルがとてもよいという感想もありました。それから，主訴は軽減されていますが，このクライアントの場合には自分を主張するアサーティブネスという面の不足もあるのではないかということで，そういったことが出てきたら，CBTでどう扱っていくのかということについて興味があるという感想がありました。

発表4：前半のところでは病態についての話がたくさん出ていましたが，それに対して，クライアントのリソース，健康度というものをどのようにセラピストが見立てていたのか知りたいという意見がありました。また，前半では訳のわからなさという点にクローズアップされていたものが，後半で的が絞られ，その結果面接がだいぶ進んだのではないかという感想もありました。一方，家族のことやコアビリーフが扱われないままであったことが気になるというコメントもありました。あと，疾患についての心理教育を実際にはどのような形で進められているのかに興味があります。それから，カウンセラーがクライアントの主訴にじっくりとおつき合いしており，それによってクライアントが自分の問題を軽くとらえることができるようになり，それが改善につながったのではないかという意見がありました。ただその一方で，クライアントの心の奥底の部分で触れられていないところがあるように思われ，

そこが気がかりだという意見も出ていました。

発表5：クライアントが表面的にはかなりよくなっており，CBTに一定の成果はあるのだろうと認めつつも，さらに様々な意見が出ました。私たちのグループでは，実際に中学生などに関わっている人が多く，こういう子が増えているなという実感があります。その中で，結局，良くなったといっても不安はまだ残っていて，1つが改善されても，もぐらたたき状態ではないのかという意見も出ました。それに関連して，認知を変えていくということにはかなり成果があるのだけれど，認知以外の体験がもっと変化する必要があるのではないかという意見がありました。今の子どもは疑似体験が多くて実体験が少ないので，もっと実体験の訓練みたいなものが必要になってくるのではないかということです。CBTの一定の成果は感じるけれど，さらなる今後の見通しみたいなところがまだはっきり見えなかったので，そこはどうなのだろうという疑問があります。

発表6：後半のご説明は非常にわかりやすくて，すっきりしました。CBTのプロセスがよくわかりました。それから，家族には話せなかったことをカウンセラーには話せているというところで，初野さんとの信頼関係が随分できていたのではないかというコメントがありました。また，自動思考の検討にブレインストーミングを用いたということですが，ブレインストーミングという作業自体が効果的だったのではないかとか，ブレインストーミングを通じてクライアントが気持ちをさらに出しやすくなり，その結果気持ちが変わっていったのではないか，という意見もありました。ただし心理テストの結果で，ストレス反応の「気分」における不安感が依然として高いというところが気になるというコメントもありました。

初野：ありがとうございます。グループ討議のときにも，各グループにお邪魔していろいろなことが聞けたので，今日は私自身，非常に勉強になりました。

4-10　話題提供を行っての感想と今後の展望

　ワークショップで自分が事例を発表すると決まった頃，まだまだCBTの経験が浅い私がそのような役割を担うことに恐縮しながらも，企画の趣旨にとても共感した記憶があります。CBTは理論も明快ですし実践にも役立ちそうだけれど，ではどうやって実際の面接に活かせばよいのだろう，と苦心している方は少なくないのではないでしょうか。おそらく同じようなことに疑問を持ったり引っかかったりしている若手カウンセラーの方々にとって，今日の発表の私のように，試行錯誤しながら，そして熟達者に相談しながら事例を進めていったプロセスが，それらを学ぶ際の参考となれば嬉しく思います。

　今回の発表のおかげで，改めてCBTの全体像を見直して考えることができました。定期的な継続スーパービジョン（月に1回）を受けていても思うのですが，面接の進行の全体をまとめ，言語化・外在化していくと（要するにレジメを作成すると），検討すべきことが見えてきたり，問いが発生したり，それによって次に自分の実行すべきことがまとまることもあります。たとえ発表やスーパービジョンの機会がなくても，自分でそのような形式の資料を作成することは，とても良いトレーニングになりますし，今抱えている事例をよい方向に展開させる助けになるのだと思いました。

　ワークショップ当日は様々なバックグラウンドの方がフロアにいらしたと思います。中には，CBTにおける不安障害のモデルや，侵入思考という用語についても，馴染みのない参加者がいらっしゃったかもしれません。そのようなことは事前に想定していたのですが，事例に関わる内容以外に，それらについて丁寧な解説をすることを今回はしませんでした。理論の基礎学習は各自でしてもらって，できるだけ事例の発表そのものに時間を割くという方針で今回はそのような形になりましたが，そのあたりをこれからどういうふうにしていくのか，今後，検討が必要な点だと思います。というのも，CBTでは実証的な研究をもとにつくられた各疾患モデルに基づいて治療が進められることが少なから

ずあり（特に不安障害），それが共有されているとの前提の上での自由な意見交換と，その共有ができていない場合とでは，ワークショップにおける議論の質が変わってくるという印象を受けたからです。様々な視点からの議論ができるのは非常に貴重なことですが，CBTのワークショップとして最低限どのような知識を予め共有しておく必要があるのか，考えるきっかけとなりました。

　また，前に立ってフロアの方からの質問を受け，ディスカッションの内容を聞けたことで，臨床そのものや発表の仕方について考えるとても良い刺激になりました。その際に，講師が一方的に質問に回答する，ディスカッションで出た意見を聞いてコメントする，というやりとりだけではなく，こちらからもフロアに質問が出来たり，議論や情報交換ができたりする形式も面白いのではないかと思いました。というのは，実はフロアからの発表を聞いていて，もっとその意見について話が聞きたいとか，質問の意図を聞きたいなどと，色々と聞いてみたいことが生じてきたのです。上級者向けかもしれませんが，CBTを臨床に取り入れている方であれば，「自分ならこうする」という意見があったり，同じような目的でも導入の説明の仕方が随分と違うなあという感想だったり，色々と参加者側からもっと発信できることがあるのではないかと思います。その意味でも日本でのCBTのワークショップがこれからさらに増えて，様々な形でCBTを学ぶ機会が増えていくことを楽しみにしています。

〈参考文献〉

伊藤絵美：認知療法・認知行動療法―面接の実際．星和書店，2006．
古川壽亮監訳：不安障害の認知行動療法（3）強迫性障害とPTSD．星和書店，2005．
原田誠一編：強迫性障害治療ハンドブック．金剛出版，2006．
伊豫雅臣監訳：認知行動療法の科学と実践．星和書店，2003．
丹野義彦：エビデンス臨床心理学―認知行動理論の最前線．日本評論社，2001．
丹野義彦編著：認知行動療法の臨床ワークショップ―サルコフスキスとバーチウッド

の面接技法.金子書房,2002.

丹野義彦監訳:侵入思考—雑念はどのように病理へと発展するのか.星和書店,2006.

第5章

事例3：認知再構成法と行動実験によって症状が改善した事例

話題提供者：腰みさき

　本日話題提供をいたします腰みさきと申します。よろしくお願いします。
　今回提供するのは，比較的シンプルなうつ病のクライアントと実施した比較的シンプルな認知行動療法（CBT）の事例です。シンプルな事例とはいえ，それなりに紆余曲折がありましたので，どのような点に苦労して，どのように立て直したのかというところを中心に見ていただきたいと思います。
　まず，発表を始めるにあたりまして，私の認知行動療法（以下，CBT）における臨床歴を簡単に説明します。本事例に関わった段階でCBTの臨床歴自体は5年にも満たないものでした。当機関に勤務するまでに，企業や精神科カウンセリングルームで伊藤からCBTの教育を受けながら認知行動的アプローチを開始しています。その後，精神科併設のCBT専門カウンセリングルームに勤務を開始すると同時にCBTの継続的なスーパービジョンを受け始めました。そして，CBT専門機関である洗足ストレスコーピング・サポートオフィス（SSC）が開設されると同時に勤務を開始し，伊藤より継続的なスーパービジョンを受けております。そして現在は，洗足ストレスコーピング・サポートオフィス以外に企業や大学にもカウンセラーとして勤務しております。

5-1　初回セッションまで

本事例は下記の流れで行い，既に終結しています。

> 事例の流れ
> ①　インテーク面接
> ②　CBTモデルに基づくアセスメント
> ③　問題の同定
> ④　面接目標の設定
> ⑤　技法の選択と実践
> ⑥　効果の検証と維持・般化，再発予防計画
> ⑦　終結とフォローアップ

まず，インテーク面接に至るまでの部分を説明します。今回の事例のテーマは，「認知再構成法と行動実験を組み合わせたことによって，うつ病の症状が改善した事例」です。

5-1-1　クライアントの属性
20代女性，会社員（休職中）です。

5-1-2　来談までの経緯
当機関来談までの経緯は，クライアントはX-1年前半から身体的なだるさ，疲労感を感じ始め，X-1年6月末には食欲不振，不眠が生じ，自分でメンタルの問題かもしれないと思い，X-1年7月にインターネットで調べた精神科クリニックを受診します。その際に「大うつ病性障害（DSM-Ⅳ-TR）」と診断されます。そして，主治医の薦めによりX年4月に当機関に来談しました。紹介時点での処方は，Paroxetine 20mg，Amoxapine 50mg，Alprazolam 0.8mg，Mianserin 10mg/日でした。

5−1−3 インテーク情報

インテークは所長の伊藤が取りました。下記に得られた情報を記載します。

医療機関，相談機関への通院通所
・X-1年7月より精神科クリニックに通院開始。主治医より当機関を紹介される。それ以前の通院歴はなし。

現在の生活状況：
・独身（結婚歴なし）。
・家族状況：父，母，クライアント，妹，弟の5人家族。
・仕事：勤務4年目で，X年2月より診断書をもらって現在休職中。仕事内容は一般事務。上司や同僚との会話はあまりなかった。今は復職するか退職するかは決めていない。
・ライフスタイル・生活習慣：11：00就寝，7：00起床と規則正しい生活を心がけている。自宅で読書をしたり，テレビを観たり，出掛けたりと自分のペースで過ごしている。以前は大学時代の友人と遊んだり，音楽サークルの友人と交流があったりしたが最近は減っている。運動はしない。趣味はバイオリン。
・健康状態：X-1年前半ぐらいから日によって全身がだるくなったり，疲れやすくなったり，食欲低下，不眠が生じるが，受診後は徐々に減少している。3食普通に食べている。便秘・下痢なし。
・経済状況：特に問題なし。

生活歴・家族歴
・父は，自営業で仕事が忙しく，遊んでもらった記憶はあまりない。母はしつけが厳しかった。
・学歴・学校生活の状況：
　小学校：友達とよく遊んだり，クラス委員をやったりと活発だった
　中学校・高校：私立の一貫校に進学。特に目立たない普通の生徒だった。勉強は親に言われてちゃんとやっていた。学校は楽しかった。
　大学：レポートなどで勉強が忙しかった。友人は少なかった。
・職歴：大卒後，今の会社に就職。
・仕事の状況：少人数の会社。仕事は一般事務といえどもかなり専門的で，人数が少ない分色々できてやり甲斐はあるが，何でも自分でやらなければならないので負担に感じていた。仕事量が多いときも同僚の手助けはなく，上司は，状況を見ないで仕事をどんどん与えてきた。同僚や上司と仕事以外のことで話すことはほとんどなかった。
・既往歴・治療歴：特にない。もともと丈夫なほう。

主訴
　①自分に自信がない。②人が自分をどう思うのか気になる。③何のために生きているのか分からなくて苦しい。④これからの人生，たとえば仕事のことや将来のことが不安である。

・主訴の経緯：①は就職活動をしていたころから何となく出てきて，そのころ，何社も入社試験を受けて落とされて，自分が否定されている気がしてきた。②は多分幼少期から今まで続いている。母親が厳しいのでつい母親の顔色をうかがってしまう。それを他人にも広げてしまい，「こういうことを言ったらどう思われるか」「受け入れられないのではないか」と思ってしまって，言いたいことが言えない。③ X-1 年の 6 月末ぐらいから考え始め，「消えたら楽になるのかな」と今でも時々考える。④元々 2 年前ぐらいから会社を辞めたいと思っていたが，今は，辞めてもこれからやりたいこともなく，どうするのかな？と考えてまた不安になってしまう。
・主訴に関するソーシャルサポートの経過と現況：両親の理解は得られている。母親は口うるさいのが気になるが，支えにもなっている。学生時代の友人。
・主訴に関する要望：とにかく自分を変えたい。前向きになりたい。
・カウンセリングのニーズ：とにかく自分を変えたいと思うので，効果があるのなら，認知行動療法にもトライしてみたい。
・CBT 開始についての話し合い：インテーカーから CBT の説明を行う（CBT のモデルの説明。全体の流れの説明。自助を援助する教育的手法でありセルフマネジメントと再発予防を目指すという説明）→「ぜひ受けたい」との回答だった。
・インテーカーからの注意事項：この方の場合，うつ病の治療というよりもコミュニケーションスキルの習得などを通じて，自分を変えたい，前向きになりたいというニーズが高いようである。また，CBT の理解は的確で，モチベーションも高く，よいペースでの展開が期待できる。カウンセラーとのコミュニケーションや CBT についての不安や疑問はこちらから聞けば話してくれるので，クライアントの反応をきちんと確かめながら進めていくとよい。

5-1-4　心理テスト※結果

　ストレッサーとして，「職場での仕事量や期限」がストレス度が高く，「母親の干渉」や「友人関係」が中程度，「叔母の死」が低いものとして挙げられています。ストレス反応については，全般的うつ状態が BDI-II で 23 ポイントと中

※ 28 頁を参照ください。

程度です。全般的ストレス反応がGHQ28（全般的ストレス反応）で中程度，その下位項目であるうつ傾向も中程度，ただし，社会的活動障害が重症となっています。気分調査では，爽快感がなく，強い疲労感があるとの結果でした。

反すうの頻度は中程度という結果でした。嫌な内容を繰り返し考えることがときどきありますが，多少努力すればコントロールできるので，結果として気分が良くなる場合もあれば悪くなる場合もあるということでした。

コーピングスタイルは，「話を聞いてもらう」「情報や助言を求める」「気分転換をする」「前向きに考える」「解決策を検討する」といった対処法が少ないという結果でした。

コアビリーフ（中核信念）は，自己，時間的展望，他者ともに中程度，すなわちポジティブでもネガティブでもない，という結果ですが，現在の充実感は低いという結果でした。また「甘えの断念」という項目の結果が高く出ています。これは「他人には頼れない」という信念が強いことを示しています。ソーシャルサポートについては，上司，同僚，家族・友人共に少ないという結果が出ました。

5－1－5　初回時点でのカウンセラーのプラン

インテークの情報より，抑うつ状態の発生要因として，仕事量や職場環境の問題，叔母の死，サポート不足，コーピングの乏しさが影響を与えている可能性があると思いました。叔母の死以前にも，うつ状態がもうすでに発生しているようなので，職場の状況や叔母の死以前の状況についても，少し丁寧なヒアリングを行う必要があると思いました。受診から休職まで8カ月ほどあるので，その間の経過についても丁寧なヒアリングが必要だと思いました。また，休職により職場との物理的な距離はあるものの抑うつ状態が維持されているため，現在のストレス要因や家庭環境，母や友人との関わり方などについてもヒアリングが必要だと考えました。

インテークで語られた主訴がやや抽象的なので，それを具体化するために，どのような状況でどのように考え，どんな気分になるのかを丁寧にヒアリング

する必要があると思いました。また，カウンセラーとの関係そのものが「人にどう思われるか気になる」いう主訴に関連するため，セッションやカウンセラーに対するクライアントの反応についても丁寧に質問をしていく必要があるだろうと思われました。

5－2　面接経過

5－2－1　ケース全体の構造
1～2週間に1度のペースでセッションを実施し，全17回で終結しました（X年4月～X年9月）。その7カ月後（X+1年3月）にフォローアップのためのアンケート調査を実施しています。

5－2－2　第1～2セッション：①CBTについての理解度の確認と補足説明，②テストのフィードバック，③経緯，主訴の聴取，④全体像の把握

私が初めてお会いしましたのが，X年4月です。1回目と2回目のセッションを使って，CBTについての理解度の確認と補足説明，テストのフィードバック，経緯や主訴の聴取，あとは全体像の把握を行いました。

〈CBTについての理解度の確認と補足の説明〉

まず，最初にCBTについてのクライアントの理解度を確認し，補足的な説明を行いました。CBTに対する印象を確認すると，クライアントより「本当に効くのかな？　という半信半疑な思い」と「いろいろ話をして，アドバイスしてもらって考え方を変える」というイメージがあることが語られました。補足として，私からは，CBTの説明を，CBTの基本モデルを用いて行い，「カウンセラーからのアドバイスで考え方を変更するというよりは，カウンセラーとクライアントが一緒に考えて検討する協同作業である」ということを強調して説明すると，了解が得られた様子でした。そして，全体の流れを下記のように説明しました。

第5章 事例3:認知再構成法と行動実験によって症状が改善した事例　131

```
1. インテーク面接
2. 全体像のアセスメント
3. 問題の同定
4. カウンセリングにおける目標の設定
5. 具体的な手段・技法の選択
6. 具体的な手段・技法の実践
7. 効果の検証
8. 効果の維持と般化
9. 再発予防の計画
10. 終結
11. フォローアップ
```

また，1回のセッションで行う下記の流れを説明しました。

```
1. ブリッジング→面接と面接の間の状況の確認
2. ホームワークのチェック
3. アジェンダ設定→今回の面接で話し合う議題の設定
4. アジェンダに沿った話し合い
5. ホームワークの設定
6. 振り返り
```

〈テストのフィードバック〉

次にインテーク時に実施した心理テストのフィードバックを行うと，クライアントから次のコメントがありました。「全体的に当てはまる，(ストレス反応) 毎日充実しておらず，楽しいことが楽しめていない，(コーピング) 人に話すことや気晴らしや他の項目も以前はできていたが，今はできていない，(コアビリーフ) 甘えの断念のスコアが高いのは，仕事を他人に頼らずに自力でやっていることからもうなずける。(サポート) 低く出ているのも職場は休職前からサポートはなく，友人には言いたいことが言えなくなっているので当てはまる」

〈主訴の経緯の聴取〉

　3番目のアジェンダとして，主訴の経緯を聴取しました。面接前に私が気になっていた精神科クリニック受診までの状況をまずうかがうと，クライアントは次のようなことを話してくれました（一部要約）。

　「入社以降仕事がどんどん増加し，疲労感を感じながらも頑張っていました。X-1年6月に幼少期から私を可愛がってくれていた叔母が亡くなり，ショックを受け，そのときから落ち込みはじめました。また，遠方だったため，なかなか叔母に会いに行けなかったことについて『あんなに可愛がってもらったのに，自分は何てひどい人間なのだ』と自責感もありました。でも，お葬式のために休暇を取って，休暇後に職場に戻ると仕事がたまっていて，誰も手伝ってくれなかったため『ああ，やっぱり自分でやらないといけない』とさらに頑張っていました。X-1年7月に精神科クリニックを受診したときに主治医に休職を勧められました。でも，その頃父が体調を崩したため『これ以上母に迷惑をかけられない』と思い，親には話せませんでした。X-1年11月には父の体調も回復し，『今なら言ってもいいだろう』と思い，ようやく心身の不調と精神科クリニックへの通院について母に話したところ，職場に対応を求めるよう勧められ，上司に通院のことを話しました。引き継ぎがなかなか上手くいかずに遅刻欠勤をしながら，何とかしのいで2月にようやく休職になりました。」

　また，どうしてこのような状態になってしまったかということについてクライアントは，「こうなったのは職場のストレスと母親がうるさいからだと思う。"自信がないこと"は，就職活動以降も波があり，仕事を頑張れているときには，そうでもなく，それなりの自信を持てていた。ただ，そうなったらなったで『さらに頑張らないといけない』と思ってしまった。"人がどう思うか気になる"は，小さい頃からあったと思うが，大学生以降に問題と思うようになった。どうして気になるのかはよくわからない」と語っていました。

〈ホームワークの設定〉

　1回目のホームワークを設定する際，「私がまだあなたの言う『自分に自信がない』ということに対して，明確なイメージを持てないでいるので，そのことについてもっと詳しく知りたい。どのようなときにどのように自信がないと思うのか，もう少し具体的に教えてほしい」と私から伝えて，そのための材料として，次の面接までの1週間の間に「自信がない」思うことがあったらメモをしてくるということをホームワークとして提案し，クライアントの同意を得ました。

〈振り返り〉

　その回の振り返りでは，「初めてなのでどのようなことをするのか分からなかったが，ゆっくり説明してもらって，面接の流れが分かった」と述べられました。

〈CBTモデルに沿った全体像の把握〉

　2回目のセッションでは，ホームワークで作ってきてもらった「自信がない」と思ったときのメモをもとに，CBTの基本モデルに沿った全体像の把握を試みました。ホームワークのメモには「自信がない」と思ったときの状況が10項目ほど書かれていました。それぞれについてクライアントの気分，認知，行動，身体について詳しく聞いていくと，他の主訴である，「人がどう思うか気になる」，「何のために生きているのか分からなくて苦しい」，「これからの人生が不安」とも関連がありそうだということが共有され，アセスメントシートを用いて，整理を行いました。

　クライアントと共有した内容は，まず休職前は，元々厳しい母親がいて，非サポーティブな職場で働いていて，かつ上司は無理解で，仕事量が年々増えていったが，「とにかく自分で何とかしなくてはだれも助けてくれない」と考えて頑張り続けていたということです。しかし，自分を可愛がってくれた叔母が亡くなったという喪失体験により，憂うつ感，ショック，自責感，落ち込みといった気分に支配されるようになりますが，それでもなお，「自分でなんとかしなくては」と，とにかく無理して頑張り続けます。この「無理して頑張る」とい

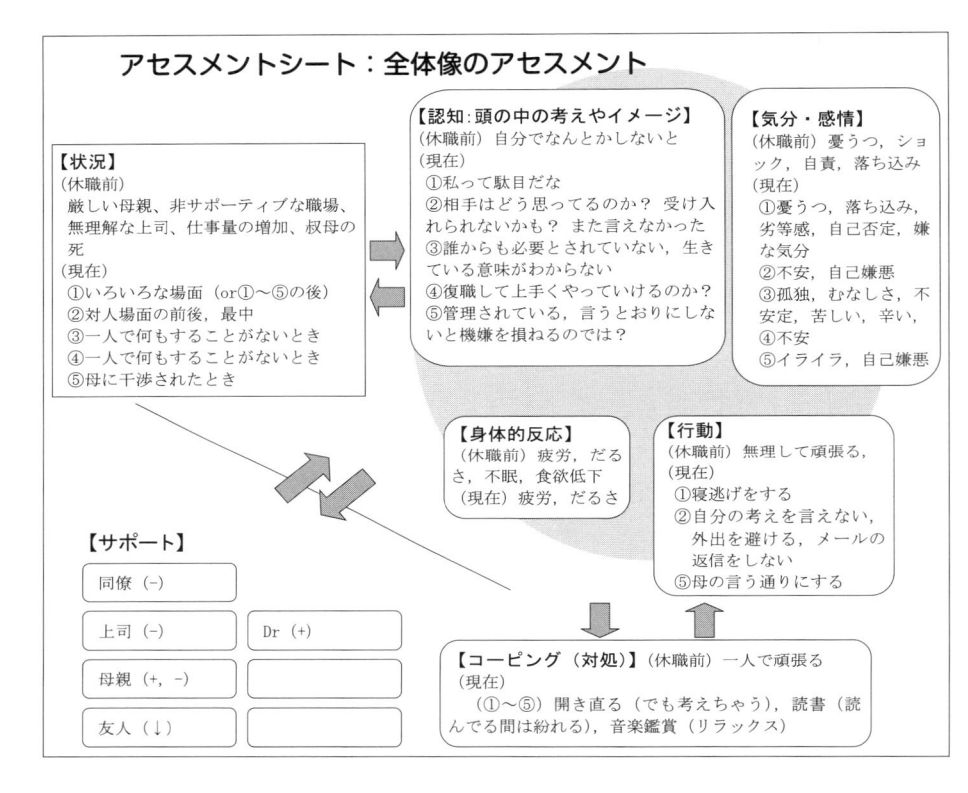

```
┌─────────────────────────────────────────────────────────────────────────┐
│           アセスメントシート：全体像のアセスメント                      │
│                                                                         │
│                    【認知：頭の中の考えやイメージ】  【気分・感情】     │
│                    (休職前) 自分でなんとかしないと    (休職前) 憂うつ，ショ│
│  【状況】          (現在)                             ック，自責，落ち込み│
│  (休職前)          ①私って駄目だな                   (現在)             │
│  厳しい母親，非サポーティブな職場，②相手はどう思ってるのか？ 受け入  ①憂うつ，落ち込み，│
│  無理解な上司，仕事量の増加，叔母の れられないかも？ また言えなかった 劣等感，自己否定，嫌│
│  死                ③誰からも必要とされていない，生き  な気分           │
│  (現在)            ている意味がわからない            ②不安，自己嫌悪   │
│  ①いろいろな場面（or①〜⑤の後）④復職して上手くやっていけるのか？ ③孤独，むなしさ，不│
│  ②対人場面の前後，最中  ⑤管理されている，言うとおりにしな  安定，苦しい，辛い，│
│  ③一人で何もすることがないとき  いと機嫌を損ねるのでは？  ④不安       │
│  ④一人で何もすることがないとき                       ⑤イライラ，自己嫌悪│
│  ⑤母に干渉されたとき                                                   │
│                                                                         │
│                         【身体的反応】        【行動】                  │
│                         (休職前) 疲労，だる  (休職前) 無理して頑張る，  │
│                         さ，不眠，食欲低下   (現在)                     │
│                         (現在) 疲労，だるさ  ①寝逃げをする             │
│                                              ②自分の考えを言えない，   │
│  【サポート】                                   外出を避ける，メールの  │
│                                                 返信をしない           │
│  │同僚 (−)│                                 ⑤母の言う通りにする       │
│                                                                         │
│  │上司 (−)│  │Dr (+)│                                                 │
│                        【コーピング（対処）】(休職前) 一人で頑張る      │
│  │母親 (+, −)│         (現在)                                          │
│                          (①〜⑤) 開き直る（でも考えちゃう），読書（読  │
│  │友人 (↓)│              んでる間は紛れる），音楽鑑賞（リラックス）    │
└─────────────────────────────────────────────────────────────────────────┘
```

図 5-1　全体像のアセスメント

うのは，クライアントの行動パターンである一方で当時のクライアントにとっては精一杯のコーピングでもあったようです。しかし，徐々に疲労，だるさ，不眠，食欲低下という身体反応も増加し，頑張りきれなくなり，うつ状態になったのではないかということが共有されました。

そして，精神科を受診して服薬を開始したことで症状が少しは緩和されましたが，アセスメントシートに記載されているような反応パターン（特に，①，②，③，④，⑤）があるため，現在もうつ状態が維持されているということが共有されました。

図 5-1 のアセスメントシートにおける，①から⑤について説明します。

①はとにかくいろいろな場面，たとえば人と会う前や会った後，1人でいる時や母親と話した後などに（状況），「私って駄目だな」（認知）と考えてしまって，憂うつ，落ち込み，劣等感，自己否定する気持ち，嫌な気持ち（気分）になる。そしてときには「寝逃げ」をする（行動）。

②は対人場面の最中だったりとか，人に会う前，もしくは人と会ったあと（状況）に，「自分の考えを言ったら相手はどう思うのか，受け入れられないかも」（認知）と考えて，不安になったり，そのようなことを考えている自分に対して自己嫌悪（気分）を感じたりします。そして，自分の考えが言えなかったり，何か約束があったとしても外出を避けてしまったり，友達がメールをくれても返信をしなかったりします（行動）。

③は特にこれといった場面ではなくても，1人で何かを考えているときに（状況），「自分は必要とされていないのではないかな，生きている意味が分からないな」（認知）というように考えて，孤独，むなしさ，不安定さ，苦しさ，辛さが生じます（気分）。③では特に行動は特定されませんでした。

④も1人で何もすることがないときに（状況），「復職してうまくやっていけるのか，たとえ転職してもうまくやっていけるのか」（認知）ということを考えて不安になる（気分）というパターンです。この場合も，特に行動は特定されていません。

⑤の母親の干渉というのは，たとえば出かける前に，「何時に帰ってくるの？」とか，「今日ご飯どうするの？」とか，「そんなに家にいないでもっと外出したら」などと言われたようなときに，「管理されている」（認知）というように考えて，イライラします（気分）。でも，「言うとおりにしないと（母の）機嫌を損ねるのではないか」（認知）と考えて，母の言うとおりにする（行動）。そうすると，また自己嫌悪（気分）に陥ってしまうというパターンです。

今は①から⑤の循環があってうつ状態が維持されていますが，それに対してクライアントは何もしていないわけではなくて，①から⑤で共通して，「開き直る」というコーピングを試みてはいるのですが，やはりその後も考えこんでし

まったりしてそれほど効果があるわけではないということでした。また，読書や音楽鑑賞で気を紛らわせようとしますが，一時的な効果で，終わるとまた考えこんでしまうということでした。

サポート資源についてですが，休職前は同僚や上司からサポートを得られている感じはなかったようです。母親のサポートについては，プラスのときもあればマイナスのときもあります。友人からのサポート感はなくはないのだけれど，最近は連絡していないので，あまり実感できていないということでした。主治医のことはサポート資源と考えているようです。

〈ホームワークの設定・振り返り（♯2）〉

このアセスメントシート（図5-1）の内容すべてを，「問題」として扱うわけではありません。そこで私から，「アセスメントシートの中で特に問題だと思われるところに〇を付けてきてください」ということを依頼して，それが第2セッションのホームワークということで合意されました。

第2セッションの振り返りでは，「（セッション中に）答えられないことがあってもいいのだと思えた。アセスメントシートで気分，行動，考え，身体の関係が分かった」というコメントをいただきました。

〈クライアントの印象〉

当初，このクライアントは，伏し目がちで少しおびえた表情で話をしていました。服装はカジュアル，髪型はショートカットで清潔感がありました。「おとなしそうな人だな」というのが私の第一印象です。私からの質問に対しては，自信がなさそうには話していますが，気分や認知を含めて端的で適確な返答をしてくださる方でした。

5-2-3 第3～5セッション：①問題リストの作成，②目標設定，③認知再構成法の導入

第3，第4セッションで問題リストの作成，目標の設定，認知再構成法の導入を行いました。第3セッション後に実施した2回目のテストでは，BDI-Ⅱは19ポイントに下がっていました（前回，23ポイント）。気分については，第3セッ

ションでは「気分が低空飛行のまま」，第4セッションでは「不安がない日もあれば，何となく憂うつな日もあった。ここのカウンセリングでは何でも話せるので楽」と述べられています。

　クライアントは，ホームワークでお願いしたとおり，アセスメントシートにおいて特に問題だと思われる箇所に丸印をつけてきてくれました。それを共有しながら，クライアントが問題だと思っていることを「問題同定，目標設定シート」に記載していきました。

〈問題同定〉

　クライアントが問題だと考えたのは，1つ目は「相手がどのように思うかが気になり，言いたいことを言えない自分をだめだと考えてさらに落ちこんでしまう」というものでした。そして，2つ目は「職場に戻ってうまくやっていけるのか，辞めてもそれからどうするのか考えて不安になってしまう」というものでした。3つ目に挙げられたのは「母親にいろいろ指図をされるのが嫌で，しかもそれに抵抗できない自分も嫌である」というものでした。

〈目標設定〉

　このクライアントが同定した問題から，いったい何を目標として私たちは面接を進めていくのかということを，次に検討しました。まずクライアントに「どのようになりたいですか？　どのようなことを目標としたいですか？」と尋ねると，「まず言いたいことを言えるようになる。2番目に，自分に自信が持てるようになりたい。3番目に，充実した生活を送るようになりたい」と返答がありました。しかし，それらの目標を私が具体的にイメージすることができなかったので，「具体的にどのような状態になったらそのように思えるのでしょうか？」とさらに尋ねたところ，「1番目は，自分が言いたいなと思ったときに言いたいことが言える。2番目は，気分が晴れたり前向きになれる状態のこと。3番目としては，仕事で嫌なことがあっても楽しいと思えたり，やりがいがあると思えたり，仕事以外の好きなことをして楽しめる」と返答がありました。ここまで聞いて，「この人はこうなりたいんだろうな」ということがなんとなくは分かるのですが，まだまだ抽象的で，この目標でどのような技法を用いて，

どう面接を組み立てていくのかのイメージが明確にならなかったため,「この人はどういう気分になれるといいのだろう？ そしてたとえばどんな行動を取れるようになるといいのだろうか？」ということについて,もう少し具体的に知りたいと思ったので,第3セッションのホームワークとして,「目標をもう少し具体的に設定したいので,どのようなことができるようになったらいいのかとか,どのような気分になれたらいいのかということを考えてきてください」という課題を出しました。特に2番目の「自分に自信が持てるようになりたい」のイメージがつかないのだということをお伝えして,「2番目を中心に考えてきてください」とお願いをしました。

ミニスーパービジョン（#3後）

この段階で面接目標をどこまで具体的にする必要があるのか私自身が迷ったため,第3セッション後のミニスーパービジョンでそのことについて尋ねました。特に2番目の目標である「気分が晴れたり,前向きになれる」ということを面接目標にしてしまっていいのかという疑問があったので,それをそのままスーパーバイザー（伊藤）に質問しました。伊藤からは「今挙がっている問題リストは,そもそもクライアントが問題と思うポイントを挙げてあるだけで,CBTモデルに添った問題としての表現がされていない。特に2番目の問題は先取り的な認知によって不安が生じているので,今後介入するのであればそのターゲットは認知であり,おそらく認知再構成法が有効だと思われる。そもそも今挙がっている問題と目標が対応していないので,そこを対応させる必要がある」いうコメントがありました。これを受けて,4回目のセッションで問題リストの再作成,目標の再設定を行うことにしました。

〈クライアントとセラピストによって合意した問題リストの作成〉

クライアントが目標についていろいろと書いてきたホームワークのメモをもとに話し合いを進め,大きくまとめると「自己受容,考えすぎない,いろいろな角度から考えていろいろやってみようと思える,他人に自分の考えを伝えることができる」ということに分けられるということを共有しました。そして,私から「この目標はやはりあなたにとって非常に重要だということがわかった。しかし,少し長期的な目標のように思える。その目標に近づくために,まずは現実的な面接目標を問題リストと照らし合わせて検討していく必要があると思

う」と提案してみたところ，クライアントからも了承してもらえました。そこで，アセスメントシートに記載された全体像，問題リスト，長期目標のリストを全て読み返しながら，現在の問題点は下記の点に要約されるのではないかというところを私のほうから提案したところ，「ああ，そのとおりだと思う」という同意を得られました。

問題1： 職場復帰や自分に対してネガティブに考えてしまうことでネガティブな気分が生じる

問題2： 問題1の結果，対人場面で消極的になってしまったり，社会的活動に対して回避的になってしまったりする

〈クライアントとセラピストによって合意された面接目標〉

再作成された問題リストをもとに面接目標を下記のように再作成しました。

目標1： 対人場面や今後のことを考えたときに幅広く考えられるようになる 目標2： 自分の意見が言えるようになる 目標3： 社会的な活動（友人との外出や音楽サークルへの参加など）をもう少し増やす

今までのアセスメントや問題の中に母親との関わりが挙げられていたので，クライアントに改めて目標に記載したほうがいいかを尋ねたところ，「母親とのことは上記の目標の1番と2番に含まれそう」とのことでした。私も同意見でしたので1番から3番の目標達成時に母親との関わりについて改善が見られないようであれば，その問題に関する目標を再設定して取り組むことで合意しました。

〈技法の選択〉

次に技法の選択なのですが，まず目標1の達成のために認知をコントロールできるようになることが有効であると考えまして，認知再構成法を提案しました。また，目標2，3の達成のために行動実験やアサーショントレーニングなどの行動的アプローチを導入することを私から提案し，クライアントからも了承が得られました。

〈当機関の認知再構成法について〉

　本事例での認知再構成法導入の説明の前に，当機関でどのような方法で認知再構成法を導入しているのかを説明いたします。

　今から説明する内容は，2005年12月に名古屋で開催されました日本認知療法学会で伊藤が発表した内容から少し抜粋したものです。当機関では3枚のツールを使用して認知再構成法を行っています。当機関ではそれぞれツール3，4，5と呼んでいます。これらのツールの特徴は下記のようになります。(ツール

> 当機関（SSC）で使用している認知再構成法ツールセットの特徴
> - 3枚のA4用紙を横置きにして用いる（ツール3，ツール4，ツール5）。
> - ツール3は，ストレス場面を切り取り，自動思考や気分を同定するためのものである。
> - ツール4は，非機能的な自動思考を様々な視点から検討するためのものである。
> - ツール5は，新たな思考を考え出し，自動思考と気分の変化を検証するためのものである。
> - 全ての作業が，図に書き込み，完成したものは図的理解ができるように構成されている。

3を図5-2に，ツール4を図5-3に，ツール5を図5-4にそれぞれ示します)

　ツール3には，ストレスを感じた場面や瞬間を具体的に記載します。そして，そのときに生じた気分や感情，自動思考，行動，身体的反応を記載します。ツール3のポイントは，①ストレスを強く感じた場面を細分化して，"その瞬間"を切り取り，CBTのモデルに沿って同定し，ツールに外在化すること，②たった一瞬のある場面においてでさえ，多種多様な気分と自動思考が複数生じていることに気づくこと，③たった一瞬のある場面における体験においてでさえ，環境・認知（自動思考）・気分・身体・行動が相互作用していることを，ツールへの外在化によって実感的に理解することができることです。ツール3では複数の自動思考が出されますが，その中から最も気分や感情に影響していると思われる自動思考を選択して，ツール4，ツール5でその選択された自動思考について検討します。

　ツール4でもツール3で書いたものと同じストレス場面，気分を再度記載し

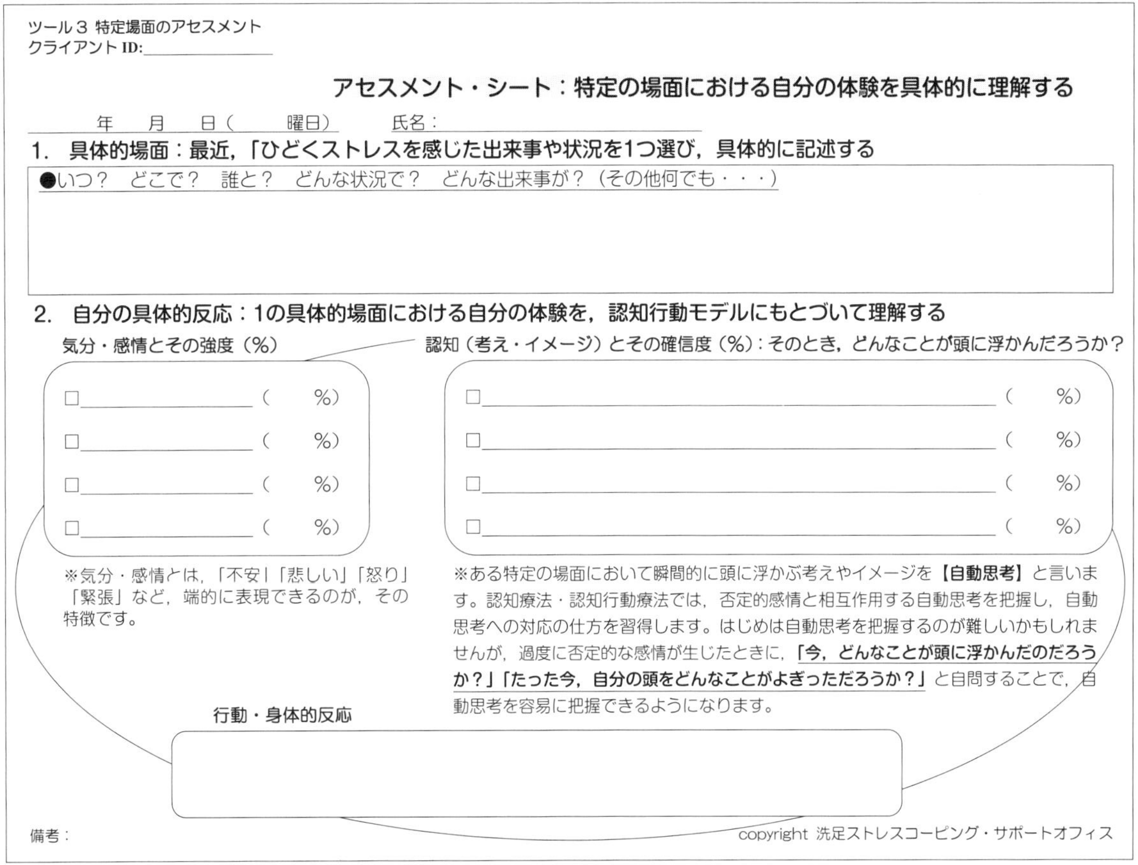

第5章　事例3：認知再構成法と行動実験によって症状が改善した事例　141

ツール3 特定場面のアセスメント
クライアントID：

アセスメント・シート：特定の場面における自分の体験を具体的に理解する

年　月　日（　曜日）　氏名：

1. **具体的場面**：最近、「ひどくストレスを感じた出来事や状況を1つ選び、具体的に記述する
●いつ？　どこで？　誰と？　どんな状況？　どんな出来事が？（その他何でも・・・）

2. **自分の具体的反応**：1の具体的場面における自分の体験を、認知行動モデルにもとづいて理解する

気分・感情とその強度（%）　　　　　　　認知（考え・イメージ）とその確信度（%）

（　　　）（　　%）　　　　　　　□（　　　）（　　%）
（　　　）（　　%）　　　　　　　□（　　　）（　　%）
（　　　）（　　%）　　　　　　　□（　　　）（　　%）
（　　　）（　　%）　　　　　　　□（　　　）（　　%）

※気分・感情とは、「不安」「悲しい」「怒り」「緊張」など、端的に表現できるのが、その特徴です。

行動・身体的反応

※ある特定の場面において瞬間的に頭に浮かぶ考えやイメージを【自動思考】と言います。認知療法・認知行動療法では、否定的感情と相互作用する自動思考を把握し、自動思考への対応の仕方を習得します。はじめは自動思考を把握するのが難しいかもしれませんが、過度に否定的な感情が生じたときに、「今、どんなことが頭に浮かんだのだろうか？」「たった今、自分の頭をどんなことがよぎったのだろうか？」と自問することで、自動思考を容易に把握できるようになります。

備考：

copyright 洗足ストレスコーピング・サポートオフィス

図 5-2　ツール3：特定場面のアセスメント

図5-3 ツール4：自動思考の検討

ツール4 自動思考の検討
クライアントID：_____

年　月　日（　曜日）

自動思考検討シート：否定的感情と関連する自動思考について検討する

氏名：

1. 具体的場面：最近、ひどくストレスを感じた出来事や状況を1つ選び、具体的に記述する
● いつ？　どこで？　誰と？　どんな状況で？　どんな出来事が？（その他何でも・・・）

2. 気分・感情とその強度（％）

3. 自動思考（考え・イメージ）とその確信度（％）

※※

4. 自動思考の検討：さまざまな角度から、自動思考について考えてみます

自動思考がその通りであるとの事実や根拠（理由）は？	最悪どんなことになる可能性があるか？	他の人なら、この状況に対してどんなことをするだろうか？
自動思考に反する事実や根拠（理由）は？	奇跡が起きたら、どんなすばらしいことになるか？	この状況に対して、どんなことができそうか？
自動思考を信じることのメリットは？	現実には、どんなことになりそうか？	もし_____（友人）だったら何と言ってあげたい？
自動思考を信じることのデメリットは？	以前、似たような体験をしたとき、どんな対処をした？	自分自身に対して、どんなことを言ってあげたい？

※否定的感情と関連する自動思考を把握したら、その自動思考について、まずは上の問に対して具体的に回答してみます。このように自動思考を、さまざまな角度から検討することが認知行動療法・認知療法では重要なのです。自分のつらい気持ちに気づいたら、このシートに記入して、自動思考を検討してみましょう。

備考：

copyright 洗足ストレスコーピング・サポートオフィス

図5-3　ツール4：自動思考の検討

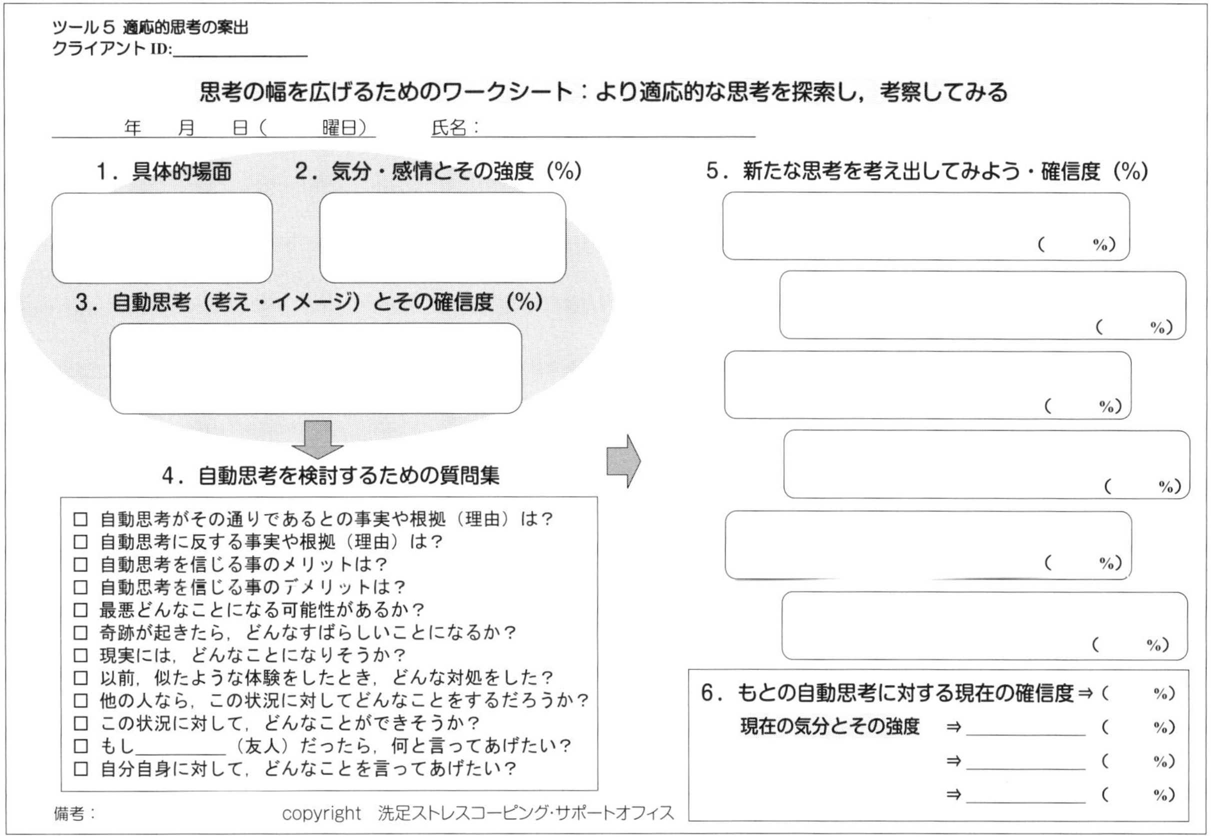

第5章 事例3：認知再構成法と行動実験によって症状が改善した事例　143

ツール5 適応的思考の案出
クライアントID：

思考の幅を広げるためのワークシート：より適応的な思考を探索し、考察してみる

年　月　日（　　）曜日　　氏名：

1. 具体的場面

2. 気分・感情とその強度（％）

3. 自動思考（考え・イメージ）とその確信度（％）

4. 自動思考を検討するための質問集
- □ 自動思考がその通りである事実や根拠（理由）は？
- □ 自動思考に反する事実や根拠（理由）は？
- □ 自動思考を信じる事のメリットは？
- □ 自動思考を信じる事のデメリットは？
- □ 最悪どんなことになる可能性があるか？
- □ 奇跡が起きたら、どんなすばらしいことになるか？
- □ 現実には、どんなことになりそうか？
- □ 以前、似たような体験をしたとき、どんな対処をした？
- □ 他の人なら、この状況に対してどんなことをするだろうか？
- □ もし（友人）だったら、どんなことができそうか？
- □ この状況に対して、何と言ってあげたい？
- □ 自分自身に対して、どんなことを言ってあげたい？

5. 新たな思考を考え出してみよう・確信度（％）
- （　　％）
- （　　％）
- （　　％）
- （　　％）
- （　　％）

6. もとの自動思考に対する現在の確信度 ⇒（　　％）
　現在の気分とその強度
- ⇒（　　％）
- ⇒（　　％）
- ⇒（　　％）

備考：　　　　　　　　　　　copyright 洗足ストレスコーピング・サポートオフィス

図5-4　ツール5：適応的思考の案出

ます。そして，ツール3で選択された自動思考を書きます。これは改めて書くことによって，ツール4で今何を検討しているのかということを意識するためです。そして，その自動思考に対してさまざまな角度から考えるために，全部で12個の質問が記載されています。ツール4の自動思考の検討のポイントは①自動思考を変えようとするのではなくて，あくまでも思考実験の出発点として自動思考を考えようとしてみるということ，②質問は正答を出すためのものではなくて，あくまでも認知の幅を広げるためのきっかけにすぎないということを理解したうえで，自由な気持ちでブレインストーミングすること，③ブレインストーミングの後で気に入った項目を選択して，ツール5の素材とすることです。

　ツール5では，新たな思考を案出し，結果の検証を行います。ここでも再度，最初のツール3で書いた場面，気分，選択された自動思考を書き出します。そして，新たな思考を書き出して，さらに元の自動思考の確信度，現在の気分と強度を同定します。ツール5のポイントは，①ツール4で素材として挙げた項目から新たな思考を作り出し，空欄に記入すること，②新たな思考の1つ1つについてその確信度を丁寧に検討したあと，改めてツール5を眺め，元の自動思考および元の気分の確信度と強度を同定・評価すること，また，新たな気分が生じていればそれも同定し，強度を評価すること，③ツールセットの実習を何度も行ったあとは，3〜5のすべてを使うのではなくて，このツール5だけで認知再構成法をさらりと実施できるようになることを目的としていること，④最終的には，ツール5がスキーマとしてクライアントに内在化されることによって，書き込みをしなくても頭の中で認知再構成法のプロセスを実施できるようにすることを目的として作られていることです。

　当機関で使っているツールを有効活用するためには，面接初期のアセスメントの段階で，クライアントがCBTの基本モデル（環境，認知，気分，身体，行動の循環的相互作用）をよく理解し，自分の体験に適用できるようになっていることが重要です。また，これはCBTのすべての技法やツールにいえることですが，コミュニケーション（心理教育や対話）を十分に行ったうえで本ツー

ルセットを導入することがポイントです．また，ツール3の導入により，ストレスを感じた瞬間を「場面」として切り取り，"今，ここ"での自動思考や気分・感情をモニターできるようになることが重要です．つまり，メタ認知力，瞬間的なセルフモニタリング力の養成がポイントとなります．そして，ツール4やツール5を通じて，自動思考の枠が多数の枠の1つにしかすぎないということを図的に理解して，元は絶対的であった自動思考の優位性が相対化されていくことがポイントになります．また，「認知（自動思考）のゆがみを修正する」という文脈ではなくて，「ブレインストーミングによって認知の幅を広げていく」という文脈から，自由な気持ちで楽しくあれやこれやと検討する時間を大事にすることも大きなポイントです．

　以上が当機関で使っている認知再構成法のために作られたツール3，4，5の説明です．今回の事例の中だけでは詳細を説明することができませんので，詳しくお知りになりたい方は，当機関で開催しております「実践②」というワークショップでツール3～5を使用した認知再構成法について細かく説明していますので，ご興味のある方は当機関のホームページをご参照ください．あるいは伊藤（2006）をご参照ください．ツール3～5を用いた面接場面を詳しくご覧いただけます．

〈認知再構成法の導入〉

　今回の事例では，まずクライアントに簡単に認知再構成法の概要の説明を行って，ツール3，4，5を使いながら認知再構成法を行っていくことを説明しました．その後，ツール3の記入の仕方を紹介して，特定の場面，自動思考，そして感情を書き出すということを強調し，「何か最近不安な気持ちになったりとか，ネガティブな気持ちになったりしたことはありませんか？」と質問をして，ツール3を面接の中で記入しました．その時に挙げられたエピソードは，面接の朝，仕事について考えて嫌な気持ちになったということでした．

　ホームワークは「不安になった状況・気分・自動思考をツール3に記載する」となりました．振り返りでは「目標が決まって変わっていけるのかな．ちょっと前向きになれそう」と述べられました．

> **ミニスーパービジョン（# 4 後）**
> 目標設定の際に，一応クライアントにその都度，「……というふうに思いますが，あなたはいかがですか」というように確認を行っていたものの，私がやや誘導的に行った感じがしていました。このようなやや誘導的なやり方によって，クライアントの主体性が損なわれて，依存的になってしまったりしないだろうかという懸念が生じたため，ミニスーパービジョンで質問したところ「最初はカウンセラーが誘導的であってもそれがモデルとなれば良い。CBT の進行に伴い，徐々にクライアント自身が主体的になっていけばいいので，特に問題はないと思う」というアドバイスを受けました。

5-2-4 ワークショップ参加者との質疑応答①

質問1：この方の問題点で，ご自分が出された問題点の中に，職場に戻って上手くやっていけるかというところがあったのですが，経過を拝見すると，どちらかというと非常に過剰適応的というか，上手くやっているがゆえに仕事が大変になってしまったという印象を受けたのですが，ご本人が「上手くやっていけていない」というように感じている点はどのようなことなのでしょうか。

腰：クライアントのいう「上手くやっていけない」というのは，実際に業務上のパフォーマンスとして上手くできるかというよりは，「また同じように嫌な気持ちで無理してしまうのではないか」という不安を述べていたと思います。

質問2：この方は，X-1 年の 7 月に精神科クリニックに受診をして，X 年 4 月に SSC に来談をされていて，その間にも服薬されていると思うのですけれども，カウンセリングを紹介されたということは，薬が効きにくかったり，主治医が認知的な問題があるという判断をしたというようなことが紹介状に記されていたのですか？ また，SSC に来談後も通院をしていたのでしょうか？ 通院していたとすれば，その通院機関との連携はどのようにしていたのでしょうか？ 以上について教えて下さい。

腰：まず受診経緯についてお答えします。服薬開始後，不安や抑うつや不眠等の症状は若干軽減されましたが，職場復帰ができるほどまでには至っていませ

んでした。主治医の紹介状には「なかなか仕事に戻れないという状態を少しカウンセリングでみてほしい」と記載されており，薬の効果や認知的な問題についての記述は特にありませんでした。当機関でカウンセリングが始まったあと，終結時も通院は続いていました。連携については，まずご紹介いただいた段階で，当機関の所長より，CBT を開始することになったことについて簡単な報告書を主治医にお出しして，さらに終結時に，CBT 終了の報告書を出しております。

伊藤：本当は，密な連携ができれば一番いいのですが，それは理想であって，医療機関と相談機関が別の場合，カウンセラーとドクターが密接な連携を各クライアントに対して取っていくというのは，ほとんど不可能だと思います。そこで，当機関では，開始と終結に関してはきちんと文書を出すということをクライアントにも了承して頂き，途中経過に関しては，危機的なことが起きれば当然連絡をとりますが，それ以外はクライアント自身にメッセンジャーになってもらいます。「ここまで進んでいるということを主治医の先生にも伝えてくださいね。また主治医の先生が何と言っていたか次のセッションで教えてください」という感じで，何とか連携を維持する試みをしております。

質問 3：初回面接で，「CBT が本当に効くのかなという半信半疑の思いがある」という，よく初回で出てくるような質問があったと思うのですが，それに対する対応について教えて下さい。

腰：この「本当に効くのかな」ということに関しては，「本当に効きますよ」とか，そのようなことは全く言っていないです。「そう思っているのですね」というかたちで，ふんふんと聞いておりました。効くかどうかということはちょっと，やはり断言できるものではないので，このようなモデルで当機関はやっていきますよという説明だけをまずはしております。あんまり不安そうな方の場合は，その不安そのものを CBT モデルに沿って一緒に整理してみます。「本当に効くのかな」という認知があって不安になるというのであれば，「本当に効くのかな」という認知を変えていくのも CBT なのだと説明します。

質問4：面接目標で「社会的活動を増やす」と記載されていますが，ずっとお話を聞いていて何かポンと社会的活動というのが突然出てきたような感じがしました。インテーク情報で音楽サークルの友人と交流があると説明があったので，面接開始時にも音楽サークルの友人にはいろいろサポートを受けていたのかなと思っていました。その辺りの事情をもう少し教えて下さい。

腰：確かにインテーク情報や心理テストの結果でサポートとして友人関係はなくはないし，音楽サークルにも行っているのですが，こういう状態になってからは，サークルに参加する回数が減ったり，友人からのサポートも少し低下しているということが，アセスメントの段階で確認されました。これを受けて問題の同定でも「社会的活動に対して回避的になってしまっている」ということが挙げられ，その問題を改善するための目標として「社会的活動を増やす」ということが共有されました。社会的活動というとちょっと大げさなのですが，この方の場合は，友達と外出するとか，サークルへの参加回数をもう少し増やすとか，あとはもっと言えば復職する，もしくは転職するということも含めて社会的活動と表現しています。

5−2−5　グループ討議の発表①

伊藤：ではこれからグループディスカッションに入っていただきます。グループディスカッションでは，それぞれ皆さん自由に感想や疑問を発言してください。ところであらかじめお断りというか言い訳をしておきますと，第1回の事例検討ワークショップでもそうだったのですが，このディスカッションで出していただくご感想やご質問はどれも興味深く，私たちが皆で共有できるものだと思います。特にご質問については，すぐにお答えできる質問にはもちろんお答えしますが，私どもには即答できないような大きな疑問だったり，深い質問の場合は，無理に答えるのではなく，CBTの特徴である「問いを共有する」という理念のもと，「そのような問いがあるのだ」ということを，皆さんと私たちとで共有し，それぞれがその問いを持ち帰る，ということでご了承ください。なお，本事例についての質問には腰が，CBT全般に関わる質

問には私伊藤が回答します。……では各グループにご発表いただきます。

発表1：私たちのグループでは主に3つの質問がありました。まず1つ目は、この方は休職中ですが、「上司がこのクライアントの状況を見ずに、彼女に仕事を与えていた」という点以外に、あまり職場での状況について触れられてなかったのですが、それはあえて触れなかったのでしょうか、ということです。私たちのグループには産業分野で働いている方が何人かいて、この時点だとまだちょっと問題が大きいので、この先徐々に絞り込んでいき、問題が職場にあるのか、クライアントにあるのかをみている途中ではないかという意見などが出ていました。2つ目は、回数を予め決めているのかという疑問です。たとえばカウンセラーが大体何回でやっていこうと思っているのか、もしくはクライアントから何回で終えてほしいという希望が出ていたのかということです。3つ目は、母親が厳しいということでしたが、具体的にはどれぐらい厳しかったのでしょうか、という疑問です。

腰：1つ目の職場の状況については、休職前にどのような状況だったのかというところは具体的なエピソードを少し聞いています。たとえば、お叔母様のお葬式のあとに戻ってみたら、どのように仕事がたまっていて、同僚達は何時ぐらいに帰ってしまって、そのときどのように思ったのかというような話を聞きました。それ以外のことをこの段階でそんなに詳しく聞かなかったのは、彼女の場合は復職するかしないかを決めるというのがこの段階のテーマではなく、復職を含めたこの先のことを考えると、落ちこんだり、不安になってしまっていることが現状の問題であると共有されていたからです。ですから休職前の就業場面についてはそれほど焦点を当てておりません。3つ目の母親の厳しさについては、叱咤激励されるという厳しさではなく、たとえば「何時に帰ってくるのか」とか、「あなた、もっとこうしたほうがいいんじゃないの」という、やや過干渉ぎみで、指示的な対応が多いという話を聞いていました。

伊藤：2つ目の回数についてのご質問ですが、インテーク時に何回ぐらいで終わらせたいか、希望があればそれを聞くようにしています。回数や期間につい

てのニーズはクライアントによって本当に様々で,「なるべく早く終わりにしてほしい」「10回ぐらいがいい」という方もいらっしゃれば,「せっかくの機会だからむしろ時間をかけてじっくりと進めたい」という方もいらっしゃいます。また特に回数についての希望はない，という方も結構いらっしゃいます。何らかの事情で回数に制約がある場合は,「その回数でできることは何か」という問いを立て，その制約のなかで達成可能な目標を立てていくことになります。

発表 2： 質問ですが，1つ目はCBTのアセスメントではツールを用いて非常に構造化して，問題点を絞り込み，どんどん深めていく過程があると思いますが，クライアントの表現スキルに問題があったり，今の段階で問題を明確に整理できていない状態だったりして，なかなか質問に上手く答えられないとか，言葉にしにくいこともあるかと思います。そのような言葉にしにくい状況や気持ちは，カウンセリングではむしろ非常に大事な部分であるとも思うのですが，これをCBTではどのように扱っていくのか，という疑問が出ました。2つ目は実際に学校で中学生や高校生の相談をされている方からの質問ですが，クライアントである生徒が疲れているときに，先ほどの構造化されたアセスメントを続けていくと，さらに疲れが増してしまうのではないか，その場合はどのようにすればいいのかという疑問です。他に，CBTではクライアントを大切にしながらも，カウンセラーがリーダーシップをとって，構造化して進めていくというのが非常に特徴的だなあ，という感想がありました。

腰： 1つ目の言語化できない部分をどう扱うか，ということについてお話します。彼女の場合は比較的言語化できる方だったので表現もしやすかったのですが，やはりできない部分もあって，最初のうちは「うーん，やっぱり今わからないね」，「少なくともそんな，何か表現できないモヤッとした感じがあるんだね」というかたちで共有するに留めました。そして，徐々に「一日の中でどんな時にその感じがあるのか？ 何をしているときだったのか？ どんなことを考えていたのか？ どんな気分になったのか？ 身体にはどんな変化が起き

たのか？」といった質問を繰り返すことで明確化していきました。それでもすぐに表現できない場合は，ホームワークとして実際の場面で自己観察してきてもらい，クライアント自身の観察力を高め，表現の練習をするというプロセスを繰り返すことで，徐々に面接内で共有しやすくなっていく，ということがあるかと思います。このケースで，初回面接のホームワークについて，先ほど「どのようなときに，自分に自信がないと思うか」という自己観察課題を出したと申し上げましたが，実はそのときももっと具体的な言い方をしています。実際には，私は「1週間の間に自信がないと思ったときの具体的なエピソードの状況やあなたに起きた変化を，私があなたの気持ちになって考えられるぐらいに具体的に教えてください」と言っています。それを受けて彼女は具体的に自己観察をして，メモを作ってきてくれたのでした。

伊藤：言語化についてですが，モニターがとても重要だと思います。日常生活上でモニターをしてもらい，次のセッションで報告していただく，というのがCBTの特徴の1つです。モニターをして感じたものを上手く言葉にできなくても，「こんな感じ」「あんな感じ」ということを言ってもらって，それは「どのようなことなのだろう」と一緒に検討し，さらに「こういった感じなのかな」と言語化されたことを，「本当にそうか，モニターして確認してきてください」といったホームワークを出すわけです。モニターして確認する，さらにモニターして確認する，ということを何度も繰り返す中で，自分の感じをだんだんぴったりとした言葉で表現できるようになっていくというのが，実際にCBTをやっている私の感触です。そうはいっても言葉にしきれないものがあるというのは，当然その通りで，それについてはむしろ，「言葉にできない何かがあるよね」「わからないよね」という感覚を，「言葉にできない」「わからない」という言葉にして共有することも大事なのかな，という感じがします。

　2つ目の質問の疲れているクライアントにCBTをやるとさらに疲れるのではないかという疑問とカウンセラーのリーダーシップについてお答えします。確かにCBTでは，カウンセラーがリーダーシップをとります。多くの

事例の初回から終結をみていきますと，特に前半の部分，目標設定あたりまではカウンセラーが相当リードします。そして，実は，カウンセラーにリードしてもらえることでクライアントは疲れないのです。セッションで何を話すかということをすべて任されるよりは，どんどん具体的な質問をカウンセラーからされるので，「CBTは楽でいい」と，実際にクライアントもそのようにおっしゃいます。そういう意味でも，リーダーシップは非常に重要なのですが，面接が進むにつれ，リーダーシップそのものを，徐々にクライアントに受け渡していくのです。本事例のミニスーパービジョンでも，腰さんから「ちょっと誘導的すぎたのではないか？」という質問がありましたが，最初のうちはカウンセラーがリーダーシップをとり，クライアントはその姿をモデルにして，今度はクライアントが自分で自分のリーダーシップをとれるようにもっていくところが狙いになっています。

発表3：うちのグループでは実際にCBTを実施している方を中心にして，主に問題リストの作成と目標の設定について話し合いました。目標設定が結構難しいのではないかという感想が出て，このケースでいえば，なぜその3つにしたのだろうかとか，問題リストのほうではかなり内面的なところが挙げられていたのに，目標は主に行動面な面に的を絞って挙げられているため，クライアントの感情がついていかない感じになってしまわないか心配であるといった意見がありました。それについては，大目標，中目標，小目標といった区分けがあるのだろうかとか，目標が設定されていても，たとえば「人と話せるようになる」といった目標には幅があり，そこをどのように整理するのだろうかとか，とにかくいろいろな意見や疑問が出ました。

伊藤：面接目標を決めるのは本当に難しいですし，同時に非常に重要です。というのも，目標が決まってしまいましたら，後はその目標に向けて技法を選んでやっていくわけですから，やはりここは妥協せずに，お互いが納得いくまで話し合います。クライアントにも妥協しないようにお願いしますし，カウンセラー側も，「よし，この目標だったらこの人とやっていける」と思えるところまでは話を詰めていきます。本事例の問題リストは，まず問題1が

あって，問題1があるからこそ問題2が生じるというような捉え方になっています。次に，その問題に沿って，目標1，2，3が立てられています。つまり問題1に対応する目標が目標1，問題2に対応するのが目標2，という感じです。「ネガティブに考えてしまうことでネガティブな気分になってしまう」という問題1に対応させて，「では，そのネガティブな考えを，自分でもっと幅広く考えられるようにしよう」という目標1が立てられたのです。それも対人場面と，今後のことを考える場面，という2つの場面に限定して，ある程度制約のある目標になっています。またさらに目標1があることを前提に，目標2，目標3が設定されています。つまり，対人場面や今後のことを考えたときに幅広く考えられるようになった結果，次の目標2，目標3を達成できるという構造になっています。それぞれの目標がバラバラにあるわけではない，ということをご理解いただければと思います。

発表4：CBTではクライアントから忌憚のない感想や意見をもらうということがわかり，それが他のアプローチにはない良いところではないか，という意見がありました。他に，ミニスーパービジョンが重要だという感想がありました。CBTのスーパービジョンを受ける機会がなかなかないのだけれど，今回の事例を聞いて，やはりスーパービジョンを受ける機会を自分から作っていく必要があるとのことでした。質問は，CBTは全体の流れも構造化されたプロセスに沿って進められていくわけですが，その流れや順番の融通性がどれぐらいあるのでしょうか，ある程度進んだところで，また前に戻ったりしてもよいのでしょうか，ということです。

伊藤：CBT全体の流れにおける構造化の融通性について回答します。1回のセッションの構造に関しては割とゆるやかというか，クライアントと相談しながら，ちょっとアジェンダを組み変えたりとか融通性は非常にあると思うのですが，CBT全体の流れの融通性は，むしろあまりないと思っていただいたほうがいいです。ただ，ご質問にあったように，進んでしまってから，「アセスメントが足りなかったな」「この目標はあまり適切でなかったな」と後で気づくときも当然あるので，その場合はクライアントと話し合ったうえで，

いったん戻ることはあります。ですが，目標を設定する前に技法の選択をするといったことは絶対にしません。つまり後戻りすることはあっても，何かの手順を抜かして先にポンと飛び越えるようなことはありません。スーパービジョンをやっていて思うのですが，上手くいかないケースは大体先走りしすぎていて，きちんと段階を経ていないということが多いようです。

発表5：本事例を聞いて，目標設定の難しさを実感しました。第1～2回目の面接の中で挙げられた主訴が，一般的にもよく言われがちな抽象的な「自信がない」ということでしたが，そこを起点に目標設定をしていくところが難しく感じました。発表者は，1回目のホームワークの中で，その「自信がない」とはどのようなことなのか，ということをご自身も疑問に思って，そこを入り口にして，今回のＣＢＴを進めているような印象を受けました。それから，短い時間の中で目標を具体的にするなど，進み方がとても速い印象を受けました。たとえば初回面接の中で，テスト結果のフィードバックをしたうえで，経過などを聞いていくという，盛りだくさんのことをされていますが，経過だけを聞いていても，あっという間に時間が過ぎそうです。そのときのカウンセラーの聞き方のコツとか，時間の調整の仕方など，アジェンダに沿って進めていくためのコツがあれば，ぜひ教えてください。

腰：実際にこの方と面接をしているときは，のんびりやっている感じがありましたが，こうやって振り返ってみると，すごく短い間に目標設定まで行っていますし，短い間に終わっているなという感想を私自身も持ちました。私なりに考えた要因としては，私自身のコミュニケーションというよりは，彼女の「質問に端的に答える」というコミュニケーションのスタイルの影響が大きかったと思います。うつ状態のクライアントの中には，いろいろなところに話が飛んでいってしまって，なかなか話がまとまらないという方が結構多いのですが，彼女はまとまった話し方で私の質問に適確に答えてくださったので，話が脱線せず，結果として早く終わったのかなと思います。また，今回の発表のために資料をまとめる段階で，よりＣＢＴ的に見せるために，シンプルにまとめてしまったことも，皆さんに「速い」という印象を与えるのに

影響していると思います。この方との面接自体は総じて，それほど堅苦しいものではなく，何となくほのぼのと一緒にお話をしていたという印象を私自身は持っています。

伊藤：あと短い時間で速く進めるコツは何かというご質問があったかと思いますが，クライアントから速く進めたいという要望があった場合は，フリートークをアジェンダに入れないことというのが挙げられます。クライアントが自由に話す時間を長く設定すればするほど，CBTの進みは遅くなります。ですからクライアントが速く進めたいという場合は，フリートークを極力入れずに，主訴だけに焦点を当てて進めていきましょう，ということを最初に合意する必要があります。

発表6：CBTの流れがとてもよくわかったという感想がありました。また，目標を設定するときに，長期目標と短期目標に分けて提示しているのもわかりやすいという感想が出ました。質問として，アセスメントシートにおける状況の③番と④番で「1人で何もするところがないとき」と同じ記載がありますが，同じ状況を2つに分けて見ていったのはどうしてでしょうか？ 分けて書く必要が本当にあるのだろうか，という意見がありました。

腰：クライアントにとっては，同じ状況に対して2つのパターンの反応があるということだったので分けました。もしクライアントが両方とも同じ流れのなかにあるということであれば，分けずに一緒にしたと思います。

〈自動思考の同定の練習〉

第5セッションではホームワークで書いてきてもらったツール3をもとに，自動思考を同定する練習をしました。ホームワークを確認すると，状況は具体的に記入されていましたが，気分と自動思考が1つずつしか記載されていなかったため，そのときの状況をセッション中にもう一度想起してもらい，さらに追加の自動思考と気分があるかどうかを確認してみました。するといくつかの自動思考と気分が追加されました。また自動思考には言葉だけでなく自動的に浮かぶイメージも含まれることをお伝えしたところ，「職場で仕事が沢山

あって，1人で仕事をしているところ」といったイメージがはっきりと浮かんでいたことも報告されました。気分の強さと自動思考の確信度を％で表してもらった後，複数の自動思考の中から「不安」，「焦り」，「嫌な気分」に最も影響を与えていそうな自動思考を1つ，クライアントに選択してもらった結果，「職場に戻っても，前と同じことの繰り返しだ」という自動思考を選び，これに焦点を当てて次のツール4で検討することにしました。

● ケース A

状　況	○日の朝，自分の部屋で音楽を聴きながら仕事のことを考えた。
気　分	不安（80％），焦り（70％），嫌な気分（70％）
自動思考	職場に戻りたくないな（80％） 職場に戻っても，前と同じことの繰り返しだ（80％） 転職しても上手くいくかな（50％） 職場で仕事が沢山あって，1人で仕事をしているイメージ（80％）

〈自動思考の検討〉
● ツール4の質問項目

> 自動思考がそのとおりであるとの事実や根拠（理由）は？
> 自動思考に反する事実や根拠（理由）は？
> 自動思考を信じることのメリットは？
> 自動思考を信じることのデメリットは？
> 最悪どんなことになる可能性があるか？
> 奇跡が起きたら，どんなすばらしいことになるか？
> 現実には，どんなことになりそうか？
> 以前，似たような体験をしたとき，どんな対処をした？
> 他の人なら，この状況に対してどんなことをするだろうか？
> この状況に対して，どんなことができそうか？
> もし友人だったら，何と言ってあげたい？
> 自分自身に対して，どんなことを言ってあげたい？

ツール4の記入方法について説明をしたあと,「このツールでは,頭のエクササイズのためにとにかく数を出すことがポイントで,その内容についての評価は現時点では置いておく」という点を強調してブレインストーミングを始めました。面接内では,まず,「自動思考がその通りであるとの事実や根拠は？」に対していくつか答えを出していただきました。最初のうちは,抽象的な考えや憶測が多かったのですが,それについてさらに質問を繰り返していくと,具体的な事実も出てきました。たとえば,「上司が人のことを考えない」とまず述べられましたので,「たとえばどんなことからそう思うのですか？」と聞くと,「たくさん仕事をしていても次々とふる」「どんなに残業をしていても上司は手伝わないで帰ってしまう」ということが挙げられましたので,「では,そのことを書きましょうか」と促してツールに記載してもらいました。面接時間内ではすべての項目に記載する時間がなかったので,他の項目については,それぞれの質問の主旨を説明したところ,「何となく書けそう」ということでしたので,ホームワークでやってきてもらうことになりました。さらに,自動思考を同定するスキルが身についているのかを確認するために,別の新たなストレス状況について,新たにツール3に記入してみることもホームワークとしました。この回の振り返りは「考えていることや気持ちを認識するのは難しい。でも落ち込む原因が分かりそうな感じがして,いいなと思った」ということでした。

5-2-6　第6〜7セッション：①自動思考の検討,②適応的思考の案出

　第6セッション,第7セッションの冒頭で,最近に落ち込むことがあまりなく,趣味や外出をして楽しめるようになったこと,母親にも調子が良さそうと言われて嬉しかったということが報告されました。
〈自動思考の検討〉
　ホームワークでやってきてもらったツール4を確認すると,各質問ごとに3つから4つ,多いものは6つぐらいの考えを,ノートに書いてきてくれていました。しかし,「転職する」「上司に改善してもらう」といった対処的なものが多く書かれてありましたので,もう少し幅広く,現段階でどのように考えられるのか

ということにも検討してもらいたいと考え，セッション中にさらに案を出してもらうことにしました。また，過去の経験を尋ねる「以前，似たような体験をしたとき，どんな対処をした？」という質問については，「思いつかない」と無記入だったため，「たとえば過去に嫌だなあと感じたり，行きたくないと思ったときに，実際にどのようにしていましたか？」と質問すると，「そういえば昔バイオリン教室に行くのが嫌だったとき，こう考えた」とか，「友達に相談して，励ましてもらったことがある」といった具体的な経験を思い出してくれました。それから，他者の視点に立つ「他の人なら，この状況に対してどんなことをするだろうか？」という項目もなかなか答えられなかったので，「このような状況に対して○○さんだったらどのように思うだろうか」と質問を変え，その○○に友人や母親を当てはめて考えてもらいました。さらに「ドラえもんだったらどうするだろうか？」「静香ちゃんだったらどうするだろうか？」「のび太なら？」「ジャイアンなら？」と聞いていくと，「ジャイアンだったら，ぶんなぐるんじゃないだろうか」とか，「スネ夫だったら，お母さんに言いつけるんじゃないか」などと結構たくさんのアイディアが出され，2人で笑いながら楽しく検討することができました。また，「また同じ状況があった場合，今度はどのように考えたらもう少し楽になりそうか」ということも問い，その回答を追加しました。

■目的に合った認知の選択

　ツール4のブレインストーミングが終わったところで，次は目的に合った認知の選択をするという作業を行いました。「現在の自動思考と置き換えることで，もしくは現在の自動思考に加えることで，元のネガティブな気分が軽減しそうな考えはどれか？」，「しんどい思いを軽減するのに役立ちそうなものはどれか？」，「この思考なら受け入れられるというものはどれか？」といった問いかけをして，ツール4でたくさん出してもらった考えの中から，選んだものに丸印を付けてもらいました。

〈適応的思考の案出〉

　ツール5は，これまでの作業のまとめと結果検証を行うものであることをまず説明して，次にツール4で丸印をつけた考えをもとに，新たな適応的思考をまとめてもらいました。そしてもとの自動思考の確信度やもとの気分の強度を評定してもらい，結果検証を行いました。記載されたものをみると，それぞれの適応的思考の確信度はそれなりに高いのに，もとの自動思考の確信度や気分の強度があまり軽減されず，大体10パーセントから20パーセント減にとどまっていました。

新たな考え	上司に言って改善してもらえば今の職場でも上手くやっていけるかも（80％） 思い切って転職して新しい職場で一からやり直せばいい（70％） とりあえず職場に行って様子を見て，それから退職を決めてもいい（70％） 自分が変わっているから職場の環境が変わってなくても上手く対処できるかも（50％）
気　　分	不安（60％），焦り（50％），嫌な気分（70％）　自動思考の確信度（70％）

　ホームワークとしては，別のケース（B,C）の自動思考の検討（ツール4）を依頼しました。振り返りでは「いろいろな面から考えるのは面白い。ただ，やはりヒントがないと難しいな」ということが述べられました。

> **ミニスーパービジョン（#7後）**
> 　この回の終了後に私は「認知再構成法の1回目なのでそんなに気分が下がらなくても問題はない。しかし，適応的思考の確信度が高い割には気分の低下が少ないのではないか」と思い，ミニスーパービジョンでもう少しツール4，ツール5で工夫する点があったのかを尋ねました。伊藤からのアドバイスは，「ツール4のブレインストーミングで出された考えをツール5の素材としてただそのまま使うのではなく，素材をさらに検討して洗練したり，素材同士を組み合せたりするなど，ツール5の段階でさらに工夫することができる。あるいはツール4で出された各考えに対し，その『お気に入り度』をパーセンテージで評価したり，気に入った考えをまと

める前に分類するなどして，ツール5に入る前にワンクッション置くこともできる」というものでした。また，「現在扱っている『職場に戻っても前と同じことの繰り返しだ』という自動思考は，状況依存的というよりは彼女の中でパターン化されている思考で，特定の状況においてというより，常にクライアントの頭の中に生じている思考である可能性が高いので，その確信度やそれに関わる気分の強度はそれほどすぐには変わらないかもしれない。ある具体的な状況において生じた，状況依存的な自動思考を対象にした方が，第1回目の認知再構成法としてはやりやすかったかもしれない」というアドバイスも受けました。

5－2－7　第8〜9セッション：認知再構成法の練習

第8セッションと第9回セッションでは，引き続き認知再構成法の練習を主に行いました。この頃になるとBDI-IIは11点に下がっています。11点はうつとしては問題のない点数です。セッションの冒頭では，「仕事のことを考えるとモヤモヤして気が滅入ることもあるが，前ほど落ち込むようなことはない」「さらに調子が良くなってきた。趣味や外出をして楽しめている」という報告がありました。

〈認知再構成法の練習（図5-5，図5-6，図5-7を参照）

図5-5は，別のケースについてホームワークで作成してきてもらったツール3を示したものです。

クライアントは，「私は誰からも必要とされていないのかもしれない」という自動思考を選択し，ホームワークでツール4に記入してきました。それをセッションで共有し，さらに考えを追加したものが図5-6です。下線のついたものが，クライアント自身が「これなら納得できる」と思えるいわば"お気に入り"の考えです。

また図5-6のツール4を一緒に検討している最中に，クライアントが「以前はこんなふうに『誰からも必要とされない』なんて思うようなことはなかったのに」と言ったのを聞いて，私のほうでは，「そういえばこれまでうつ病についての心理教育をしっかり行っていなかったな」と思い，ここで次のように言い

第5章 事例3：認知再構成法と行動実験によって症状が改善した事例　161

ツール3：特定場面（特に自動思考）の同定《ケースB》

ストレスを感じた具体的場面
○日夕方，近所のコンビニで一人で買い物をしているときに，知らない人たちが友達同士で楽しそうに話しているのを見て

気分・感情（％）

憂うつ(30)
寂しい(70)
落ち込み(60)
悲しい(30)

自動思考（％）

● 自分は一人ぼっちだ(70)
● <u>私は誰からも必要とされてないのかもしれない(90)</u>
● 大学時代に一人で寂しく帰ったときのイメージ(70)

行動・身体的反応　特にない

図 5-5　ツール3：特定場面（特に自動思考）の同定《ケースB》

ました。「うつになると多くの人が，否定的認知，孤独感，憂鬱感が症状として出ます。その場合は我慢や無理するのではなく，ゆっくりすることや楽になる考えをすることが改善の役に立ちます」。するとクライアントは「ああ，そうなんだ」と納得した様子で，ツール4に「今日は疲れているからゆっくり休んだら」「あまり考えすぎないでゆっくりしたら」という考えを追加で記入し，それにも下線を引きました。さらに下線を引いたものをざっと見ていくと，「どう考えることができそうか」というものと「今後，どのようにすればよいか」という2つのパターンに分けられそうだ，という話になりました。そこで各パターンをそれぞれ1つの文にまとめ，ツール5の新たな考えを記入する欄に書き込みました（図5-7）。

ツール4：自動思考の検討《ケースB》

ストレス場面 ○日夕方、近所のコンビニで一人で買い物をしているときに、知らない人たちが友達同士で楽しそうに話しているのを見て

気分(%) 憂うつ(30)、寂しい(70)、落ち込み(60)、悲しい(30)

選択された自動思考(%) 私は誰からも必要とされていないのかもしれない(90)

自動思考の検討

根拠？	最悪どうなる？	他人の対処？
友人と頻繁に会ってない。最近メールが減った 以前に友人に彼氏が優先といわれた	友人と一切連絡を取らずに引きこもる	誰かに相談する。自分の趣味を楽しむ。サークルに積極的に参加して、人との交流を深める

反証？	奇跡が起きると？	何ができそう？
友人がメールで「励まされる」と言ってくれる。病気を心配してメールをくれる友人がいる	もっと積極的になり、友人と遊んだり、習い事に出かける。人の役に立つ仕事をする。Aさんくらい仲のいい友人を増やす	Aさんに話す。好きなことをする。サークルに積極的に参加する。友人と遊ぶ

信じるメリット？	現実どうなりそう？	友達に何と言う？
ない	消極的になって、自分の殻に閉じこもり、人との間に壁を作り、自分から行動を起こさず、待っているだけになる	必要とされていない人はいないよ。家族がいるよ。考えすぎじゃない。今日は疲れているからゆっくり休んで

信じるデメリット？	以前の対処？	自分に何と言う？
自信が持てない。マイナスの気分になる。自分から友人を誘わなくなったり、サークルに行かなくなる	Aさんにありのままの気持ちを伝えたら、一人じゃないよと言ってもらった。一人でもいいと開き直った	もっと自分から友人と仲良くしてみたら？ あまり考えすぎないでゆっくりしたら？

図5-6　ツール4：自動思考の検討《ケースB》

　このような流れで新たな認知を考え出してみた結果，図5-7にも示しましたが，自動思考の確信度や気分の強度が大幅に下がり，クライアントからも「今後に使えそう」とポジティブなフィードバックを得られました。ホームワークとしては，「ネガティブな変化が生じたときに，ツール3からツール5までを使って，ひととおり認知再構成法をやってみる」という課題をお願いしました。振り返りでは，「難しいけれどもたくさん（考えが）出るようになってきた。少しずつ考えが広がって楽になってきた」というコメントをもらいました。

ツール5：新たな思考の案出と結果検証《ケースB》

具体的場面
○月○日夕方、近所のコンビニで一人で買物をしているときに、知らない人たちが友達同士で楽しそうに話しているのを見て。

気分(%)
憂うつ(30)
寂しい(70)
落ち込み(60)
悲しい(30)

自動思考(%)
私は誰からも必要とされていないのかもしれない(90)

新たな思考(%)
今は自分が誰かの役に立っているとか、必要とされているとは思えないけど、家族や友人が励ましてくれているし、今はうつ病だから考えすぎかもしれない(70)

自分から進んでサークルに参加したり、友人と遊んだりしたら、こんな風に思うことも少なくなるかも。もっと友人に相談すれば楽になるかも(80)

もとの自動思考の確信度(%)→40%

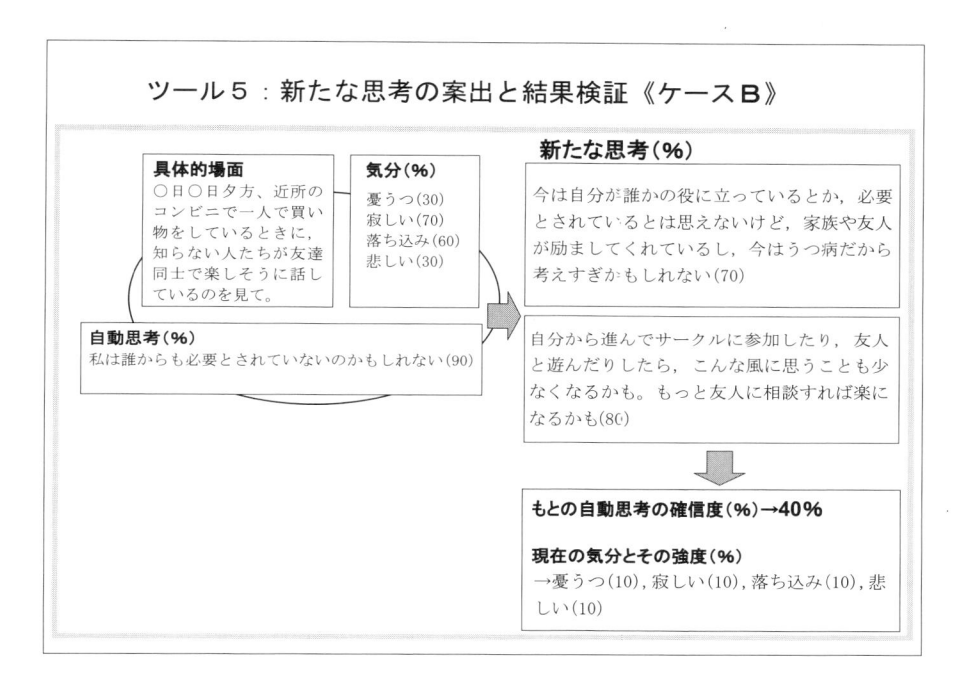

現在の気分とその強度(%)
→憂うつ(10)、寂しい(10)、落ち込み(10)、悲しい(10)

図 5-7 ツール5：新たな思考の案出と結果検証《ケースB》

5－2－8 第10～11セッション：①今後の進め方の確認、②認知再構成法の練習（対人場面での不安）、③行動実験

このセッションから、対人場面についての不安を扱っていきました。セッションの冒頭では、「落ち込みはほとんどない。落ち込みというより、調子の良さがアップして、今は85パーセントから90パーセントぐらい」という報告がありました。これは毎回のブリッジング（橋渡し）のとき、クライアントが「ちょっと不安が大きい」とか「最近の調子はまあまあ」といった報告があったとき、毎回私から「それは0から100でいうと、何十パーセントぐらいですか？」と質問していたのですが、この時期までくると、クライアントが自発的に数字で表してくれるようになりました。また、「今まではなかなかする気になれな

かったのだけれども，親友である友人Aにメールで今までのことだとかカウンセリングを受けていることなどを話してすっきりした」(10回目)「親友以外の友人とも連絡をとるようになってきた。ただ，仕事は行く気になれず，モヤモヤしている」(11回目)という報告がありました。

〈今後の進め方の確認〉

1人でいるときの不安や落ち込みは，認知再構成法を通じて低下してきているものの，対人場面ではまだ不安があって，言いたいことが言えていないという状況だったので，今後はそれについて取り組むことになり，まずは対人場面での認知再構成法を練習し，行動実験をしていくということで合意が得られました。

〈認知再構成法の練習〉

まずは，対人関係場面でどんなエピソードがあるかをクライアントに確認しました。すると「相手がどのように思うのか気になって言えないことがよくある。たとえば，食事のあとに友達に『じゃあ，このあとどうしようか？』と聞かれたときに，本当は自分の希望があるのに，何も言えなくなってしまう」ということでした。そこで，直近のエピソードをもとにツール3～5を使って認知再構成法を行いました。自動思考として同定されたのは，「言ったことを否定されたらどうしよう」とか「つまらないことを言っていると思われるのではないか」というものでしたが，ツール3～5を実施した結果，「お互いの意見交換が大事だから，まあ，とりあえず言ってみよう」と新たに考えられるようになり，もとの気分の強度，自動思考の確信度ともに大幅に低下しました。

また家族といるときにこれと似たような場面があったけれども，そのときは言いたいことが言えたということが報告されました。そこで言いたいことが言えた場面をあえてツール3に記載して，友達との場面をツール3にしたものと比較してみました。比較した結果，クライアントからは「こうやって比べてみると，似たような場面なのに，気分が違うし，認知の中にも違うものがある。それに同じ認知でも確信度が全然違う」という感想が述べられました。

〈行動実験〉

　今回のホームワークは認知再構成法を引き続きやっていただくと同時に，友達とのコミュニケーションについて行動実験してくるという課題をお願いしました。本当は友達と会って何か言いたいことを言ってみるという課題が一番良かったのですが，「今週は本当に皆忙しいので，そもそも会えるかどうかわからない」ということでしたので，「では，確実にできそうなことをやってみませんか。たとえば電話で友達を食事に誘ってみる，というのはいかがでしょう」と提案したところ，同意が得られましたので，それを課題にしました。具体的には，電話をかける前に，まず自分が電話で友達を食事に誘っている場面をイメージし，その際の不安度と自動思考を同定し，次にツール３～５を実施してもらいます。そこで適応的な思考を考え出し，事前の不安が低下した後，行動実験として友達に実際に電話するのです。このセッションの振り返りでは，「ちょっとずつ希望が見えてきた」と述べられました。

5−2−9　第12～13セッション：今後の進め方の明確化

　第12セッションと第13セッションでは，今後のカウンセリングの進め方について話し合い，方針を共有しました。第13セッション後に実施したBDI-Ⅱは７点でした。全く問題のない得点です。冒頭では，「落ち込みはなく，調子の良さは85パーセントで維持されている。友達との交流も続いている。音楽サークルに顔を出して楽しかった。仕事のことを考えるとモヤモヤするが，その頻度や時間，落ち込み度は以前ほどではない」ということが報告されました。

　この頃には，主に行動実験について時間をかけて話し合いました。前回のホームワークでは友人に電話をかけるという場面をイメージし，認知再構成法で不安を下げてから行動実験を行うことになっていましたが，実際に友人に電話をかける前も不安になるような考えは浮かばなかったということが報告されました。電話をしてみたところ，たまたま友人は電話に出なかったそうですが，自分から電話できたということに嬉しさ，満足感を感じたということが報告されました。

もう1つクライアントがホームワークでやってきてくれた認知再構成法がありました。それは「仕事のことを考えて不安になった場面」をテーマとしたもので，これは第7セッションで実施したケースAとほとんど似たようなツール3，4，5が作成されていました。結果もケースAと同様，自動思考の確信度や気分の強度が20パーセント程度しか低下していませんでした。この結果について，ミニスーパービジョンで相談することにしました。

> **ミニスーパービジョン（#12後）**
> 　第12セッション後のスーパービジョンで，上記の認知再構成法において自動思考の確信度や気分の強度にあまり変化がみられなかった要因を検討点として質問してみました。伊藤からのアドバイスは「90％から70％に低下したというのは，それなりに十分な下がり具合であると言える。そもそもこのクライアントはまだ職場復帰を具体的に決めているわけではないので，これくらいの下がり方が妥当なのかもしれない。しかし，ツール3で切り取る場面をさらに詳細化・具体的すると，もう少しターゲットとなる自動思考が明確になり，その分変化が生じる可能性もある。たとえば，この場面では『戻るのが嫌だな』と考えたこと自体がストレス場面となっており，それに対してさらに別の自動思考や別の気分が反応として生じている可能性がある」というものでした。

　このスーパービジョンを受けて，第13セッションでは，「仕事のことを考えて不安になった場面」についてより詳細に聞いてみると，ケースAで同定された自動思考とは別に，「職場へのマイナス感情が消える日は来ないのではないか」という自動思考が生じ，そのせいでネガティブな気分になっていたということがわかりました。そこで改めてこの自動思考に焦点を当てて認知再構成法をやり直すと，今度は，自動思考の確信度も気分の強度も共に50パーセント低下するという十分な変化が見られました。

〈今後のカウンセリングの進め方の明確化〉
　これまで，"相手がどのように思っているのか気になって不安になって何も言えない"という状況について，認知再構成法を行い，次に行動実験を行い，行動実験中の不安が強ければさらに認知再構成法を行うというやり方を取って

きましたが，このやり方でいいのか，それとももう少し系統的に進めていったほうがよいのか，クライアントと話し合いました。その結果，"相手がどう思うか気になる場面"について大まかな不安階層表を作成し，不安度の低い状況から徐々に，その状況における自動思考を検討して不安を軽減し，次に行動実験を行って実際に自分の言いたいことを言う練習をすることで合意されました。そのときに作成した不安階層表を示します。

● 相手がどう思うか気になる場面（不安の％）

```
100％→上司に改善案を話す
 80％→サークルの話し合いで発言する
 70％→複数の人と話す
 60％→友人に「次何をする？」と聞かれる
 55％→友人に関係のない話をする
 50％→母と仕事のことを話す
 30％→友人と待ち合わせ場所をきめる
 20％→友人を電話で誘う
 10％→友人と1対1で話す
  0％→親友と話す
```

　ホームワークとしては，依然として残っている仕事に対するモヤモヤを対象とした認知再構成法と，50パーセントの不安度である「母と仕事のことを話す」という課題を対象として認知再構成法と行動実験を実施することが，課題として出されました。不安度50パーセントの課題から始めた理由は，30パーセントまでの課題についてはすでに彼女自身が行動実験を開始していたからです。振り返りでは，「仕事に対する考えは，なかなか広げていくのが難しいな。でも，もうちょっと頑張れば変わっていけそうな気もする」とのコメントが述べられました。

5-2-10 第14～16セッション：①行動実験，②今後のカウンセリングについて

第14セッションから第16セッションまでは，不安階層表に基づく行動実験を繰り返しながら，カウンセリングを今後どのようにしていくか，話し合いました。

〈行動実験〉

50パーセントの不安度である「母と仕事のことを話す」という課題について認知再構成法を実施したのち行動実験を行うというのが前回お出ししたホームワークでしたが，その結果について報告してもらいました。実際にいざ母親に話そうと思うと，「母親は，私が仕事を辞めるのを本当は反対しているのではないだろうか」という自動思考が生じ，不安になったそうです。そこでその自動思考を対象として認知再構成法を行い，不安を軽減させてから母親に自分の考えを話してみたそうです。実際に話せた結果，かなり気持ちが楽になったそうです。また，このホームワークを実施してからは，仕事について考えてモヤモヤすることがほとんどなくなったということも報告されました。

第15セッション以降は，不安階層表に記載された課題を実行しようとすると，これまでの認知再構成法で考え出したような適応的な認知が自然に出るようになり，不安になることがなくなってしまいました。そこで認知再構成法を実施することなく，そのまま各課題に対する行動実験を行ってもらい，その結果を報告してもらいました。

〈今後のカウンセリングについて〉

この頃はネガティブな気分が低減されただけではなく，実際に趣味を楽しんだり，友人との外出や音楽サークルへの参加が増加するなど非常に調子がよく，しかもそれが維持されていたので，第15セッションから終結についての話し合いを始めました。第16セッションでは，「自分はだいぶ変ってきたように思える。考えを調整できるようになり，言いたいことが言えるようになってきたので，そろそろ終了にしていいかなと思う」と述べられました。そこで，第3，第4セッションで共有された問題および目標について一緒に確認したところ，

問題はすべて改善し，目標もほぼ達成されていることが共有できました。これまでの感想をクライアントに聞いてみると，「行動実験をする前にイメージリハーサルをやって，自分がなぜ意見を言えないのかがわかった。自分は余計なことを考えすぎていた。自分のことを出すのは恥ずかしいし，いけないこと，自分の話は相手にはどうでもいいことだと思っていたが，そんなことはなくて，自分のことを話して自分のことをもっと知ってもらえればいいと思えるようになったので，話せるようになったのだと思う」という感想が述べられました。

第16セッションではこのような話し合いを受けて，これまで1〜2週間に1度のペースで面接を行ってきましたが，次回の予約を3週間後に入れてもらい，それで特に問題がなければ終結にするということで合意されました。この第16セッションのホームワークは，認知再構成法と行動実験を引き続き実施するという課題の他に，これまでのカウンセリング全体を振り返ってきてほしいとお願いしました。その際，アセスメントシートを利用して，「今後，どのようなストレス状況が発生する可能性があるか。それに対してどのようなストレス反応が生じそうか。さらにそのようなストレス状況やストレス反応に対して，どのようなコーピングを実施することができそうか」ということをまとめてきてもらうことになりました。

5－2－11　第17セッション：再発予防および終結についての話し合い

第17セッションの冒頭で状態を確認したところ，「3週間空いたけれども，調子の良さは変わらない。今後も維持できそうな気がする。復職もしくは転職したとしても，カウンセリングで習得したことで何とか対応していけそうだ」とのコメントがあり，クライアントから今回で終結にしたいとの申し出がありました。私からは数カ月後にフォローアップ面接を実施するという案もあることを伝えましたが，「今まで身につけたことで，あとは自分でなんとかできると思う」ということでしたので，この回で終結することになりました。

そこでまず再発予防のための話し合いを行いました。クライアントがホームワークで記載してきたものに加えて，さらにセッションで話し合ったことを追

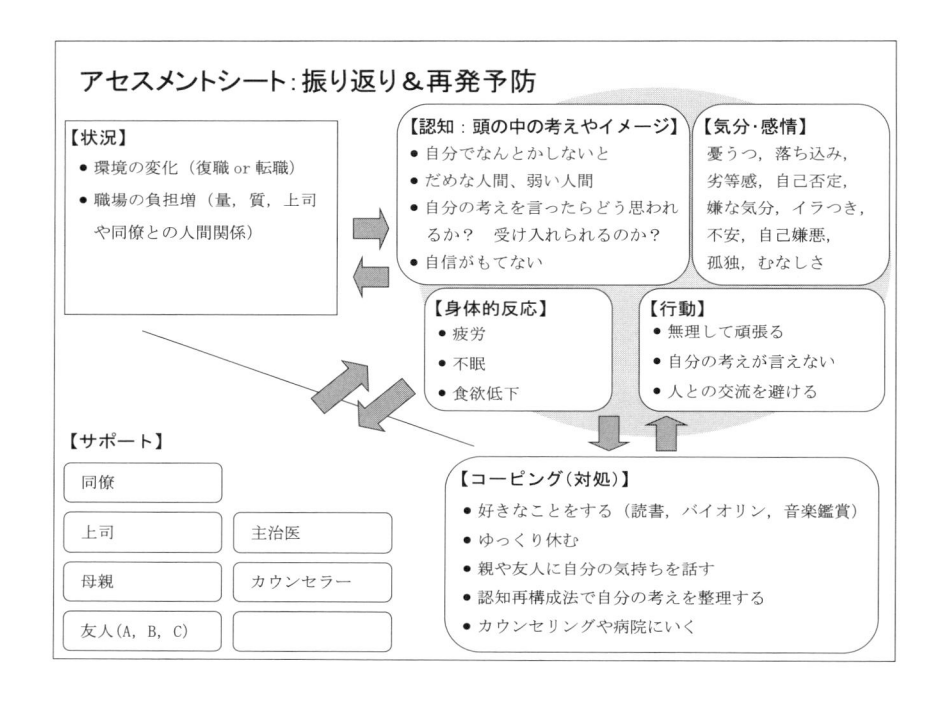

```
アセスメントシート：振り返り&再発予防

【状況】
● 環境の変化（復職 or 転職）
● 職場の負担増（量，質，上司
  や同僚との人間関係）

【認知：頭の中の考えやイメージ】
● 自分でなんとかしないと
● だめな人間、弱い人間
● 自分の考えを言ったらどう思われ
  るか？ 受け入れられるのか？
● 自信がもてない

【気分・感情】
憂うつ，落ち込み，
劣等感，自己否定，
嫌な気分，イラつき，
不安，自己嫌悪，
孤独，むなしさ

【身体的反応】
● 疲労
● 不眠
● 食欲低下

【行動】
● 無理して頑張る
● 自分の考えが言えない
● 人との交流を避ける

【サポート】
同僚
上司    主治医
母親    カウンセラー
友人(A，B，C)

【コーピング（対処）】
● 好きなことをする（読書，バイオリン，音楽鑑賞）
● ゆっくり休む
● 親や友人に自分の気持ちを話す
● 認知再構成法で自分の考えを整理する
● カウンセリングや病院にいく
```

図 5-8　振り返りと再発予防のために完成したアセスメントシート

記し，今後起こり得るストレス状況とストレス反応をまとめ，さらにそれらに対して今後どのような対処法を実施できそうかということについてもまとめ，サポート資源についてもまとめてみました。それが図5-8です。以前に比べてコーピングとサポート資源が増えていることがわかります。

　このアセスメントシートを今後どう活用するかということについても話し合いました。今後，職場復帰や転職などで環境が大きく変化することが予測されます。また復帰するにせよ転職するにせよ，仕事をしていれば今回のように一時的に業務の負担が増えることもあるでしょう。そこで，そういうときにはこのアセスメントシートをチェックリスト代わりに用いて，自分のストレス反応をチェックしてもらうことになりました。そしてシートに記載されている反応

第5章 事例3：認知再構成法と行動実験によって症状が改善した事例　171

が出ていることが確認されたら，上から順にコーピングを試していくということで合意されました。すべてのコーピングを試してもストレス反応が軽減されない場合は，主治医やカウンセラーに相談してもらうということで，それもコーピングの欄の最後に付け足しました。

　終結ということで今回の面接で最後になりますが，今後もクライアント自身でCBTを実施しつづけてもらうことが最後のホームワークとして設定されました。振り返りでは，「いろいろ実践して自信がついた」と述べられました。終結時に実施した心理テストのBDI-Ⅱは0ポイントでした。

5-2-12　フォローアップ

　終結から7カ月後のX+1年3月のフォローアップ時に実施した心理テストではBDI-Ⅱは2点でした。他のテストも全く問題のないものでした。アンケートには，「自分の気分や気持ち，悩みと向き合って把握することができるようになり，自分をコントロールすることができるようになった気がする。いろいろな角度から考えることができるようになり，いい意味で割り切れるようになって自分が変われたと思う。X+1年1月に転職して楽しく仕事ができている。当然嫌なことや悩みが出てくるけれども，カウンセリングで身に付けたことで対処できている。言いたいことも言えるようになり，自分に自信が持てるようになった」と記載されていました。

5-3　全体のまとめ

　本事例のクライアントは，「人には頼れない」という信念がベースとしてあり，仕事量の負荷，無理解な上司，厳しい母親，職場での低サポートによって疲弊していたところに，叔母の死による喪失体験，さらなる仕事負荷が生じ，「人に頼らず無理して頑張る」という行動によって，うつ状態が発生したと考えられます。また，否定的な認知を反すうすることによって，ネガティブな気分が悪化して回避的な行動パターンが発生し，さらに否定的な認知，気分がより強く

なるという悪循環が起きた結果，抑うつ状態が維持されていたと考えられます。そこで，認知再構成法を導入することによって，「自信のなさ」，「今後の不安」，「評価懸念」が低減し，さらに行動実験によって自己効力感が高まったことで，問題解決につながり症状の改善に至ったものと考えられます。

クライアントの変化を以下に示します。全体的に回復している様子がおわかりいただけるかと思います。

		CBT 開始時	CBT 終結時
心理テスト	ストレッサー	ストレスレベル高い 例：職場での仕事量，母の干渉，友人関係	ストレスレベル低い 例：なし
	BDI-Ⅱ	23 ポイント	0 ポイント
	GHQ28	総合 14 ポイント	総合 0 ポイント
	気分調査	緊張・興奮・爽快感・疲労感・抑うつ感・不安感→すべて重症～中程度	すべて→中程度
	コーピングスタイル	話をきいてもらう，情報や助言を求める，気分転換をする，前向きに考える，解決策を検討する→少ない	話をきいてもらう→多い，気分転換をする，前向きに考える，解決策を検討する→中程度 なかったことにする，情報や助言を求める，他人に委ねる→少ない
	反すう	ネガティブな内容の認知を反すうすることが中程度の頻度で生じる。多少努力すればコントロールできる。	反すうの頻度が少ない。多少努力すればコントロールできる。
	コアビリーフ	現在の充実感が低く，"甘えの断念"のポイントが高い	自己：中程度，時間的展望：中程度，他者：中程度（"甘えの断念"も中程度）
	ソーシャルサポート	少ない	家族・友人からのソーシャルサポートはやや多い

認　知	・自分はだめな人間, 弱い人間 ・自分の考えをいったらどう思われるか？ 受け入れられるのか？ ・必要とされていない, 生きている意味がわからない ・母はうるさい, 言うとおりにしないと機嫌を損ねる ・復職して上手くやっていけるのか？	・家族や友人が励ましてくれているし, 自分からも積極的に声をかけていこう ・意見交換が大切だから, 言わないでモヤモヤするより, とりあえず言ってみよう ・職場に戻っても, 同僚に相談したり, 愚痴を言ったりしたら楽になるかも。自分の反応や対処法が変わっているから, 職場に戻っても嫌な感情が減っているかもしれない。それでも駄目なら辞めてもいいじゃない
気　分	憂うつ, 落ち込み, 劣等感, 自己否定, 嫌な気分, 不安, 自己嫌悪, 孤独, むなしさ, 不安定, 苦しい, 辛い, イラつき	楽しい
行　動	・寝ることに逃げる ・自分の考えを言えない ・人との交流を避ける ・人に合わせる。 ・母の意見に従う ・無理して頑張る	・親友に相談する ・友人と交流する ・サークルへ参加する ・自ら発言する ・母親に自分の意見を伝える
身　体	・疲労, だるい	・特になし

5−4　本事例を進める上で苦労した点・工夫した点

　本事例を振り返って思うのは，まず，全体像をアセスメントする際，CBTの基本モデルに沿って悪循環を把握し，それをシートに記載したものの，より全体的・総合的な視点からの理解が不十分であったということです。そのため，

問題の同定が不十分となり，面接目標を設定するときに苦労しました。しかし，ミニスーパービジョンを受けて，問題の同定，および目標設定について改めて検討した結果，クライアントと私がともに納得のいく目標を設定することができました。

認知再構成法を導入する際，私自身がツール３から５の活用法の理解が不十分であったため，初回の効果はあまり高くありませんでした。その後ミニスーパービジョンによって，ツール４の活用法，たとえば「お気に入りにしるしを付ける」とか「分類する」といったやり方を知ったことで，クライアントに十分な説明を行うことができ，初回より大きな効果を上げることができるようになりました。そして認知再構成法をさらに行動実験につなげていくことにしましたが，その際，事前に自動思考を検討して不安を軽減し，準備性を高めてから行動実験をするという工夫を行いました。このような工夫によって各段階の課題を確実に成功させ，それがクライアントの自己効力感の上昇につながったのだと思います。

最後にコミュニケーションについてです。当初このクライアントは自発的な発言が少なかったため，開かれた質問や自問を促すソクラテス式質問を用いて，なるべく多くのことをクライアント自身に語ってもらうように工夫しました。また様々な局面でカウンセラーである私が意見を述べることもありましたが，そういうときは後で必ずクライアントにフィードバックしてもらうようにしました。このようなコミュニケーションを心がけることによって，次第にクライアントの自発的な発言が増えていったように思われます。

5－5 本事例から学んだこと

本事例から学んだことはいろいろあります。まずCBTの様々な段階において外在化することの大切さです。問題を同定するときも，目標を設定するときも，それらを用紙に書き出して外在化しておいたので，面接の進行や各目標の達成の程度をクライアントと共有しやすく，終結時の話し合いもスムースにで

きました。アセスメントによって明らかになったクライアントの状態を外在化するというのはCBTの基本方針だと思いますが，それだけでなく面接全体の流れそのものも外在化していくことによって，進め方に対するクライアントの理解が得られやすくなるのだと思います。

　次に，面接目標を設定するとこまでは，カウンセラーがやや主導的であったため，クライアントの主体性が失われるのではないかという懸念が私のほうにありましたが，面接が進行するなかで，徐々にクライアントの発言が活発になり，最終的には終結についての明確な意思がクライアント側から話されるなど，CBTの流れに沿ってクライアントが徐々に主体的になっていく様子が，本事例を通じて私自身がよく理解できました。カウンセラーがCBT全体の流れをマネジメントすることは，むしろクライアントの主体性の育成に貢献できるのだということ，そしてそのような過程を通じて，クライアント自身が上手にセルフマネジメントできるようになること，それが本事例から私が学んだ大きなポイントです。

5-6　ワークショップ参加者との質疑応答②

質問1：後半の行動実験では，お母さんに話をするとか，友達に電話をするとか，コミュニケーションを取る課題が多かったと思いますが，何かアサーション的なこともされたのでしょうか？

腰：彼女が上手くアサーションできないことに，認知が関係していると共有されましたので，本事例ではまず認知への介入を行いました。ただ，目標設定の際，認知再構成法を習得した後に，必要であればアサーション・トレーニングというものを追加できると説明したところ，彼女が興味を示したので，平木典子先生の『アサーション・トレーニング』という本を紹介しました。彼女は早速，その本を購入して自分で読んでいました。結局面接内で直接的にアサーション・トレーニングを行うことはしませんでした。

質問2：他の事例でも，このようなケースの場合では，やはり最初に本を紹介す

ることが多いのですか。

腰：目標にもよりますが，アサーション・トレーニングを技法として最初に導入するという計画が立てられた場合は，セッション中に練習します。しかし他の技法を先にセッションで扱うことになっていて，でもクライアントがアサーションのことを先に知っておきたいという場合や，セッションでわざわざ扱うほどの必要性がないような場合は，読書療法として本の紹介を先にしてしまうこともあります。

質問3：第14から第16セッションのところで，仕事に対する自分の考えを母親に伝えることができたということでしたが，具体的にはどのようなことを伝えたのか，その内容を教えてください。

腰：実はこの母親は，仕事の話が出るたびに「あなたの好きにしていいのよ」と言っていたのだそうです。しかし，クライアント自身は「そんなことを言っているけれども，本心では辞めてほしくないと思っているんじゃないか」と思っていました。その思考に対して認知再構成法をした結果，「母親が本当はどう思っているのか，それは自分にはわからない」，「わからないなら聞いて確かめるしかないな」という適応的思考が出てきて，とにかく自分はどのようにしたいか，まず自分の意思を伝え，それに対する母親の意見を聞いてみようということになりました。具体的には「仕事を辞めてもいいかなと思っている。でもママは私に辞めてほしくないのかな，とも思ってしまう。本当のところ，ママはどう思っているの？」と母親に尋ねることが行動実験の課題になりました。そしてこのように尋ねてみたところ，母親に「本当にあなたの好きにしていいのよ」と実感をこめて言われたそうで，その結果クライアントの方でも「なんだ，やっぱり好きにしていいんだ」と心から思えて，モヤモヤが消えた，というお話でした。

質問4：このクライアントの場合，新たに考え出した適応的な思考がどうやってなじんでいったのでしょうか？ つまりツール3，ツール4，ツール5を順に実施し，その過程のなかで自然になじんでいったのか，それともツール5で考え出した適応的な思考をその後本人になじませるため，より自分のものと

するために何か特別なことをしたのでしょうか？　その辺りのことを教えてください。

腰：このクライアントの場合，適応的思考のなかに「今度はこうしてみよう」とか「次はこういうことをやってみよう」といった対処的な思考が含まれることが多かったので，それを行動実験で実際に確かめてもらうことができました。その結果，「やってみたらどうってことなかった」「こうしてみたらこうなった」といったことがわかってくるので，それを次に認知再構成法を行う際に，今度は新たなデータとして使えるわけです。このような相乗効果で，クライアントは徐々に適応的思考になじんでいったのではないかと思います。つまり認知再構成法と行動実験に良循環が起きていたのです。あとこの事例ではないのですが，割とよくやるのが，新たな適応的思考を「コーピングシート」とか「コーピングカード」と呼ばれるツールに書き，それを持ち歩いてもらって，似たような自動思考が生じたらすぐにその場で見てもらうというやり方です。これは適応的思考をなじませるための一種のしかけだと思います。

質問5：自動思考の検討の「他の人だったら」という問いのところで，「ドラえもんなら？」と漫画のキャラクターが出てきましたが，これは何か特別な方法なのでしょうか？

腰：特別ではないと思うのですけれども，彼女の場合，なかなか第三者の立場で考えることができませんでした。そこで，私と彼女が共有しやすい明確なキャラクターを出すことによって，他者の視点から具体的に考えてもらうことを期待して，ドラえもんを使いました。他の方の面接でもよく使っています。ドラえもんではなく，サザエさん一家を使うこともあります。

5－7　グループ討議の発表②

発表1：まず，終結までの流れがよくわかった。このように流れが明確になっているとクライアントも理解しやすく，すっきりと終結しやすくなるのではな

いか，という感想がありました。次に，扱いやすい自動思考を選ぶのがなかなか大変そうだという感想がありました。質問が3つあります。1つは，適応的思考を出すときにクライアントにすべての案を主体的に出してもらうことも大切だと思いますが，状況によってはカウンセラーから案を出してもよいのではないかと思われます。その辺のところが実際にどうなのか，教えてください。第2に，このクライアントの場合転職したということですが，カウンセリングが終結した後，クリニックへの通院や転職までの経過は具体的にどのようなものだったのでしょうか，教えてください。第3に，仕事についてこのクライアントのお母さんは，「あなたの好きにしていいのよ」とおっしゃったということですが，このような返答がお母さんからあっても，実際にその返答自体をなかなか信じることのできないクライアントもいるのではないかと思います。そういう場合はどうするのでしょうか，教えていただけたらと思います。

腰：自動思考を検討し適応的思考の案を出すとき，すぐに私のほうから「たとえば，こう考えてみたらどうだろう？」といった案を出すようなことはあまりしません。あくまでも誘導的な質問をして，クライアント自身が案を出せるようにしていきます。それでもなかなか案を出せないクライアントもたまにいるので，その場合は，「こういう考えもあるかもしれないと思うのだけれど，どう思いますか？」というように，控えめに私からの案を出してみて，クライアントに判断してもらうこともあります。

伊藤：そのへんは腰さんの言うようにケースバイケースだと思います。ただ，私はわりと押し付けがましいセラピストなので，ブレインストーミングであれば，たくさん案を出すことが目的だから，クライアントの案だけでなく，私のほうでも思いついたら案を出させてもらうことが結構よくあります。その際，「私のほうからも案を出してもいいですか？」とクライアントに尋ねます。そこで「嫌です」と言われたらもちろん出しませんが，たいていのクライアントは「ぜひ出してください」と言ってくださるので，その場合は私からの案も言わせてもらいます。

腰：2つ目のご質問ですが，カウンセリング終結後の通院状況については，詳細はわかりませんが，少なくとも7ヵ月後のフォローアップの段階では通院も終了していることが確認されております。転職の詳しいプロセスについても直接お会いしてお話をうかがう機会がなかったので，"転職した"という事実以外は把握できておりません。

伊藤：このケースの場合，文書のやり取りでしかフォローアップをしておりませんので，腰さんが言うとおり詳細はよくわからないのです。こちらからすれば，終結の3カ月後とか半年後とかにフォローアップのセッションに来ていただき，その後の経過を具体的に把握できると一番望ましいのですが，そのためにはクライアントに余分な料金を支払ってもらい，また貴重な時間を割いてもらうことになってしまいますので，終結時に「できれば半年後に来ていただけるといいのですが」とこちらからは一応提案しますが，「いえ，もういいです」というクライアントの場合は，その後の経過を詳細に把握することが残念ながらできないのです。

腰：3番目の，お母さんの「あなたの好きにしていいのよ」という言葉が信じられない場合はどうすればいいかというご質問ですが，本事例のクライアントも最初は信じていなかったのです。その後，認知再構成法や行動実験を繰り返すうちに信じられるようになったというプロセスがあります。もし，依然として「信じられない」ということであれば，さらに技法を繰り返し実践するとか，あるいは「信じられない」としたら，その信じられなさにどう対処していくかを話し合うとか，別のアプローチを検討するかもしれません。

発表2：いろいろな感想がありました。まず，ドラえもんのキャラクターを使うのが面白いと思った，たった17回のセッションで終結まで持っていくことがすごいと思った，というのがあります。認知再構成法のツール3からツール5までを使いこなすのは難しいけれども，こういうツールを使いこなせるようになるためにも，ミニスーパービジョンが助けになることがわかった，という感想もありました。また，アセスメントシートを，初期のアセスメントの段階だけでなく，再発予防の計画を立てるときにも活用することが役に

立つことがわかった，という感想もありました。終結のときにもう1枚作ることで，開始のときの状態と比較しやすくなる，ということだと思います。最後に質問ですが，確かに本事例のクライアントの考え方が変化したり，幅が広がっていったりしたことはよく伝わってきたのですが，感情の変化についてはどうだったんだろう，感情が生き生きとしてくるようなそういう変化はなかったんだろうか，ということが今ひとつ伝わってこなかったので，その辺について教えてください。

腰：生き生きとした感情の変化が伝わらなかったのは，私の報告の仕方に問題があったのだと思います。実際には面接が進むにしたがって，「母親に話ができて嬉しかった」とか「サークルに参加してみたら楽しかった」というポジティブな報告が増えてきて，そういうときの表情は最初の頃と比べて全然違いました。最初は伏し目がちに，ちょっと所在なさげに微笑む程度だったのが，最後の頃は，本当にもう目をきらきらさせて嬉しそうに話をしていました。つまり感情的にもかなり変化があったかと思われます。

発表3：まず感想です。新たな認知を考え出して，その後，実際に友人に電話をするといった行動を取ったことでご本人が満足し，それが次のチャレンジにつながったり自己効力感を高めたりしたのではないかと思った，ということでした。また，自分で勝手に結論を出していたお母さんの考えについても，実際にお母さんに確認した結果，自分の結論とは違うことがわかっていく，ということからもわかるとおり，単に頭の中で認知が変わるだけではなく，行動でそれを裏打ちしていくということが非常に重要だということがわかって良かった，という感想がありました。それから，新たな考えを出すときにブレインストーミングが大きな効果を発揮するんだなあ，という感想も出ました。特にツール4には様々な質問が書いてあり，これをヒントとして上手く使えると，かなりいろいろなアイディアが出てくるのだ，ということがわかりました。そのことを含め，認知再構成法という技法について具体的な進め方を聞けたことが良かったと思います。また，「人に認められない」とか「自信が持てない」という全般的な問題が，母親との関係が改善されることに

よって急展開といってもいいような感じで解決されたような印象を受けました。質問は2つです。1つは、終結時の心理テストの「気分調査」の結果が、すべて中程度ということですが、そのような結果なのに終結にしてもいいのでしょうか、ということです。もう1つは、開始当初から母親からの干渉がうるさいなど、母親との関係における問題が訴えられていました。したがってこのケースの場合、母親との関係に焦点を当てていくという考え方もあるように思いますが、CBTではこういったことをどのように取り扱うのでしょうか、という質問です。

腰：このクライアントの終結時の気分調査の結果ですが、「重度」「中程度」「軽度」というカテゴリーで見るとすべて中程度でにありましたが、数字を見ると限りなく「軽度」に近いものでしたので、それほど問題がないと判断しました。

伊藤：母親との関係に焦点を当てていくという考え方もあるのでは、という質問についてですが、それはもちろんそうだと思います。重要なのはCBTで何に焦点を当てていくか、クライアントと相談して決めるということです。このクライアントと腰さんが作成したアセスメントシート（図5-1参照）を見ると、いろいろな可能性が考えられますよね。職場の問題もあれば、母親との問題もある。対人関係にも焦点を当てられそうですし、一人でいるときにグルグル反すうすることも問題といえば問題といえそうである、といった具合です。その際、「この人の"本当の問題"は何か？」という問いを立てることはCBTではしません。それは分からないと思うのです。そうではなく、「いろいろな問題があるかもしれないけれど、ここで私たちはどのテーマに焦点を当ててCBTを進めていきましょうか？」という問いを立て、進めていくほうが生産的だと思います。ですからこの事例でも、このアセスメントシートを眺めて、あるいは母親との関係について別のアセスメントシートを作成して、「やっぱり母親との関係が重要そうだから、まずはそれに焦点を当ててCBTを進めていきましょう」という合意ができれば、そういう進め方も「あり」だと思います。いずれにせよ、さしあたり何を問題とするかとい

うことを含め，クライアントとカウンセラーがよく相談することが重要だと思います。

発表4：不安階層表や行動実験といったCBTの基本的なスキルが非常によくわかり，勉強になる事例紹介だったという感想がまず出ました。また，たとえばアセスメントシートをストレス反応のチェックリストとして用いて再発予防を図るというように，終結のやり方がとても丁寧で，しかも効果的であるとの感想がありました。質問ですが，全体のまとめのところで，「本事例のクライアントは『人には頼れない』という信念がベースとしてあり」とおっしゃっていましたが，その信念はどのように形成され，本事例においてどのように扱われたのでしょうか？ これまでの報告を聞いている限りでは，自動思考を中心に検討されていたようですが，信念やスキーマについてはどうだったのでしょうか？ そもそもスキーマに対する介入をする必要がある事例なのか，ということも含めて教えてください。

腰：「人に頼れない」という信念についてですが，これは休職前の仕事ぶりや当時の彼女の考えをうかがったり，テストの結果を見たりするなかで，私のほうで仮説として考えたものです。本事例では直接扱ったのは自動思考だけですが，終結の頃に彼女からうかがったお話や，終結時のテスト結果を見て，結果的に信念やスキーマも変容したのではないかと判断しています。その辺の話し合いはざっくりとしかしていません。必要であれば信念やスキーマに焦点を当てて，さらにCBTを進めていくことも可能だという説明はしましたが，クライアントのほうが，「今，自分はそれほど困っていないし，今後も何とかやっていけそうなので，そこまでやる必要はない」と判断し，それを受けて終結にしました。もちろん今後そういった踏み込んだ検討が必要だと思うようになったら，その時点でCBTを再開できることも伝えてあります。

伊藤：補足します。この方の1回目のテスト結果のコアビリーフ（中核信念）のところを見ると，信念の内容まではテスト結果からはわかりませんが，2点を除いてすべてニュートラルな結果が出ているんですね。すなわちもともと

それほどネガティブな信念の持ち主ではなく，スキーマレベルでの問題はないだろう，という仮説がまずここで立てられると思います。そしてネガティブな結果が出ている2点とは，1つは「現在の充実感」，もう1つは「甘えの断念」という尺度で，「甘えの断念」の程度が非常に高いという結果です。現在の充実感が低いのは，うつによるものだと思われます。そして「人に頼れない」という信念があったとしたら，「甘えの断念」の程度が高いという結果に関連していると考えられます。「甘えの断念」が高いとは，まさに「人には頼れない」「自分は1人で生きていくしかない」という信念を表しているからです。しかも終結時には，「甘えの断念」の程度が中程度に変化しています。「甘えの断念」が中程度というのは，「ほどほどに人に頼っていいのだ」「1人で頑張るときは頑張るけれども，必要なときには人に頼ればいい」といった考え方を表しています。このような変化が見られるということは，「人に頼れない」という信念がCBTを通じて改善された，という見方をしてもよいのではないかと思います。

発表5：「CBTのさまざまな技法を実際にはこういうふうに使うのか」ということがよくわかった，という感想がありました。質問は，ホームワークで行動実験を提案するときに，たとえばロールプレイをするとか，カウンセラーがモデルを示すとか，何かさらに具体的なことをしたのでしょうか，ということです。それともいきなり行動実験ということであるのでしょうか？もしそうだとしたら，クライアントにとってはかなり厳しい場合もあるのではないか，という意見もありました。

腰：本事例の場合，ホームワークで行動実験を提案したときには，ロールプレイまではしませんでしたが，いつ，どこで，誰に，何を，どのように話すか，一緒に具体的に決めました。その際，「この課題はどれぐらいできそうか」という達成可能性もパーセントで評価してもらって，現実的に実行できそうな課題を設定しました。

発表6：まず感想です。傾聴中心のカウンセリングの場合，エンドレスになってしまう場合も多いかと思いますが，それに対しCBTでは目標を決めて，終結

まで進めていくという流れがあるのが特徴的で，非常にいいなあと思いました。また，それぞれの段階でツールを使って外在化しているので，今後いろいろと困難が生じたとしても，クライアントはその都度ツールを見返すことができます。このようにツールが手元に残るということが，クライアントにとってとても役に立つのではないか，という意見もありました。質問ですが，この方の場合かなり劇的に改善したような印象を受けました。それはこのクライアントの能力の高さが大きかったのではないかと思いますが，この人は，心理学的，医学的な興味というか素養がある方だったんでしょうか？

伊藤：心理学的，医学的な素養がこの方の場合どうだったかはわかりませんが，CBT の場合，あまり個々のクライアントの能力や素養の高い低いを前提に考えることはしません。能力が高いから CBT が役に立つとか，素養が低いから CBT は適用できない，ということではなく，その方の能力や素養に合わせて CBT を適用すればいい，と考えます。本事例のクライアントは，能力や素養はともかく，おそらく非常に素直な性格の持ち主なのだと思います。素直だから，仕事をどんと与えられれば素直にそれを受け止めて頑張ってしまうし，具合が悪くなれば，それこそ素直にうつ病になってしまう。ですから CBT をやれば素直にこちらからの提案を受け止め，素直に取り組んでくれる。素直に取り組んでいくうちに，セルフマネジメントの力がついた，という流れがあったのではないかと思います。

5-8 話題提供を行っての感想と今後の展望

認知行動療法というと，とにかく認知再構成法などの技法だけが注目されることが多く，クライアントとの実際の面接場面でも，いきなり認知再構成法の導入を求められることがありますし，「認知行動療法＝認知再構成法」と思い込んでいる臨床家もときどき見受けられます。今回は比較的シンプルではありますが，それでも紆余曲折しながら何とか進めていった事例について，そのプロセスを紹介しました。認知再構成法だけが認知行動療法ではない，ということ

を共有していただけたのではないかと思います。

　CBT を日々実践するなかで私が実感しているのは，ケースフォーミュレーションがしっかりできていないと，どんなに技法を駆使しても，クライアントの問題は解決されることなく残ってしまうということです。またその場合，クライアントの CBT に対するモチベーションも下がりがちになります。CBT がどうもうまく進行していないと思ったとき，「全体像のアセスメント」や「問題の同定」，「目標設定」に立ち返ると，目の前にいるクライアントの現状が十分に反映されていなかった，ということに気づくことがしばしばあります。これは，最初のアセスメントが十分でなかったという場合もありますし，セッションを重ねるうちにクライアントを取り巻く状況やクライアント自身の状態に変化が生じ，設定された目標との間にズレが生じてきているということもあります。

　参加者の方々の発言を通じて，事例のなかで何を問題とするか，どこに焦点を当てるかというのは，臨床家によって実に様々であるということがわかりました。CBT の場合重要なのは，臨床家の見立てをクライアントに伝えるのと同時に，クライアントが扱いたい問題は何か，それをクライアントに教えてもらって，双方の意見のすり合わせを活発なコミュニケーションを通じて実施することであると，ワークショップを通じて改めて実感しました。

　事例の紹介の仕方については，反省すべき点が多かったと思います。今回の発表では CBT の特徴である外在化や構造化のほうばかりに私の目が向いてしまい，それ以外の要素を十分に提示することができませんでした。クライアントの雰囲気や表情，クライアントと私の具体的なやりとりの内容なども，もっとご紹介すればよかったと思います。

　今回発表したのは，ケースフォーミュレーションが比較的実施しやすく，面接回数が少なめの事例でした。しかし実際の臨床場面では，経過が長かったり，すでに問題がかなりこじれてしまっている事例も少なくありません。今後はそのような複雑な事例に対して，どのように CBT を適用していくのか，そのプロセスや介入の仕方について紹介する機会があればよいと思っております。

〈参考文献〉

平木典子：アサーション・トレーニング ―さわやかな〈自己表現〉のために．日本・精神技術研究所，金子書房，1993．
堀洋道監修：心理測定尺度集．サイエンス社，2001．
伊藤絵美：認知療法・認知行動療法 面接の実際．星和書店，2006．

第6章

事例4：軽度発達障害の成人男性と共に継続的なアセスメントをして展開している事例

話題提供者：山本真規子

6-1　話題提供者の自己紹介

　事例4を担当する山本真規子と申します。私の心理臨床に関する経歴を簡単に紹介いたします。

　教育学部系大学院で心理学を専攻し，1995年に修了しました。その後，専門学校の非常勤講師，及び，学生相談を本務とし，研究機関勤務，社内EAP勤務，精神科クリニックのカウンセリングルーム，デイケア，東京都のスクールカウンセラーの勤務経験があります。2003年4月に臨床心理士資格を取得しました。2002年のEAP勤務時から，認知行動療法（以下，CBT）の教育を受け始め，2004年にCBTの専門相談機関である洗足ストレスコーピング・サポートオフィス（以下，SSC）に勤務を開始しております。個人療法を担当する専門スタッフとして勤務し，CBTの指導，継続的なスーパービジョンをここから受け始めました。現在はSSCと専門学校学生相談室運営，高等学校と中学校のスクールカウンセラー，精神科併設のカウンセリングルームに勤務しております。

6-2　初回セッションまでの手続き

　これは，継続中の事例です。本事例は，今回発表する全33回のセッションで

ずっとアセスメントをやっている事例です。そのアセスメントがどのように進んでいるのかを是非ご覧いただきたいと考えています。

以下に初回セッションまでの手続きを紹介します。

6-2-1 クライアントの属性
34歳の男性，無職です。経済的には両親から援助をしてもらっています。

6-2-2 来談までの経緯
来談経緯は，お姉さんが認知行動療法の専門家にSSCを紹介され，お母さんが予約を取りました。X年5月にSSCでのカウンセリングを開始しています。

6-2-3 インテーク情報（X年5月下旬実施）
以下に，インテーク面接で聴取された情報を紹介します。インテーカーは所長である伊藤です。当日は，母親と2人で来室し，母親も同席しました。また，担当セラピストすなわち私も陪席しています（たまたま空き時間だったため）。

医療機関，他の相談機関への通院通所
- X年4月にZ病院精神科を受診し心理テストを受けている。受診は1回のみ。診断名は，「特定不能の広汎性発達障害」。当機関にはZ病院からの紹介によって来談。

現在の生活状況
- 家族・家庭：本人（34歳）と父親（60代，電気工事会社経営），母親（60代，主婦）の3人暮らし。父親は仕事で不在がちで，日中は母親と2人で過ごす。都内在住。
- 職業：X年2月まで宅配配送所の仕分け員をしていたが，現在は無職。
- 健康状態：概ね良好。以前は，寝つきの悪さ，便秘などの既往があったが，今は問題ない。
- ライフスタイル・生活習慣：就寝，起床，3食はリズムが整っている。配達員をしていたときは，ゲームセンターでゲームをすることもあったが，現在はほとんど外出しない。運動の習慣はない。

生活歴・家族歴
- 児童期まで：東京で出生，生育。両親と2人の姉，弟の6人家族。自分には親子関係の中で傷がある，と言う。本人によれば，静かな子どもだった，とのこと。母親によると，慎重な子どもだったとのこと。
- その後：中学，高校と順調に進学し，事務系専門学校卒業後，大手電機メーカーに入社するが，1年半で退職している。数年後，スーパーに2年間勤務した後，宅配の仕分け員を5年間続けた。
- 特記事項：姉2人は結婚して遠方に暮らし，弟は都内で自活している。
- 既往歴・治療歴：上記，診断を受けた医療機関受診以外なし。

主訴・およびその経過と現況
- 主訴：過去の傷 ※自発的な来談ではなかったため，自ら【過去の傷】という問題を訴えたのではなく，インテーカーが〈もしこちらに通うことになったら，何についてここで一緒にやっていきたい？〉という質問に対して，強いて言えば，という感じで，この【過去の傷】が主訴として挙げられた。
- 主訴の発生時期と経過：小学高学年の頃から，周りとうまくいかない感じがあった。人といるととても疲れてしまっていた。全てについて自信を喪失している。コミュニケーションが下手。仕事では無理をしてしまう。すぐにパニックになるし，イライラしていることが多く，落ち着きがない。
- これまで，および現在の対処法とその効果：家族に言われて仕事もしたが，ちゃんとやれた気がしない。自信がもてない。
- 主訴に関するソーシャルサポートの経過と現況：母親と，食事の折に少し話す程度。父親は多忙で，ほとんど家で顔を合わせない。
- 主訴に対する要望と見通し：「普通に何かをして生活したい。(CBTについては)できるかどうかわからない。過去のことばかり考えてしまう。CBTをやってみてもいいかなと思う」。以上から，まずは，主訴として挙げられた【過去の傷】を整理することをやってみる，ということが当面の目標となった。(インテーカーが質問を重ねて，この結論に到達する)

インテーカーの所見
- 家族に連れられてきている感じで，CBTに対しては積極的ではないが，嫌でもない様子。
- 精神科医によって「特定不能の広汎性発達障害」と診断されている通り，認知機能，コミュニケーションに一定の問題（スキル不足の可能性あり）があることがうかがわれるも，内省，意思の疎通も不可能ではなく，現状を変えたいというモチベーションも持っており，アセスメントによってCBT導入の可能性はあると思われる。

- アセスメントに時間をかける必要があると思われるが，それをツールを使って可視的なものにしていく必要がある。
- オーソドックスな CBT というより，アセスメントを通じて本人の助けになる形で目標設定し，技法を選択していくこと，CBT の進行を本人にわかりやすく伝えていくことが，必要であると思われる。

6-2-4 心理テスト※の結果

インテーク時点での心理テストの結果を紹介します。

ストレッサーとストレスレベル
　「仕事をすることについて」，「自分自身について」，「過去のこと」がストレッサーとして挙げられ，全てのストレスレベルが高い。
ストレス反応
・GHQ28　総合 20 点台半ば（重症）—不安と不眠（重症），うつ傾向（重症）
・BDI-Ⅱ　40 点台前半（重症）
・気分調査　（重症）
コーピング
・コーピングスタイル　全体に中程度以上で，いろいろなコーピングスタイルを持っている。
・反すう　いやな内容の思考を反すうすることが多い。一度反すうが起きると，かなりの努力をしなければそのコントロールが難しい。
コアビリーフ
　自己・時間的展望・他者ともに否定的。
ソーシャルサポート
　全体的に不足

※ 28 頁を参照ください。

6-3 面接の経過

6-3-1 開始時のプラン
事例開始前に私の立てたプランは以下のとおりです。

> ● どの程度のコミュニケーションが適切なのかを知りたい。
> ・適切なコミュニケーションの量や質を探っていこう。
> ・書くことを積極的に取り入れて，混乱を少なくしよう。
> ●【過去の傷】とはどのようなものなのだろう。
> ・【過去の傷】について，クライアントの理解はどのようになっているのだろう。
> ● まずは，【過去の傷】について，ヒアリングをしていこう。

今回の事例は，ほぼ1回のセッションについて1回のミニスーパービジョンを受けるというかたちで進んでいます。事例開始時点でのセラピストのプランも，ミニスーパービジョンを受けて立てたものです。ミニスーパービジョンについては事例報告のなかで適宜，お伝えします。

6-3-2 面接の全体構造
2週間に1回のペースで，現在も継続中です。X年6月からX+1年9月まで，33回目というところまでを今回は発表します。33回の面接1つ1つを提示していくととても煩雑になりますし，全体の流れが見にくくなりますので，全体を3つのパートに分けて整理して紹介します。

6-3-3 【過去の傷】の把握と面接におけるコミュニケーション法の探索
（初回セッション～第12セッション：X年6月～12月）

初回セッションでは心理テストの結果をフィードバックしました。クライアントは，心理テストそのものに対する感想として，「何回も質問を読まないと理解できない」ということを訴えました。おそらく認知機能に何らかの問題があるためだと思われます。テスト結果は，心理学的ストレスモデルについて説明

しながらフィードバックしていきました。クライアントは淡々と説明を聞きながらも，こまめにこちらが感想を求めると，言葉数は少ないのですが，きちんと感想を話してくれました。ですから，決して説明がわかっていないという様子ではありませんでした。

6-3-3-1 【過去の傷】の項目出し

まず私たちはクライアントの言う【過去の傷】を一緒に理解していくために，【過去の傷】の項目を出していくことにしました。その際，クライアントから自発的に，「この（項目出しの）作業は，1回のセッションでは終わらないと思う」との発言がありました。「1回でないとしたら，何回になりそうですか？」と私が訊くと，クライアントは指を折って数え出しました。ということは，「頭の中で項目を出す作業ができているのだな」と私のほうで判断し，「では次回までのホームワークとして，思いついた項目を書いてきてください」とお願いしました。本人も「全部を出すのは難しいかもしれないが，思いついたものなら」と言って同意してくれました。このように「項目を書き出す」というやり方はすんなりとクライアントに受け入れられることがわかりましたが，実際，このホームワークの課題はその後延々と続けられることになってしまいました。「（項目を）書いても書いてもまだある」ということで，終えられなくなってしまったのです。

たとえばあるときクライアントは，以下のように項目を書き出してきました。

> 【過去の傷】の項目（例）
> ・親には厳しくばかりされて，いさかいばかりだった。
> ・父親は冷徹な人。
> ・母親は子どもを育てられない人。

こういう感じで，毎回毎回，次から次へといろいろな項目が提出されたのです。このような感じで，【過去の傷】の項目出しがまとまらないまま，流れていってしまっていました。

6−3−3−2　クライアントの【気になること】

　【過去の傷】の項目出しとは別に，クライアントは毎回【気になること】があると言って，その【気になること】をアジェンダとして提案し，話していきました。それはたとえば，「カウンセラーに母親面接をしてほしいけど，あまりしてほしくない気もする」ということであったり，「カウンセリングの後，ゲームセンターに寄ってしまってお金を浪費してしまう」ということであったり，「何度も電車の乗換えをしてカウンセリングに来るのが苦痛だ」ということであったり，そのときどきで様々な話題が出されました。それらの話を聞いているだけで，セッションのかなりの時間を使ってしまい，CBTの本線を進めていくことがなかなかできません。そこでセッションの時間がどのように使われていたか，1度きっちり記録を取ってみました。すると，アジェンダを設定し，クライアントが提案したアジェンダである【気になること】をいくつか聞いているうちに時間が経ってしまい，CBTの本線である【過去の傷】の項目出しについては10分程度しか時間を使っていないことが明らかになりました。これではCBTが進まないと，私のほうでも次第にソワソワした気持ちになってきてしまいました。ミニスーパービジョンでそのことを相談すると，「やはりCBT本来のプロセスに戻す必要があるだろう」との話でした。そこで次のセッションで，本線に戻すための話し合いをすることにしました。

　具体的には，ここでのCBTでまずやることは，【過去の傷】の把握であり，そのために今，【過去の傷】の項目を出しているのだ，という現状についてクライアントに伝えました。そのうえで，今，項目をただ出しているだけでその先に進んでいないということも伝えました。さらにこれらの話をクライアントの目の前で次のように書いてみせました。そして【気になること】の話は，このようなCBTの本線とは別の話であることを伝えました。

　ここまで話して私の伝えたいことがやっとクライアントに伝わったようで，「ここで何をするかということと，自分がここで何を話したいかということが，ごちゃごちゃになっていた」とのコメントがありました。そこで本線の【過去の傷】の項目出しにもっと時間を使いましょうということが合意されました。

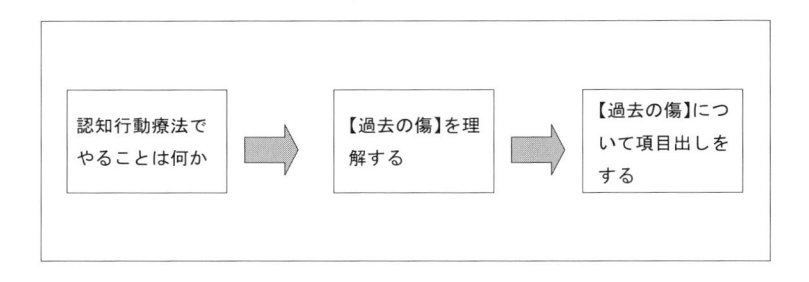

```
┌─────────────────────────────────────────────────────────────┐
│  ┌──────────┐      ┌──────────┐      ┌──────────┐           │
│  │認知行動療法で│  ⇒  │【過去の傷】を理│  ⇒  │【過去の傷】につ│           │
│  │やることは何か│     │解する    │     │いて項目出しを│           │
│  │          │     │          │     │する      │           │
│  └──────────┘      └──────────┘      └──────────┘           │
└─────────────────────────────────────────────────────────────┘
```

図 6-1　CBT の本線を示すための説明図

ただし話したいことがあればそれをセッションで聞くことも可能なので，何か話したいことがある場合は時間制限を設けたうえ話してもらいましょう，ということになりました。結局その後いくらか試行錯誤した結果，【気になること】についてクライアントが話したい場合は，10 分間という時間制限のなかで話してもらう，ということでまとまっていきました。はじめは【気になること】を好きなように話してもらうと 10 分を大きく超えてしまうことも多くあり，その場合は実際に時計を確認して，何分超えたのか，ということについても一緒に共有するようにしました。そのうちに 10 分以内で【気になること】を話し終えることができるようになりました。

　そのような感じで【過去の傷】の項目出しに時間を使えるようになったのですが，実際に項目を出してもらうと，それは過去のことではなく現在のこと（例：今朝，姉からかかってきた電話のこと）だったりするなど，テーマから外れた項目が出てくることが度々ありました。ただし私がそれを指摘すると，「ああ，そうですね」とクライアントも納得します。これはカウンセラーである私のほうが，コミュニケーションを相当リードしてマネジメントしていかなければならないのだ，ということです。それが私のほうでもやっとわかってきました。

第 6 章　事例 4：軽度発達障害の成人男性と共に継続的なアセスメントをして展開している事例　195

●6-3-3-3　【過去の傷】の項目出しの終了
　このように軌道修正をしてようやく CBT の本線に戻すことができたのですが，前にも申し上げたように，【過去の傷】の項目が延々と出され続ける，ということが続き，終わらなくなってしまいました。クライアントの言い分は，「次から次へといろいろと思い出されるので，項目出しを終わらせたくない」というものでした。そのくらい過去のさまざまなことにクライアントがこだわっている，ということなのだと私は理解しましたが，項目出しだけをずっと続けていくわけにもいきません。クライアントがたくさん出してくれた項目をまとめてみると，どうやら「自分」「両親」「人間社会」という 3 つのカテゴリーにまとめられそうに思われました。そこであるとき私から，クライアントの目の前に「自分」「両親」「人間関係」という 3 つを書き出し，「あなたがこれまで出してくれた項目は，この 3 つにまとめられそうな気がするのだけれども」と申し上げたところ，クライアントはわりとあっさりとした様子で「そうかもしません」と言いました。そこで私は彼に，「この 3 つをこのようにきちんと書いておきましょう。そしてあなたにとって項目出しはまだまだ終わっていないけれども，終わっていないということを私たちできちんと覚えておきましょう。だから今後新たな項目が出てきても，この 3 つのどれかに分類できるということを私たちがわかっていればいいのです。そうすれば，ここでいったん項目出しを保留にして，次に進めていくことができそうに思うのだけれど，どうですか？」と提案しました。彼もやっと納得したように「わかりました」と言ってくれました。これでやっと項目出しを一応終えることができたのです。

●6-3-3-4　【過去の傷】の各項目の分類
　「自分」「両親」「人間社会」という 3 つのカテゴリーが共有されたので，私たちはこれまでにクライアントが出してくれた数々の項目が，それぞれどのカテゴリーに分類されるか，話し合うことにしました。つまり項目をグループ化していったのです。これは，やってみるとクライアントにとっては容易な作業であったようで，クライアントが自分自身で各項目を，「自分」「両親」「人間社会」

```
┌─────────────────────────────┐
│          三角形              │
│     ┌─────────┐             │
│     │  自分   │             │
│     └─────────┘             │
│       パニック              │
│  ┌──────┐       ┌────────┐  │
│  │ 両親 │───────│人間社会│  │
│  └──────┘       └────────┘  │
└─────────────────────────────┘
```

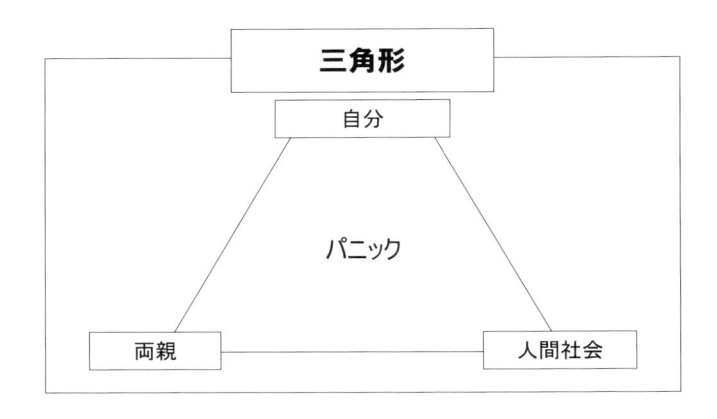

図 6-2　三角図

のどれかに分類することができました。その際，分類がしやすいように，この3項目を上のような三角図を描いて彼に示しました。三角形の中にある「パニック」とは，彼が【過去の傷】について考えると，どうしてもパニックに陥ってしまう，ということを表しています。その後，各項目の分類は，この三角図を見ながら行っていきました。

　この分類作業は3回分のセッションを使って実施しましたが，その最中に彼が突然，「確かに自分の過去の傷はすべて，この三角形にまとめられている！」と言い出したことがありました。分類作業を続けながらも，彼の中には次から次へと思い出される【過去の傷】があったようなのですが，どうやらその全てがこの三角図のどれか（「自分」「両親」「人間社会」）に分類できそうだということを悟ったらしいのです。そこで「これからも【過去の傷】がいろいろと思い出されるかもしれないけれど，この三角図のどれかに当てはまるということがわかっていれば，今その全てを思い出さなくても，先に進むことができますか？」と尋ねると，「できると思う」という回答が返ってきました。そこでこれまでに出された項目をすべて整理できた時点で，「ここでいったん分類作業を

第6章 事例4：軽度発達障害の成人男性と共に継続的なアセスメントをして展開している事例　197

終えてもよい」ということが合意されました。

　またこのときクライアントはこの三角図を眺めながら，「これは過去のことだけではない。今も自分がパニックになるのはすべて，この三角図に関係している」と言い出しました。つまりこの三角形は【過去の傷】を表すものでもあり，今現在のクライアントの問題を表すものでもあるというのです。「ああなるほど。これは今のあなたの問題でもあるわけですね」ということがここで共有されました。この三角図が過去そして現在のクライアントの問題を象徴していることが互いに共有されたというのは，とても大きなことだったと思います。

6-3-3-5　話の文章が長くなり，焦点がぼけてくることへの対処

　CBTの本線におけるアセスメントのための話し合いを，このように何とか進めてはいたのですが，1つ私のほうで困っていたことがありました。それはクライアントの話す1つ1つの文章が長くなり，話の焦点がぼけてしまう，ということでした。話をする彼のほうも，それを聞く私のほうも，話の最中では何となくわかったつもりになるのですが，1つの文章が終わった時点でまとめてみようとすると，「あれ，何の話だったっけ？」という感じでよくわからなくなってしまい，また最初から話してもらう，といったことが頻発していたのです。その結果1分で済む話が5分とか10分とかかかってしまい進みが遅くなる，という問題が起きていたのです。そこであるとき私からクライアントに，「1つの文章でいろいろと話そうとすると，結果的に話が長くなり，何の話をしていたかずれてしまったりわからなくなったりすることがありますよね」と言ってみました。すると彼は，「自分でも自分の話し方にそういう特徴があると思っていた」と言いました。彼は自分のそのような特徴をすでに自覚していたようなのです。そこで，「では，そのようなことが起きないよう，お互いに短い文章で話すことにしませんか。主語と述語で終わるような短い文章をお互いに心がけましょう」と提案したところ，クライアントもそれに同意してくれたので，"短い文章で話す"ということがその後の私たちのルールになりました。

6-3-3-6 この時期のホームワークについて

　ホームワークについても試行錯誤しましたが，セッションである結論が出たときに，〈それについて確認してきてください〉と依頼したところ，そのような"確認"という課題は彼が上手にやれることがわかってきました。また，〈何か気づいたことがあれば メモしてきてください〉というホームワークも，彼にとってやりやすい課題であることがわかりました。つまり，"○○について考えてくる"といったオープンな課題ではなく，"確認"や"メモ書き"といった焦点を絞った課題をホームワークにすればよい，ということが明らかになったのです。ときには"確認"や"メモ書き"によって，クライアント自身の内省が深まるようなこともあり，この2つの課題はホームワークとしてとても重宝しました。

6-3-3-7 この時期のカウンセリングに対するフィードバック

　セッションが終わるときには必ずクライアントからフィードバックをしてもらうのですが，この時期のフィードバックとしては，「自分について理解できた」「よくわからなかったことが整理できた」「理解できたり整理できたりしたことで自分が楽になった」というものが多かったです。

6-3-3-8 ワークショップ参加者との質疑応答

質問 1：「特定不能の広汎性発達障害」の診断がついているということですが，このクライアントの対人関係についての情報が，ここまであまり出てきていないように思われます。成育史において何か詳しい情報があるのであれば，教えてください。また認知機能の障害が疑われていたといったお話があったかと思いますが，この方に対して認知機能に関する何らかのアセスメントは行われたのでしょうか？

山本：成育史における対人関係については詳しくうかがっておりません。それだけで相当の時間が取られるというのが1つの理由です。また，主訴が固まってきて，今扱っている問題を理解するために聞いたほうがよいということで

あれば，そのときにうかがえばいいかな，とも思っておりました。ただしインテーク面接の情報をもとに大雑把に対人関係について話を聞いたことはあります。特に宅配の仕分けの仕事を5年間なさっていたということで，そのときの職場の対人関係については話を聞かせてもらいました。仕事でわからないことがあれば先輩などに質問することもできていたということで，おおむねうまくやっていたようです。対人関係についてはそれほど悪くないのではないか，というのが私のほうの仮判定です。

　認知機能についてですが，そのための検査をしたりはしておりません。私にそのような検査をするための技術がないというのが1つと，特に検査をしなくてもアセスメントのための対話を続けていくなかで，たとえば「話が長くなるにつれて，焦点がぼやけてくるんだな」とか「項目がちゃんと決まらないと，思考がズルズル続いてしまうんだな」といったことを1つ1つ把握できればよいと思っているというのもあります。

伊藤：補足させてください。対人関係についてはインテークで生活歴を聴く際に，おおよそ情報は集めています。基本的には対人関係そのものが不足している方なのだと思います。学校でもいじめられていたとかそういうことはなく，そもそも友だち関係が少なかったようで，そういう対人的な交流が少ないまま大人になってしまった方なのでしょう。今，山本さんが言ったように，それでも宅配の仕分けの仕事を5年間するとか，他にも仕事をした経験があり，つまり社会には出ているのです。その頃の話を聞いてみると，職場では年上の先輩などから面倒を見てもらいながら仕事はきちんとしていたようでした。そういう受身的な関係であればそれに適応できる，というそんな感じなのだと思います。

　認知機能，というか情報処理能力に関するテストについては，これは当機関の問題点だと思います。発達障害や知的障害ということを視野に入れずに標準的なテストバッテリーを組んでしまったのです。しかし実際には発達障害圏の方がそれなりに来談されるので，何とかしなければならないと考えているところです。ただし検査をしなければ立ち行かないということはなく，

山本さんがお話したように，セッションでのやりとりを通じてさまざまなことが見えてくると思いますし，セッションでのコミュニケーションのあり方を1つのデータとして仮説を立てたり対策を立てたりして，それを次のセッションのやりとりに生かしていくような，そういう工夫をすることがまず大事なのではないかと思います。実際このクライアントとの間で，山本さんはそのような工夫をずっと続けていました。

質問2：この方は親子関係などにおいて何か現実的な悩みを抱えていたのでしょうか？ 三角図に「両親」というのが出てきていますが，漠然としていてよくわからない気がします。さらに「人間社会」という言葉が三角図にありますが，抽象的すぎてよくわかりません。これはどのような扱いになっていたのでしょうか？

山本：この時点ではよくわかっておりません。この段階で私たちがやっていた作業は，彼がこだわっている【過去の傷】を整理するということでした。まずはその作業を優先して進めていくことに専念することにしておりました。「人間社会」といった抽象的な言葉の意味ですが，それについてもこの時点ではあえて掘り下げることはしませんでした。クライアントがいろいろと出してくれた【過去の傷】の項目の中に，「人間社会」という言葉が付随するものが多くあり，とりあえずそれらを「人間社会」という名前をつけたカテゴリーにまとめてみた，という感じです。その理由もさきほどと同様に，今は【過去の傷】を整理するのが目的ですのでそちらを優先し，「人間社会」という抽象的な言葉の意味を明らかにするための話し合いは，あえて行いませんでした。

質問3：「特定不能の広汎性発達障害」という医師の診断を，カウンセラーの方はどう受け止めてカウンセリングを進めていっているのでしょうか？ このような診断がついている方に対してカウンセリングを行ってもいいのかどうか，そこに問題があるような気がするのですが，いかがでしょうか？

山本：「特定不能の広汎性発達障害」という診断については，何となく「なるほどな。特定不能なのだろうな。ではいったい何が問題なのだろう？ まだよ

くわからないけれど，やはりコミュニケーションがスルスルと進まない何かはあるな．それは何なのだろう？ それをアセスメントを進めていく中で見ていこう」というような心構えで進めておりました．

伊藤：補足です．当機関には，いろいろな医療機関から紹介された，いろいろな診断名のつく方がクライアントとしていらっしゃいますが，CBTを開始する際，あまり診断名にこだわらないほうがいいと私自身は考えております．たとえば，「うつ病」という診断名が記載された紹介状をもってこちらにいらっしゃる方は大勢いらっしゃいますが，一口に「うつ病」といいましても，実にさまざまな「うつ」があるわけで，それはアセスメントしてみなければよくわからないのです．その方の「うつ」がどういう「うつ」なのか，それをアセスメントを通じて明らかにしたうえで，では何ができそうかということを探っていくわけです．そのような進め方はうつ病だけでなく，発達障害であれ，統合失調症であれ，全く変わりありません．診断名によってカウンセリングやCBTが可能かどうか，ということではなく，どのようにカウンセリングを進めていけば，そしてどのようにCBTを適用すればその方の手助けになるのか，という問いを立てて，1つ1つのケースをマネジメントしていくのです．そういう意味では，当機関のような小さな民間機関で安全にマネジメントできるケースかどうか，ということでケースを受理するかどうかを判断する，ということのほうが重要だと思います．ちなみに「特定不能の広汎性発達障害」の方にCBTを適用してはならない，という話は今のところ特に聞いたことはありません．

6-3-3-9 グループ討議の発表①

発表1：自閉症スペクトラムの方には構造化されたアプローチが有効であるといわれていますが，今日実際にお話をうかがって，「それは確かに本当のことなんだなあ」という感想がありました．また，セラピストのタイムマネジメントが大変重要だという感想もありました．さらに，コミュニケーションがうまく取りづらい人への対応の仕方として大変勉強になった，という感想も出

ました。特に，主語と述語だけを使って話をするといった，クライアントに理解しやすい方法で対応を工夫していく点が大変勉強になりました。

　ところでグループディスカッションの最中に1つ疑問が出されました。それは「人間社会」という抽象的な言葉の意味をあえて掘り下げなかったということについてです。通常のCBTでは，クライアントの使う言葉がわからない場合，それに焦点を当て，セラピストが理解できるように教えてもらうという過程を通じて面接が深まっていく，といった進め方をするのではないかと思います。ところがこのケースではあえてそういうことをしなかったのはなぜか，という疑問が出たのです。ですがグループ内のある方が，発達障害の方の場合話がどんどん逸れてしまう傾向があり，ある言葉について説明を求めると，それがきっかけになってさらに話が逸れてしまうことがあるということを教えてくれたので，この疑問についてはすでに納得できたような気もしています。グループでのその後の話し合いで，「人間社会」という抽象的な言葉を今すぐ明確化する必要がなかったのであれば，特に掘り下げないというやり方で良かったのではないか，という結論に至りました。

発表2：コミュニケーションや認知機能に障害のある，こういうクライアントにCBTを実施するのは，正直いって大変そうだ，という意見が出ました。このようなクライアントがCBTの対象範囲に入るのだろうか，という疑問もありました。CBTは，ある程度知的レベルの高い人には有効だろうと思われるからです。質問としては，ここまで12回のセッションを行った時点で，カウンセラーの方は，ご自分がクライアントとコミュニケーションを取れていると思えていたのかどうか，その本音を聞きたい，というのが挙げられました。

発表3：このようなクライアントと関係を持とうとした勇気がすごいと思う，という感想がありました。自分なら多分引き受けないだろう，という意見も出ました。そもそもこの事例はお母さんの申込みによって開始されているわけで，そういうケースをどうしてここまでして引き受けているのかよくわからない，という疑問も出ました。そのあたりについてお話いただければと思い

ます。

発表4：アセスメントだけで33回も面接を続けているというのはどうなんだろう，という疑問が出る一方，アセスメントといいながらもそれ自体が治療的な関わりになっているのではないか，という意見も出されました。その意味で，これからお話いただく今後の展開にとても興味があります。質問としては，発達障害の認知機能の障害というときに使う"認知"とCBTで扱う"認知"には違いがあるような気がするのですが，その線引きをすることは可能なのだろうか，というものです。可能だとしたら，実際どのように線引きするのだろう，ということもおうかがいしたいです。

発表5：2点質問があります。1つめは他のグループからも質問があったとおり，成人してから「広汎性発達障害」という診断がついた人をCBTの適応と考えてよいのだろうか，ということです。そういう人にCBTを実施する場合，具体的にはどのような方法がありうるのでしょうか。2つめは，この方は継続してSSCに通われているわけですが，そのモチベーションはいったいどこにあるのでしょうか，ということです。母親に行けと言われているからなのか，それともご本人のなかに何かモチベーションがあるのか，そのあたりのことについて教えてください。

発表6：主に2つの感想が出されました。1つは，アセスメントの過程で三角図が作られたことで，非常にわかりやすくなったということです。もう1つは，広汎性発達障害のクライアントの場合，そもそも言葉を使ってカウンセリングを進めていくこと自体が難しいことなんだなあ，というものです。

伊藤：ありがとうございました。ケースそのものについて，まず山本さんにお答えいただきましょう。

山本：抽象的な言葉の意味をあえて掘り下げなかったのはどうしてか，というご質問ですが，おっしゃるとおり，CBTでは抽象的な言葉やあいまいな言葉を明確にわかりやすいものに置き換えて共有するのが通常です。しかしグループでもそういうお話が出たということですが，このクライアントの場合，抽象的な言葉を明確にしようとすると，そこからまた別の抽象的な言葉が出て

きて言葉が単にすりかわっていくだけのようなやりとりになってしまうのです。ですからこの時点では，たとえば「人間社会」という言葉がどういう意味か，ということはあえて掘り下げずに，しかしそれが彼のこだわる【過去の傷】を構成する重要な"タイトル"であるということは共有しておく，ということに留めました。

　12回のセッションで，私がこのクライアントとどの程度コミュニケーションを取れていたと思っていたか，というご質問ですが，私自身「うーん」という感じで，確信が持てないまま進めていたというのが本音です。しかし例の三角図を描いてみせたときに，彼がそれをよく見たうえで，私に向かってにこっと笑ってくれたのです。このとき「ああ，大丈夫そうかな」と思いました。そしてその後，「これは過去のことだけではない。今も自分がパニックになるのはすべて，この三角図に関係している」とおっしゃった彼の言葉に実感がこもっていて，このとき私のほうでは「こんなふうに彼とコミュニケーションができれば大丈夫だ」とはっきりと思えました。実際その後のコミュニケーションは割合スムーズにできているかと思います。他のグループのコメントにあったように，このクライアントの場合，口頭での言葉のやりとりだけではコミュニケーションが難しく，やはり図など目で見てわかるものがあるということが大事であるということなのだと思います。

　お母さんから勧められて来談しているというこのクライアントのモチベーションであったり，広汎性発達障害の診断がついているこのクライアントにCBTを適用することについてですが，彼自身，確かに困っていることがあり，母親に勧められるという形ではあってもやはり彼自身がここに来るということを選択しているのですね。そしてインテークの段階で【過去の傷】という彼がこだわっていることについてCBTを開始する，ということは合意されているのです。ですから他人に勧められたからとか広汎性発達障害だから，ということではなく，彼のこだわる【過去の傷】を整理するということであれば，それに対するモチベーションはありましたし，彼と一緒に取り組んでいくことができそうだと私のほうで考えました。

伊藤：私のほうからもリコメントいたします。まず CBT の適応についてですが，これは「認知行動療法とは何か」「何をもってしてそれを認知行動療法であるとみなすのか」という大きなテーマに関わることだと思います。確かに初期のベックの認知療法は，ある程度知的に高い人が適応であるといったことが言われていたと記憶しています。また初期のベックの認知療法は，うつ病が主な対象でした。しかしベックの認知療法自体，今ではかなり進化しています。しかも現在 CBT と呼ばれる治療体系は，ベックの認知療法から発展した認知療法・認知行動療法，行動療法から発展した認知行動療法，そして応用行動分析といったさまざまな認知行動アプローチを総称したものであり，非常に大きな治療パッケージなのです。このように CBT を大きくとらえると，本事例のような発達障害の方でも，十分に CBT の適応となるといえると思います。

　今の話にも関わりますが，「認知」という概念の扱いについて少しお話させてください。初期のベックが用いていた「認知」という概念は，わりとアバウトなものでした。「物事の受け止め方」といった機能をアバウトに「認知」という言葉で表していたのだと思います。しかしベック自身，かなり後になってからの論文で，CBT でいう「認知」と，実証的心理学，特に認知心理学で扱われている「認知」との整合性をもっと図らなければならない，と述べています。個人的なことで恐縮ですが，私自身はもともと認知心理学を学んでいたこともあり，ベックが主張しているような認知心理学と CBT の整合性を図る，ということを研究テーマにもしています。認知心理学はご存知のとおり，人間の情報処理能力とか情報処理機能を実証的に調べ，さらにそれをモデル化する学問ですが，認知心理学における認知に関わるモデルと CBT で使われる認知モデルとを今後もっと突き合わせて，検討していかなければならないと考えております。それができれば，発達障害に関して使われる「認知」と CBT で使われる「認知」を線引きする必要がなくなるのではないかと思います。

　また，抽象的な言葉を掘り下げなかったのはなぜか，というご質問につい

てです。発達障害というか自閉症スペクトラムの方の中には，抽象的な言葉を好んで使う方がいらっしゃいます。その場合，私たちが抽象的な言葉をあえて使う場合とは，使い方がちょっと違うんですね。私たちが抽象的な言葉を用いるときは，その言葉がどのような具体的な事象を意味しているのか，そのことを意識しながら用いると思うのですが，自閉症スペクトラムの方は，単にその言葉の響きが好きだったり，抽象的な言葉そのものを好んでいたりするからある抽象的な言葉を使う，ということが結構あるように思います。この場合，抽象的な言葉が出てきたからそれを具体化するということをしても，不毛なコミュニケーションになることも多いのです。またそのような抽象的でよくわからない言葉にあまりにもセラピストが反応してしまうと，その反応自体が正の強化として随伴してしまい，抽象的な言葉が頻発されることを招きかねません。ですから山本さんも，その言葉の位置づけさえ共有できていればよしとしてそれ以上追求しない，という戦略を取ったのだと思います。

　ですからこのようなクライアントとは言葉を使ったコミュニケーションが難しい，というコメントがありましたが，言葉の使い方にもいろいろあるわけで，言葉によるコミュニケーションが難しいか難しくないかということではなく，どのような言葉であればコミュニケーションしやすいか，どのような補助ツールを使えばコミュニケーションしやすくなるか，といった問いを立てればよいのだと思います。このクライアントの場合，口頭レベルで，長い文章や抽象的な言葉を使ったコミュニケーションを行うのは確かに難しいのかもしれません。しかし山本さんが実践したように，たとえば文章を短くするとか，外在化して目に見える形で言葉を使うとか，図を使うとか，そういう工夫をすることが重要なのではないかと思います。ただしそれは自閉症スペクトラムに限ったことではなく，短い文章でわかりやすくやりとりする，外在化や図を用いることで聴覚だけでなく視覚的にもわかりやすい形でコミュニケーションするというのは，すべてのクライアントに対して役に立つ工夫だとは思います。

また広汎性発達障害という診断のつく方がCBTの適応かどうかというご質問ですが，さきほども述べたとおり，ある診断がつくからCBTを適用できるとかできないとかいうような問いの立て方はしません。確かに診断は重要です。ですから診断は何か，その人の困り事は何か，その人は我々に，そしてCBTに何を求めているのか，その人は現在どのような状態か，そういったことを総合的に判断して，さらにそのクライアントにどのようにCBTを適用していけば良いだろうか，どのような適用の仕方をすれば安全に，かつ役に立つ形でCBTを進めていけるだろうか，という問いを立てることが重要だと思います。しかもこのクライアントは，心理テストと診断を行ったZ病院の精神科医からの紹介によって来談されています。その精神科医はCBTにも非常に精通している方です。ですからこのクライアント自身がインテーク面接時に「CBTを始めてもいい」と同意したうえで，当機関にてCBTを実施すること自体には，問題はないと判断しました。

6-3-4　CBTの基本モデルに沿ったアセスメントの開始と両親面接（第13〜24セッション：X年12月下旬〜X+1年6月）

● 6-3-4-1　CBTの基本モデルによるアセスメント

　さきほど紹介した三角図（図6-2）について，「これは過去のことだけではない。今も自分がパニックになるのはすべて，この三角図に関係している」とクライアントが実感し，納得できたことで，【過去の傷】から離れて，今現在彼が抱えている問題は何か，ということについて話し合うことができるようになりました。まず私が「この三角形について，今，あなたは何に困っているのですか？」と質問したところ，彼はわりあいスラスラと3つの問題を挙げてくれました。それは，①三角形の真ん中に書かれた「パニック」，②「将来のお金の心配」，③「毎日やることがない」，の3点です。この3点と三角図との関連性はともかく，今クライアントが困っていること，すなわち"主訴"はこの3点であるということがここで共有されました。そこで今後はこの3点についてアセ

スメントを行うことにし，まずどれを扱いたいかと彼に尋ねると，①の「パニック」ということでしたので，これについてCBTの基本モデルに沿ったアセスメントを実施していくことになりました。

　そこでホームワークとして「パニック」に該当する具体的な出来事を用意してくるよう依頼したところ，クライアントは，日常生活において自分がパニックに陥ったエピソードを持ってきてくれました。それを11回分のセッションを使ってアセスメントシートに一緒にまとめていきました。それが図6-3です。

　エピソードについて簡単に解説します。ある日，彼は就寝前に父親と一緒にあるテレビドラマを観ていました。そのとき父親が彼のことを，正確にいうと彼の首や，彼がパジャマ代わりに着ているシャツのことを父親が見たと彼は感じたのだそうです。そして「お父さんは，自分のシャツのことを指摘しているんだな」と思ったのだそうです。これはどういうことかというと，彼は洗剤の匂いが苦手で，したがって洗い立てのシャツを着て寝るのが嫌で，シャツをめったに取り替えないのだそうです。なのでいつも寝るときに着るシャツはかなり汚れており，しかもヨレヨレなのだそうです。それをこれまでさんざん家族からうるさく注意されてきたという経緯があります。そこでこの日も彼は父親が自分のシャツを見て，心のなかでシャツのことをとがめていると思い込み，「シャツを注意したでしょ」と父親を問い詰めます。父親は口に出してシャツのことを注意したわけではないので，「違う」と否定するのですが，彼に執拗に問い詰められた結果，実際に「シャツを着替えろ」といったことを彼に言ってしまいます。そこで次に彼は，自分が洗剤の匂いが苦手なことに対して父親がそれを「許容できない」と思っているに違いないと考え，今度はそのことで父親を問い詰めます。問い詰められた父親はそれを「そうだ」と認めたので，彼は怒ってその場にあったものを床や壁に投げつけたり，壁を蹴っ飛ばしたりするなどして暴れ，それを見た父親は2階に上がってしまいます。彼は，2階に行ってしまった父親に対し「逃亡した」と考え，イライラしますが，それ以上暴れることはなく，その後はむしろ自分のやったことについて「何やってんだろう」「自分が腹立たしい」と考え，暗澹たる気持ちになり，散らかった物を片付ける

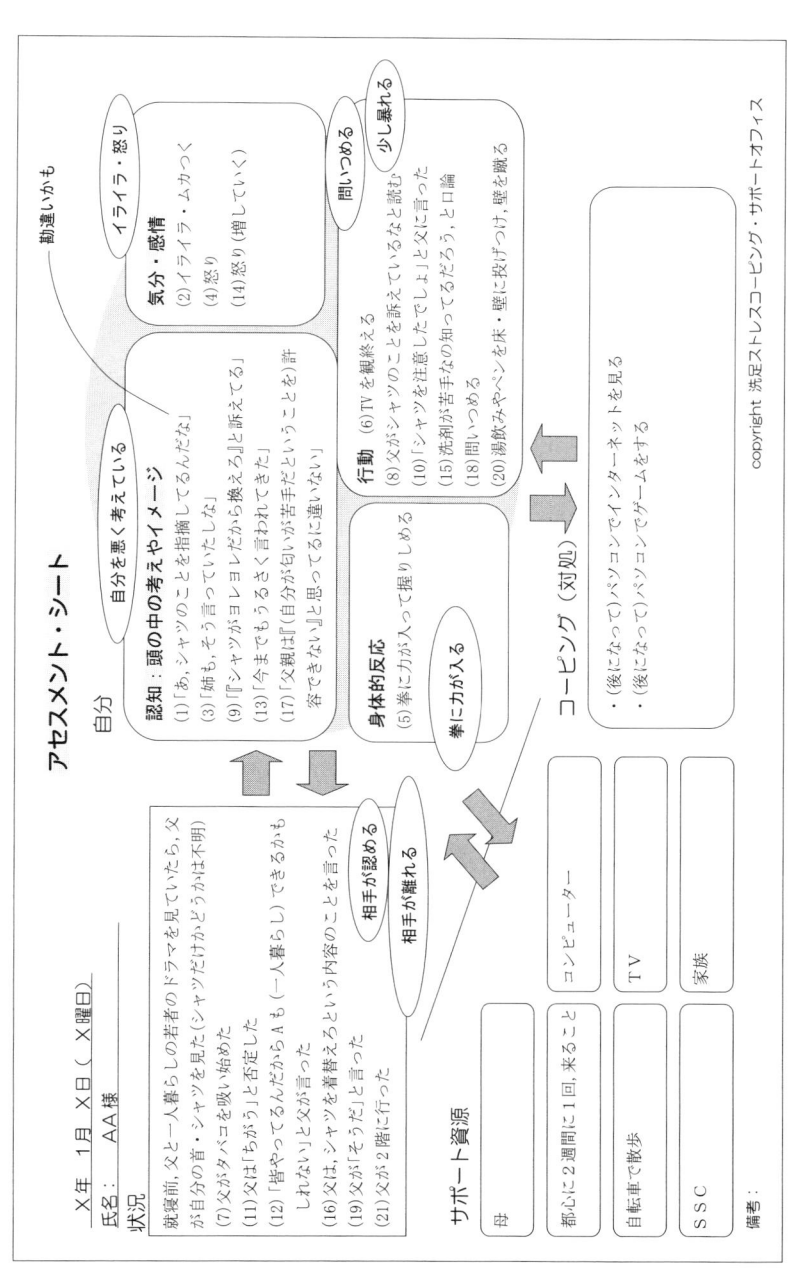

図6-3 「パニック」のアセスメント 第1クール

210

アセスメント・シート

X年 3月 X日（ X曜日 ）
氏名： AA様

状況
ストレスを感じる出来事や変化
（自分，他者，状況）

問いつめた後，父が2階へ行った

（相手離れる）

認知：頭の中の考えやイメージ
(2)「逃ピした」
(7)「(自分がやったことについて)何やってんだろう」
「自分が腹立たしい」
「悪いことをした」

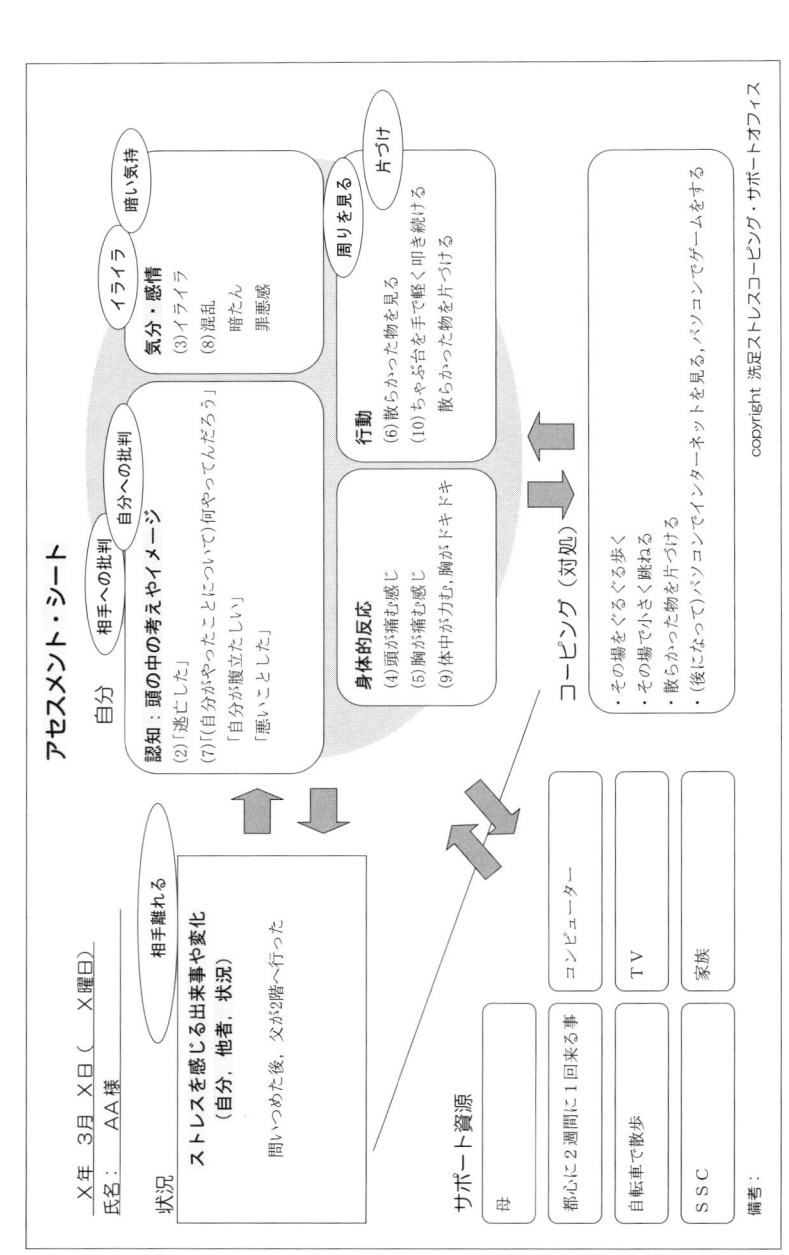

（自分／相手への批判／自分への批判）

気分・感情
(3) イライラ
(8) 混乱
暗たん
罪悪感

（イライラ／暗い気持）

身体的反応
(4) 頭が痛む感じ
(5) 胸が痛む感じ
(9) 体中が力む，胸がドキドキ

行動
(6) 散らかった物を見る
(10) ちゃぶ台を手で軽く叩き続ける
散らかった物を片づける

（周りを見る／片づけ）

コーピング（対処）
・その場をぐるぐる歩く
・その場で小さく跳ねる
・散らかった物を片づける
・(後になって)パソコンでインターネットを見る，パソコンでゲームをする

サポート資源
母
都心に2週間に1回来る事　コンピューター
自転車で散歩　TV
SSC　家族

備考：

copyright 洗足ストレスコーピング・サポートオフィス

図6-4 「パニック」のアセスメント 第1クール（つづき）

という行動を取ります。以上が2枚のアセスメントシートにまとめられた「パニック」のエピソードです。

　ところで図6-3のアセスメントシートは，すんなりと順調にでき上がったわけではありません。これを作り上げるために，クライアントと私との間ではかなりのやりとりがありました。たとえばクライアントはこのエピソードを最初に報告してくれたとき，「シャツがよれよれになっているのを父親に指摘されたんです」とおっしゃいました。そこで私が「お父さんは，いつ指摘したんですか？」「お父さんは，具体的には何と言ってシャツのことを注意したんですか？」と尋ねて彼に再度出来事について思い出してもらうと，実は父親は彼に対してシャツのことを一言も言っていないことが明らかになったのです。そして彼自身，父親が彼に指摘したのではなく，自分が心のなかで「父親に指摘された」と認知したのだということを理解するようになりました。つまり，はじめは事実としてそのような出来事があったかのように語られたことを，よくよく聞くと，事実としてそのようなことはなかったんだけれども，彼があたかも事実であるかのように思い込んでしまっていた，ということが明らかになったのです。彼は，このアセスメントシートを作成している間に，自分が事実と認知を混同してしまいがちであるということを自覚するようになっていきました。そして別の話をしているときにも，「自分の勘違いかもしれないけれど」などという前置きをつけるようなことがありました。おそらくアセスメントをする間に，彼にメタ認知力がついてきたのだと思います。

　このようにして，主訴の1つである「パニック」について，1つのエピソードをアセスメントシートにまとめることができました。この他にも彼のパニックを引き起こす出来事は生活のなかにたくさんあるということでしたが，図6-3，6-4にまとめられた循環が他のパニックのエピソードにもあてはめられるかどうか尋ねたところ，「この循環はこのときだけのことで，別のときには別の循環がある。だからあてはめられない」ということでした。そこで別のエピソードについて，また再度アセスメントシートを使って整理することになったのですが，今回このアセスメントシートを作るためにかなりの数のセッションをか

けたので，私のほうで「いったい，アセスメントを終えるまでにどれだけのセッションをかければいいのだろう」と心配になってしまいました。それをミニスーパービジョンで相談したところ，「クライアント自身が，自分のパニックはこういうことなんだな，と納得できるまで，同じモデル，同じシートを使ってアセスメントを続けること自体が大事である」とのアドバイスをもらいました。確かにクライアント自身はこの時点では，CBTの流れ，特にアセスメントという作業にやっとのってきたところであり，回数のことは気にしていません。そこで私のほうでもあせって早く進めていこうとせずに，クライアント自身が自分のパニックについて整理しきれたと思うまでは，「パニック」について一緒にアセスメントの作業を続けていくことにしました。またそのような案をクライアントに伝えたところ，「自分もそのほうがいいと思う」ということでした。

6-3-4-2 両親面接についての話し合い

　図6-3，6-4のアセスメントシートができ上がるまで11回のセッションをかけたが，それと並行してこの頃，両親面接という話が浮上し，いろいろとやりとりがありましたので，それについて紹介します。

　実はこの頃，クライアントはあることを心配していました。それは，このカウンセリングの料金は彼のご両親が出してくれているのですが，「もうそろそろカウンセリングのためにお金を出してくれなくなるんじゃないか」という心配でした。というのも，ちょうどその頃母親が，「もうそろそろ仕事をしたら」といったことを彼に言ったそうなのです。それを聞いた彼は，母親の意図をいろいろと憶測するようになってしまいました。憶測とはたとえば「カウンセリングに通っていても変化が見られないので，両親はカウンセリングには効果がないと思っているかもしれない」「効果がないのだから，カウンセリングに行くのをやめろと思っているのではないか」「やめろと思っているのだから，もうそろそろカウンセリングの料金を出してくれなくなってしまうかもしれない」といったものでした。それでとても心配になってしまうというのです。ただしよくよく聞いてみると，ご両親がそのようなことを実際に口にしたことはないよ

うです。それどころか彼がこのような心配に駆られたとき，ご両親に「これからもカウンセリングに行ってよいか？」と尋ねたことがあったそうなのですが，ご両親とも口を揃えて「もちろん行っていいよ」と答えてくれたそうなのです。しかしそれでも彼は心の中で，「本当はそういうふうには思っていなくて，『行くのをやめろ』と実は思っているに違いない」と考え，心配になってしまうということでした。さきほどのシャツの話と同様，事実と認知の混同が起きてしまっているようでした。

　このような心配事が毎回アジェンダとして彼から出され，10分ほど時間を取られることが続いたので，これは何か対応が必要であると私は考えるようになりました。確かにカウンセリングのお金を出してくれているのはご両親ですし，インテーク面接には母親が同席しています。彼とのCBTには相当な数のセッションがかかりそうだということもわかってきておりましたので，これをいい機会に，両親面接を実施して，ここでのCBTの進行について両親に説明するセッションを設けてもいいかもしれないと私は考えるようになりました。そこで両親面接の案をクライアントに提案したところ，彼はすぐに承諾してくれました。しかし彼は，「カウンセラーが両親面接を提案していることを両親に伝えてくる」というホームワークを実施することができませんでした。というのも，「両親はやはり『カウンセリングに行くな』と思っているのではないか。両親面接なんか実施したら，両親はカウンセラーを自分の味方につけ，カウンセリングを終わらせる方向に持っていってしまうのではないか」という心配が強くなり，言い出せなかったというのです。

　ミニスーパービジョンでもアドバイスを受けながら，私はクライアントに対して，両親面接は両親のためではなく彼自身のために実施すること，私は彼の担当カウンセラーであるのだから彼が望まない方向に話を持っていくようなことはしないこと，両親面接で何を話したり何を尋ねたりするかは事前に彼自身と打ち合せをして決めること，したがって予想外の展開になって驚くようなことになることはまずありえないこと，両親面接で話したことはすべて後日彼に伝えること，などを繰り返し伝えました。それでようやく彼も納得し，私から

の提案を両親に伝えてくれました。

6-3-4-3 両親面接（X+1年5月）

その後，彼と入念な事前打ち合せをした上で，X+1年5月に両親面接を実施しました。クライアントとの打ち合せどおり，両親面接で話された内容はすべてクライアントにフィードバックされることを両親に伝え，了承してもらってから話し合いを始めました。まず私から，三角図（図6-2）とアセスメントシート（図6-3，6-4）を両親に示し，彼が困っていることはこの三角図に集約されていると彼自身が納得していること，CBTでは今現在この三角図における「パニック」についてアセスメントを進めていること，11回のセッションをかけてようやく図6-3，6-4のような整理ができたこと，今後も当面は「パニック」に関するアセスメントを続けていくこと，「パニック」の他にも主訴が2つあり，それらのアセスメントが終了するまでにはまだだいぶ時間がかかりそうであること，アセスメントが終了して初めて主訴を解消するための具体的な話し合いに入れること，などについて1つ1つ説明しました。次に両親の考えを話してもらいました。母親のコメントは，「三角図やアセスメントシートに書いてあるようなことに息子が苦しんでいるということには，何となく気づいていました。やはりそうだったのか，という感じです」というものでした。父親のコメントは，「カウンセリングに行くようになって息子は変わってきているように思う。以前は表情が乏しく，今よりずっと無口だったが，今は，結構いろいろな表情を見せるし，話をするようになってきている。このアセスメントシートに書いてあるようなことは，その延長線上のことだと思うので，決して悪いことだとは考えていない。だからもちろん息子にはカウンセリングを続けてほしいと思っている」というものでした。「カウンセリングを続けてほしい」という思いは，母親も同じとのことでしたので，「ご両親のお考えを私からも彼に伝えますが，ぜひお2人も彼にはっきりと『カウンセリングを続けてほしいと思っている』と改めて伝えていただけますか」と依頼したところ，2人とも快く了承してくれました。

第 6 章　事例 4：軽度発達障害の成人男性と共に継続的なアセスメントをして展開している事例

●6－3－4－4　両親面接の報告

　両親面接の 1 週間後に 23 回目のセッションがあり，クライアントにその報告を行いました。両親のコメントをそのまま伝えたところ，彼は「本当にそういうふうに言ったんですか？」と何度か確認した後，両親が彼にカウンセリングをやめてほしいと思っていないどころか，むしろ続けてほしいと思っているということを，やっと納得したようでした。そのときの彼の表情はほとんど拍子抜けといってもいいようなものでした。彼に聞いてみると，両親は私が依頼した通り両親面接があったその日に，彼に対して「カウンセリングを続けてほしいと思っている」と伝えてくれていました。が，彼自身がどうもそれを信じきれなかったようで，私とのセッションで何度も確認し，やっと信じてもいいのだと思えるようになったとのことでした。クライアントによれば，両親の言動に対する不信感があるそうで，それは簡単に解消するものではないということでした。

　両親面接については，また必要性が生じたら実施してもよい，ということで合意されました。

●6－3－4－5　クライアントの自発的な報告より

　先に述べたとおり，毎回のセッションで【気になること】というアジェンダを立て，10 分間だけ，クライアントに自由に話してもらうことにしていましたが，ちょうどこの 23 回目のセッションで彼は非常に興味深いエピソードを報告してくれました。それは先日歯医者を受診したときのことで，彼は問診票に記入した「痛」という漢字にやまいだれの 2 つの点を付け忘れてしまい，その問診票を見ていた歯科医が「ああなんだ，点がないのか」とつぶやいたのだそうです。そのとき彼は，「きっとこの歯科医は，『専門学校を出ているくせに，こんな漢字の間違いをするなんて』と僕のことを思っているに違いない」と思い，もやもやした気分になってしまったのだそうです。しかし治療を終えた帰り道，自転車を漕いでいるときに，「漢字の書き間違いを 1 回もしない人なんかいないはずだ」とふと思ったんだそうです。「そう思ったら，もやもやした気分はどう

なりましたか？」と尋ねると，「うーん，もやもやがなくなりはしなかったけど，ちょこっと小さくなったかな」とのことでした。

言ってみればこのとき彼は自分のネガティブな認知と気分をモニターし，しかもその後，別の認知を思いつき，その結果，ネガティブ気分が軽くなるという体験をしたわけです。これはこれまでの彼には考えられなかった新たな体験だと私は思いました。そこで「そういうふうに別の考えが出せるというのはすごいですね」「別の考えを出すことで，もやもやした気分を軽くすることができたのですね」とコメントしたところ，彼も「そうですね」と同意してくれました。

6-3-4-6　この時期のホームワークについて

この時期のホームワークとしてはまず，少しずつ図 6-3, 6-4 のアセスメントシートを作り続けていた時期でしたので，毎回途中までできたアセスメントシートのコピーを持ち帰ってもらって，それで合っているかどうか確認してくるということを毎回お願いしていました。さらに，「嫌な気分になった出来事を1つメモしてくる」という課題を毎回出していました。その際，①いつ，②どこで，③何があったか，という3点だけをメモするように教示しました。つまり"確認"と"メモ書き"という課題をずっとやり続けてもらった，ということになります。

6-3-4-7　この時期のカウンセリングに対するフィードバック

引き続き，毎回のセッションの最後にフィードバックをしてもらっていたのですが，この時期には「自分が何に困っているかがわかった」「自分の反応が具体的に理解できた」といったコメントが多かったです。

6-3-5　CBTの基本モデルに沿ったアセスメント：第2クール
　　　　　（第25～33セッション：X＋1年6月～9月）

● 6-3-5-1　第2クールの素材選び

　クライアントの主訴の1つである「パニック」に焦点を当てて，図6-3, 6-4のようなアセスメントシートを作成したのですが，先に述べたようにクライアントが納得いくまで，「パニック」についてのアセスメントの作業を続けていくようにとミニスーパービジョンでアドバイスを受け，「パニック」についてアセスメントの第2クールを実施することにしました。具体的な素材として，「カウンセリングを受けるために，自宅を出て当機関（SSC）までに到着するまでの間の落ち着かない感じ」を選びました。この素材を選んだ理由は，クライアントが【気になること】としてSSCに来るまでの道のりで落ち着かなくなってしまって困る，ということをしょっちゅう訴えていたのと，ミニスーパービジョンで，1回きりのエピソードではなく繰り返しクライアントが体験している困り事を素材にするとよいとアドバイスされていたからです。私からこのことを提案したところ，クライアントは即座に了承してくれました。

● 6-3-5-2　リアルタイムの自己観察をアセスメントに活かす

　「自宅を出てからここに来るまでの間，いつ，どこで，落ち着かなくなるのか」というのが今回のアセスメントのテーマですので，クライアントには毎回SSCに来るまでの間，実際にいつ，どこで，どのように落ち着かなくなるのか，リアルタイムで自己観察してもらい，それを毎回のセッションで報告してもらうことになりました。その際，彼にはその場でメモを取ってもらい，それをセッションで共有し，少しずつアセスメントシートを作成していきました。これは今現在も作成中でして，途中までの未完成のアセスメントシートを図6-5に示します。

　図6-5について少しだけ解説しますと，SSCに来る道のりで特に周囲に人がいるときに，落ち着かなくなるということが，まず把握されました。たとえば

218

アセスメント・シート

X年 9月 X日（X曜日）
氏名： AA様

状況

ストレスを感じる出来事や変化
（自分、他者、状況）
SSCに来るまでの間で人がいる所
例：電車の中

自分

認知：頭の中の考えやイメージ
「周りが自分を見てる」
「『遊んでるんだ』と思われてる」
「バカにされてる」
「『どうどう見てる』と思われているのではないか」

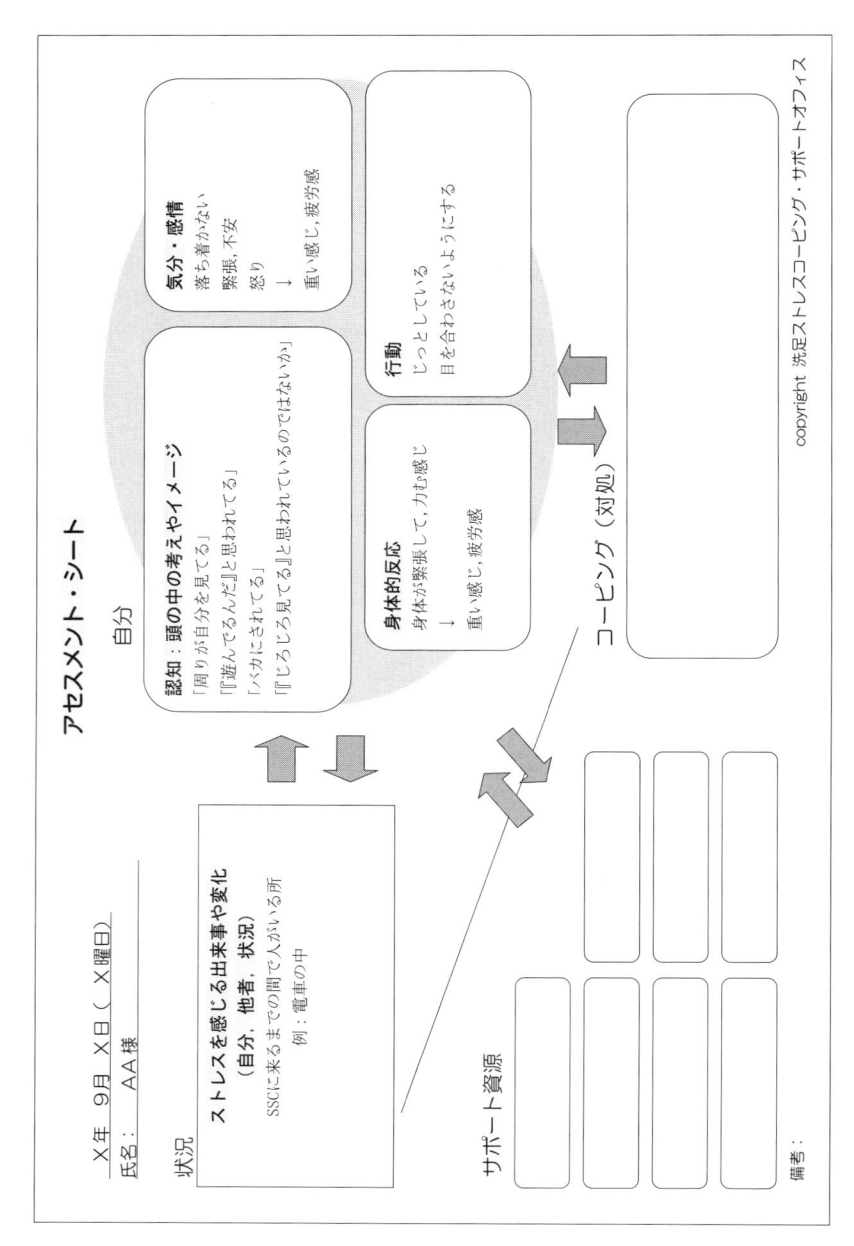

気分・感情
落ち着かない
緊張、不安
怒り
↓
重い感じ、疲労感

身体的反応
身体が緊張して、力む感じ
↓
重い感じ、疲労感

行動
じっとしている
目を合わさないようにする

コーピング（対処）

サポート資源

備考：

copyright 洗足ストレスコーピング・サポートオフィス

図6-5　「パニック」のアセスメント（作成途中）第2クール

電車の中などです。次に何度も自己観察してもらった結果，そういうとき彼の頭には，「周りが自分を見てる」「『遊んでいるんだ』と思われてる」「バカにされている」「『じろじろ見てる』と思われているのではないか」といった自動思考が生じていることが明らかになりました。そしてそのような自動思考の結果，心身ともに落ち着かなくなったり緊張したりしてしまいます。そこで彼はじっとして誰とも目を合わさないようにしてやり過ごすのです。そしてそのうちに気分的にも身体的にも重い感じになってきて，SSCに到着する頃には心身ともにかなり疲れてしまうのだ，ということがわかってきました。現時点で33回のセッションを終えたところです。当面は，今取り組んでいるアセスメントの第2クールを，私と彼が納得できるまで続けていくつもりです。ところで図6-5を見ると，何となく社会不安障害のCBTモデルに近いような感じがします。もう少しアセスメントを続けてみなければわかりませんが，私のほうでは社会不安障害のモデルを念頭に置きながら彼とのCBTを進めてみようかなというように最近は考えています。

● 6-3-5-3　クライアントの話し方の変化

　最近のクライアントの話し方は，CBT開始当初に比べるとだいぶ変化しています。私たちで「短い文で話そう」と決めたことも関係しているのでしょうが，とにかく前のように長々と話をして，気づいたら何の話をしていたかわからなくなってしまう，ということが最近は全くありません。多少話が逸れても，自力で元のテーマに戻ることができています。お互いにちゃんとやりとりできている，という実感が彼の中にあるそうですし，もちろん私にもそのような実感があります。

　以前は【気になること】についての話や，アジェンダ設定のための話し合いにひどく時間を取られてしまい，肝心の本題については10分間しか話せなかった，ということが頻発していたのですが，最近はアジェンダ設定に2分間，【気になること】については規定通り10分間しか使わずに，残りの時間はまるまる本題のために使える，という感じで，構造化されたセッションを毎回安定して

行えるようになっています。

● 6－3－5－4　この時期のホームワークについて

セッションで作成したアセスメントシートをおさらいするという課題の他に，毎回 SSC に来るまでの道のりにおいて，どういう状況があって，それに対してどのような自動思考が浮かび，どのような気分や身体反応が生じ，どのような行動を取っているのか，ということをリアルタイムで自己観察してもらっています。リアルタイムであることによって，彼の自己観察の内容が，少しずつきめ細かくなってきているように思われます。

● 6－3－5－5　この時期のカウンセリングに対するフィードバック

「自分が体験したことを，前より理解できるようになった」「問題には流れがあるということが，少しわかってきた」「自分の伝えたいことを，ちゃんと先生に伝えることができるようになった」といったフィードバックがありました。

6－4　今後について

クライアントは，「他人が自分を否定的に評価している」という類の認知が自分に生じやすいことをすでに自覚しています。またそのような認知によってネガティブな気分や身体反応が生じること，そしてその結果回避的な行動を自分が取ってしまいがちであることも理解できるようになっています。つまり CBT の基本モデルが少しずつクライアントに入りつつあるような印象です。先に述べた「問題には流れがあるということが，少しわかってきた」という彼のコメントがそれを物語っていると思います。

今後の計画ですが，まずは今取り組んでいるアセスメントの第 2 クールをしっかりやって，アセスメントシートを完成させたいと考えています。またその作業を通じて，CBT の基本モデルが彼の中に定着し，彼自身が基本モデルを使ってリアルタイムに自己観察できるように持っていきたいと考えています。

自分の体験を今よりさらに循環的にきめ細かく自己観察できるようになることで，おそらく「自分の体験が理解できた」という自信がさらに強まっていくのではないかと思います。したがって当面はアセスメントと自己観察を繰り返し実施することになるでしょう。

　アセスメントにはまだまだ時間がかかると思いますが，クライアントの悪循環パターンが私と彼とでしっかり共有できた後は，通常のCBTの流れを，こちらも時間がかかるとは思いますが少しずつ進めていきたいと考えています。先ほども述べたとおり，図6-5の作成途中のアセスメントシートから，社会不安障害のパターンがクライアントにあるように思われますので，アセスメントが進んでそれがもう少し明確になったら，社会不安障害の標準的なCBTパッケージを適用することを検討したいとも考えています。ただし，もしそのようなパッケージを適用するとしても，たとえば認知再構成法といった技法を導入する場合，できるだけシンプルな形式のツールを使うなど，認知的負荷が小さくなるように工夫をする必要があるでしょう。

6-5　本事例において留意したこと

　本事例において私が一貫して留意しているのは，クライアントの認知的能力の制約を配慮しつつ，どのようにスムーズなコミュニケーションを成立させるか，ということです。最初の頃は配慮したつもりでいても，ついついクライアントにとって負荷の高いコミュニケーションをこちらがしてしまうことがありました。またこのようなクライアントに対しては，カウンセラー側がある程度コミュニケーションをリードして，クライアントの負荷を積極的に軽減する必要があるかと思うのですが，最初の頃はそのリードが足りなかったように思います。

　そのような反省から，短い文章を使うことを提案したり，クライアントの話をさえぎって要点をまとめたりするなどして，少しずつこちら側がコミュニケーションをリードするようにもっていったところ，やっと面接の構造やコ

ミュニケーションのあり方が整ってきたように思われます。それが大体12回目とか13回目のセッションでした。一度構造やコミュニケーションが軌道に乗ると，後はその中で何でも彼と相談し，彼の確認を取りながら面接を進めていくことができるようになったので，両親面接の話し合いなどではかなり彼の気持ちが揺れたこともあったのですが，私のほうではさほど動揺することもなく，落ち着いて対応することができたように思われます。

6-6 本事例から学んだこと

　本事例から学んだことは，まず，コミュニケーション能力や認知的能力に制約のあるクライアントに対して，どのようにこちらがコミュニケーションのやり方を工夫すればよいか，ということです。具体的には，できるだけ単純な構文で話すとか，1回に1つのことだけを話すとか，話の内容を紙に書き出すとか，図を使うとか，クライアントが話したことをシンプルな構文にまとめて提示するといったことです。

　また，このようなクライアントに対しては，協同作業といえどもCBTの進行をカウンセラー側がリードしてもよい，むしろリードする必要があるということも学びました。たとえば何か決めるときでも，選択肢そのものをクライアントに考え出してもらうのではなく，こちらから複数の選択肢を提示して選んでもらうというように，クライアントにかかる認知的負担を軽減するのです。さらに選択肢を提示しても，その選択自体がクライアントにとって難しいときもあります。その場合は，こちらが「このやり方でやってみませんか？」と提案し，引っ張っていっても良いのだということが，本事例を担当することによって私自身，よくわかりました。特に本事例のクライアントの場合，私の提案に納得がいかなければはっきりと「ノー」と言ってくれる人ですので，こちらの提案によってクライアントの意に反することになってしまうことを心配する必要がありませんでした。

　以上の2点，すなわちコミュニケーションを工夫するということと，クライ

アントの意向を大事にしながらこちらがリードしていってよいということを，私は本ケースから学んだわけですが，しかしこの2点は，コミュニケーション能力や認知能力に制約があってもなくても，実は非常に重要なことなのだと思います。したがって全ての事例に対して，この2点をさらに留意しながらCBTを実施するよう心がけたいと考えております。

6－7　グループ討議の発表②

伊藤：それでは最後のグループ発表です。時間がないのですみませんが手短にお願いします。

発表1：CBTの進め方には，「こうでなければいけない」という決まったものがあるのではなく，クライアントに合わせていろんなふうに進めていけるものなんだなあ，という感想がありました。ただ，それにしてもアセスメントにすでに半年以上かかっており，そんなにかかっていいのだろうか，このケースの場合あと何回ぐらいアセスメントにかかるのだろうか，といった疑問も出されました。

発表2：この事例の場合，三角図が提示されたことによってかなり展開したわけですが，それは，この三角図という図式が本人に非常にフィットしたからだと思います。そういう意味で図式化はすごく役に立つ場合があるのだと思いますが，反面，図式化が外れた場合，かえって話がややこしくなる場合もあるのではないか，という意見がありました。つまり図式化は当たり外れが大きいのではないか，ということです。それから現在進行形の事例ということですが，今後の進め方についてすでに何か具体的な指針があるようでしたら，教えてください。

発表3：全員の意見が一致したのは，外在化の効果についてです。ツールを使って外在化し，しかも外在化したものを共有し，協同作業できる人がいる。その流れが素晴らしいと思います。また，ご本人がCBTを通じて，今までとは違う感覚を獲得してきているのがよく伝わってきました。それも素晴らしい

と思いました。

発表4：困難な事例ということで，聞いていて大変参考になりました。また，CBTには大きな可能性があるということがわかったので，今後，もっと勉強したいという感想もありました。他にも，アセスメントシートを使って丁寧に問題を整理していくことの大切さを知ることができた，丁寧に整理することで主訴が明確になり，それだけで本人が楽になるということがわかった，というように，アセスメントの重要さを指摘する意見が多くありました。

発表5：前半，このような方がCBTの適応なのだろうかという疑問を持ちましたが，最後まで聞いた結果，どんなクライアントであっても，その人にわかる言葉を使いながらCBTを進めていくことができるんだなあ，ということがわかりました。また，この事例の場合，クライアントはセッションを通じてコミュニケーションの練習をしているかのような印象を受けた，という感想もありました。さらに，このクライアントは30代ということですが，もっと早い時期にこのようなカウンセリングを受ける機会があれば良かったのにという意見があった反面，いろいろな人生経験を重ねてきたこの年代だからこそ，CBTを通じて少しずつ変化することができているのではないか，という意見もありました。最後に，この事例を通して，医療的な診断名にそれほどこだわらなくてもいいということ，診断名よりもその人が持ってきた問題を丁寧に取り上げていくことが大事なんだということが本当によくわかりました。

発表6：33回ものセッションが継続されるなかで，クライアントとご両親のカウンセリングに対する満足度がかなり高まっているように思われます。信頼関係がきちんと作られているのだな，という印象を受けました。それにしても難しい事例なので，やはりミニスーパービジョンといった体制があるのはとても重要なことだという意見がありました。このケースの場合，三角図を作ったことがとても効果的だったのだと思いますが，こういうふうにその人に合ったツールを見つけたり作ったりしていくことがすごく大切だ，という意見もありました。

伊藤：ありがとうございました。本事例が現在進行中ということで，今後のことについていくつか質問がありました。その点について山本さん，お答えください。

山本：今後ですが，まずはアセスメントをしっかり進めていくことが大事だと思っております。先ほども少し申し上げましたが，今，「パニック」について2回目のアセスメントを実施している最中です。そこに社会不安障害のような循環が表れつつあるように思われます。もしアセスメントを進めた結果，社会不安障害の構造が明確になったら，そのことを彼に説明してみて，彼自身が納得するようであれば，社会不安障害に対するCBTのパッケージを導入することになるかと思います。しかしそうなった場合でも，あくまでこのクライアントに合わせた形で，本人と相談しながら，そしてスーパービジョンを受けながら，少しずつ進めていくことになるのではないかと考えております。

伊藤：本事例の場合，アセスメントにこれだけ時間がかかっているということに対して，様々な意見や疑問があろうかと思います。CBTにおけるアセスメントということについて，最後に1つだけコメントさせてください。

　最近，よく"第三世代の認知行動療法"といった話題を耳にします。具体的には弁証法的行動療法とか，マインドフルネスに基づく認知療法とか，CBASPすなわち認知行動分析システム精神療法といったものです。翻訳書も続々出ており，私なりにいろいろと読んでみているのですが，それらに共通しているのは結局のところ，"介入"よりも何も，その前に"アセスメント"をしっかりやろうよ，ということなのではないかと思います。つまり，問題を解決するための介入にすぐに着手するのではなく，まずはクライアントが抱えている問題そのものがどうなっているのか，そこにどういう循環が起きているのかということを，状況・認知・気分・身体反応・行動というCBTの基本モデルに沿ってクライアント自身がしっかりと理解することが重要なのだと思います。「ああ，今自分が体験していることは，こういうことなんだ」と，自分の体験に距離を置きつつ，それをありのままに見て，受け

止めるという感じでしょうか。そういう，いわば"セルフアセスメント"ができるようになるだけで，状態が落ち着くクライアントはたくさんいらっしゃいます。ですからアセスメントの過程を大事にし，それに時間をかけることは，決してCBTが進んでいないということではないのだと思います。アセスメントという作業を通じて変化が起きたり，丁寧なアセスメントによってその後の変化のための準備を十分にすることが，やはり大変重要なことなんだと，本事例を聞いていて，私自身改めて確認できたような気がします。ありがとうございました。

6-8 話題提供を行っての感想と今後の展望

　本事例を発表してみて，CBTが発達障害に対しても有効かもしれないという期待が，フロアの方々に高まったように感じ，話題提供者としてはとても嬉しく思いました。私自身，発達障害を抱える方に対してCBTのアセスメントが重要であり，しかも効果的であるということを，本事例を通じて実感しているところだったからです。発表することでそのことを再確認し，しかもそれをフロアの方々と共有できたことは，私にとってとても有意義なことでした。
　アセスメントとは，クライアントに起きている悪循環を，クライアントとセラピストが共に理解する過程であり，その過程を通じて，その後の問題解決のための動機づけが高まっていくのが理想です。そのためにまず必要なのは，個々の事象をデータに基づいて実証的に検討するためのやりとり，いわば"CBT的コミュニケーション"なのだと思います。私は，本事例によって，クライアントの情報処理機能のあり方や認知的な特徴をいかに丹念に評価し，いかにコミュニケーションを工夫することが重要か，身をもって学んだように思います。そういう工夫をしなければ，CBT的コミュニケーションが成り立たないのです。そのあたりの工夫の必要性について，ぜひ今回の話題提供で皆さんにお伝えしたいと考えていました。実際にフロアの方々からたくさんの質問やご意見をいただき，本事例における私の工夫以外にも，さらにさまざまな工夫

ができそうだという感触を得ました。その意味で，大変勉強になりました。

　今後の課題として今私が考えているのは，応用行動分析のような，発達障害に対して有効であるとされている理論や技法をもう少し集中的に勉強し，それをCBTのパッケージに位置づけていくことです。学校現場で心理臨床を実践する私のような者にとって，応用行動分析は重要な課題だと思います。

　さて本事例は"現在進行中"ということで，途中までの経過をワークショップで話題提供したのですが，その後の経過について少し紹介させてください。ワークショップの時点では，本事例を社会不安障害のモデルで扱えるのではないかと私自身は考えていました。しかしその後のスーパービジョンで，「このクライアントの場合，確かに対人場面における不安が高いのだが，社会不安障害の人に特有の予期不安的な認知が出ていない。むしろその場で『他人は自分のことをこう思っているのだろう』『ああ思っているに違いない』という感じで他人の心を読んでしまっている，この"マインド・リーディング"というのが彼の認知的な特徴なのではないか」と伊藤さんに指摘され，確かにそうだと思いました。自閉性障害の方は他者の心が読めないという仮説が有力ですが，彼の場合，読みすぎてしまっているのです。そこでその後は社会不安障害のモデルにとらわれず，とにかくクライアントの体験を正確に理解し，そこからボトムアップ式にアセスメントするという作業を続けています。興味深いことに，最近ではクライアント自身が，「自分は勝手に人の心を読んでしまっているようだ。だけどそれが合っていないこともある」ということに気づき始めています。そういう意味では，ますますメタ認知的な力が，彼についてきているのではないかと思います。今後もアセスメントを続けていく予定ですが，この"マインド・リーディング"といった彼の特徴を明確化していくことが，本事例を進めていくためにも有用でしょうし，発達障害，特に自閉症スペクトラムの方にCBTを適用する上で，何らかの有益なヒントを得られるのではないか，という感触があります。その意味でも，今でも私はさまざまなことをこの事例から学び続けているといえるでしょう。

〈参考文献〉

フランシス・ハッペ：自閉症の心の世界．星和書店，1997．
ポール・A・アルバート：はじめての応用行動分析．二瓶社，2004．

第7章

解説と展望

伊藤絵美

7-1 事例1のまとめ

　それでは残り時間も少なくなりましたので，私から今日の事例を簡単にまとめてみたいと思います。

　まず大泉さんが担当した事例1ですが，これはクライアントが「緊張」を主訴として来談した事例でした。カウンセラーは，クライアントが訴える「緊張」を手がかりに，認知行動療法の基本モデルに沿ったアセスメントをとにかく丁寧に進めていきました。そのなかで「緊張」が認知行動療法的に再定義され，それと密接に関連する非機能的な認知，そしてそれに伴う感情に，クライアント自身が気づいたということが，面接の展開の大きなポイントだったと考えてよいかと思います。

　もう少し具体的にこの事例のポイントを挙げてみます。1つはクライアントのメタ認知機能の向上です。クライアントはアセスメントのためにセルフモニタリング（自己観察）という課題に継続して取り組みました。緊張しているときの自分を，"状況・認知・気分・身体反応・行動" というCBTの基本モデルに沿ってつぶさに観察することにより，このクライアントは距離を置いて自分の体験を眺められるようになり，そしてその際の自分の認知や，認知と他の要因との相互作用を，実感をもって理解できるようになったのです。これはメタ認知機能の向上に他なりません。CBTを導入する際，心理教育をきちんと行っ

たうえで，このように丁寧にアセスメントを行うと，それだけでクライアントのメタ認知機能が向上するという現象は，わりとよく見られます。そしてそれが面接の展開に大いに役立つのです。

2つめのポイントは，このようにメタ認知機能が向上し，メタ認知機能を大いに発揮しながらアセスメントが行われた結果，「緊張」というネーミングで大雑把にくくられていたクライアントの問題が，「非機能的な認知」と「身体的な緊張反応」の2つに分化されたことです。それに気づいたのはクライアント本人です。問題が分化されたことにより，クライアントは自発的に非機能的な認知に取り組み始めました。いわば自発的に認知再構成法を行ったようなものです。何も特別な技法として認知再構成法を導入しなくても，自分の認知の非機能性に気づくことができれば，このクライアントのように，自ら認知的工夫を始める方は少なくありません。しかしこのクライアントは，もう一方の問題，すなわち「身体的な緊張反応」については，「緊張」を主訴として来談しただけあって，自ら対処法を思いつくことができませんでした。そこでカウンセラーがトレーナーとなって，緊張緩和のためのリラクセーション法を導入することにしたのです。

本事例の3つめのポイントは，このリラクセーション法を，実に丁寧に適用したことです。リラクセーション法は，CBTでも，またそれ以外の心理療法でも，よく用いられる技法です。特に事例1で導入した腹式呼吸法は，たとえば自律訓練法とか漸進的筋弛緩法といった手数の多い専門的な手法と異なり，実にシンプルな方法です。たいして時間をかけずにサッと導入しようと思えばできる方法です。実際私も企業などでストレスマネジメントの研修をするときなどは，数分間でサッと説明し，すぐに受講者の方々に練習してもらって終わりにする，ということをしております。しかしCBTでこの腹式呼吸法を導入するのであれば，できるだけ手順を細分化し，丁寧に進めていくのが良いと思います。大泉さんがやったように，まずは姿勢の練習をたっぷりと時間をかけて実施してもらい，クライアントがそれに慣れてから，呼吸の練習に入るのです。

私たちサイコロジストは薬を処方できません。処方できるのは，様々な対処

法だけです。といっても CBT といえども，医師の処方できる薬の種類に比べれば，提供できる対処法には限りがあります。とくにリラクセーション法は，何をするにしてもその基本は呼吸法です。だとすると，腹式呼吸法を大雑把に導入し，大雑把に練習してもらい，大雑把な効果しか得られなかったとしたら，非常にもったいないことになってしまいます。しかも，大雑把であれ効果が得られればまだマシですが，大雑把にやって，ろくに効果を上げられなかったら，クライアントはリラクセーション法という技法を信用できなくなってしまいます。そうなるとひいては，その技法を導入したカウンセラーに対する信頼も失われてしまうおそれが出てきてしまいます。ですからどの技法であれ，CBT のカウンセラーは，それを大事に，できるだけ丁寧に示していく必要があると思うのです。腹式呼吸法のようなシンプルな技法であればこそ，なおさらです。その点大泉さんは，実に丁寧に，スモールステップ方式で少しずつ効果を確かめながら，そしてクライアントを上手にその気にさせながら，リラクセーション法を進めていきました。その結果，クライアントも少しずつ，緊張を自分で緩めるとはどういうことか，リラックスするとはどういうことかということを，体得できたのだと思います。以上が事例1についてのまとめでした。

7-2　事例2のまとめ

　初野さんが担当した事例2についてのまとめです。これはクライアントが「うつ」を主訴として来談した事例でした。先ほども，このクライアントがOCD（強迫性障害）なのか何なのか，ということが議論されましたが，具体的な診断名の検討はひとまず置いておきましょう。私が思うに，この事例の最大のポイントは，クライアントの訴える「うつ」をとっかかりに，CBT の基本モデルに沿って丁寧にアセスメントを進めていくなかで，このクライアントが体験しているのは「うつ」そのものなのではなく，「うつ恐怖」と呼んでもいいような，不安や恐怖を中核とした体験であることが明確になったことでしょう。だからこそクライアントは，カウンセラーが行った恐怖症の説明に非常に興味を示し

たのです。

　やはりその際重要なのは，クライアントの訴えをきちんとエピソードレベルで聞き取り，それをCBTの基本モデルに沿って丁寧に整理していくこと，すなわちアセスメントです。アセスメント図がきちんと描かれ，それをカウンセラーとクライアントが一緒に眺めることで，そしてまさにクライアントの体験が外在化されているアセスメント図に基づいてカウンセラーが心理教育を実施することで，事例2のクライアントは，「ああ，自分は"うつ"じゃないんだ。"うつ恐怖"だったんだ」と腑に落ちたのだと思います。

　そういう意味で本事例の2つめのポイントは，アセスメントされたことに基づき，不安の認知モデルについてカウンセラーがきっちりと心理教育を行ったことです。不安の認知モデルのポイントは，侵入的な思考と，それに対する自動思考をあえて分けることです。別の言い方をすれば，侵入的に体験される思考と，その思考に対する解釈のような思考とに分けることです。区別したうえで，どの思考を介入の対象とするか，カウンセラーが心理教育によってクライアントに教える必要があります。CBTでは侵入的な思考には介入しません。侵入的な思考については，誰にでも生じうる当たり前の体験としてノーマライズするだけでよいのです。介入の対象とすべきなのは，そのような侵入的思考に対する非機能的な自動思考，すなわち侵入的思考は異常である，そしてそのような侵入的思考を抱いた自分は異常である，という解釈的な自動思考のほうなのです。

　事例2で認知再構成法に効果が見られたのは，まさにそこの区別がきちんとできていたこと，そしてその区別について，カウンセラーの心理教育によってクライアント自身が十分に理解できるようになったことが大きかったのではないかと思います。

7−3　事例3のまとめ

　腰さんが担当した事例3ですが，この事例では，クライアントの非機能的な認知と，そのような認知に基づく行動不全が，アセスメントの過程を通じて明確になりました。ですから技法としては，いわば必然的に認知再構成法がまず導入されたわけですが，それを認知に留めておかずに，行動実験につなげていったことが重要だったと思います。

　それにしても事例3を聞いてあらためて実感したのは，認知再構成法がいかに強力な技法であるか，ということです。「強力」というのには意味が2つあります。1つは，うまく導入すれば非常に大きな効果を得ることができる，ということです。この「うまく導入すれば」というのがとても重要で，いつも私がしつこく強調していることですが，カウンセラーとクライアントが協同的な問題解決チームを組み，CBTの基本モデルに沿ってアセスメントをしっかり行い，悪循環の維持のポイントが非機能的な認知であることを，カウンセラーとクライアントの双方が深く納得したうえで，認知再構成法を導入するという手順が絶対に不可欠です。事例3ではそのような手順がきっちりと踏まれていました。認知行動療法，とくに認知療法という場合，そのような手続きを踏まずに，いきなり認知再構成法を導入して，うまくいかなくなっているケースを，よく見聞きします。それはとても危険なことで，うまくいったとしても，それは「たまたまうまくいった」だけであり，そういうふうに認知再構成法が扱われることに，私は常々危機感を抱いております。その点，事例3における認知再構成法の活用の仕方は，お手本と言ってもよいのではないかと思います。

　認知再構成法という技法が「強力」であるというもう1つの意味は，この技法の効果が実に多様であるということです。確かに本技法は，非機能的な認知を自分で再構成するのが主たる目的ですが，嬉しいことに，それに伴って，様々な副効果が得られるのです。事例3の場合，クライアントは認知再構成法を通じて，自分の非機能的な自動思考を修正するスキルを身につけました。こ

れがこの技法の主たる効果です。しかしそれだけでなく，クライアントは認知再構成法によって新たに獲得した思考に基づいて行動実験を行い，実生活上の現実的な問題を解決することができました。また，それとも重なりますが，重要な他者とのコミュニケーションが改善されました。というより，これまでとは異なるコミュニケーションの仕方を身につけることができました。さらに，自動思考よりも深いレベルの思考，すなわち中核信念（コアビリーフ）と呼んでもいいような思考も，結果的に変化していることが確認されました。つまり本事例における認知再構成法は，認知再構成法として機能するだけでなく，問題解決法として，対人関係技法（コミュニケーション技法）として，さらに中核信念を柔軟にする技法（スキーマワークとも呼べるかもしれません）としての機能も担っていたのです。

　CBTの技法は何でもそうですが（CBT以外の技法も同様だとは思いますが），使い方次第で，驚くほど多様な効果をクライアントにもたらします。逆にしょぼい使い方をすれば，しょぼい効果しか得られません。ましてや間違った使い方をすれば，逆に悪影響をもたらすのみです。ですから，特に認知再構成法といった強力な技法を導入する際には，導入に至るまでのプロセスが本当にこれで良いのか，今ここでこの技法を導入する必要が本当にあるのか，自分（カウンセラー）はこの技法を目の前のクライアントに対して安全に用いることができるのか，といったことを丹念に検討したうえで，クライアントの反応を見ながら注意深く進めていく必要があります。腰さんの事例を聞いて，あらためてそのように思いました。

7－4　事例4のまとめ

　最後に山本さん担当の事例4のまとめです。この事例のクライアントは，さまざまな能力，たとえば情報処理能力やコミュニケーション能力などに制約のある方でした。もともとあった能力が，精神症状などによって一時的に低下して機能不全に陥っている場合であれば，症状が回復すれば能力も回復する可能

性がありますが，事例4のクライアントはおそらくそうではないであろうことが，つまり残念ながら，おそらく生まれつき能力に制約のある方であろうということが，事例で集められたさまざまな情報から推測されます。そしてCBTに対するモチベーションも，当初，決して高いとはいえない状況でした。そのようなクライアントに対して，とにかく慎重に，そして丁寧に，CBTの導入を試みること自体が，クライアントにとって大きな援助となりうることが，この事例4からよくわかると思います。

　この事例から私たちが学べるのは，導入，アセスメント，問題の同定，目標設定，技法の選択と導入……といったCBTの一連の流れを進めていくことだけがCBTではない，ということです。もちろんそれも大事なことですが，もう1つの重要なCBTの原則である「構造化」を，各セッションにおいて，そして1つ1つのやりとりにおいて，カウンセラーが責任をもってしっかりと実現することの意味と効果が，事例4にはよくあらわれていると思います。CBTの構造そのものが，クライアントを守ったり，育てたりする機能を持つのです。

　ひとくちに「構造化」といっても，実際には様々な要素があります。たとえば「空間的な構造化」です。これは面接室という空間的な環境を整えるという物理的なことだけでなく（それも非常に大切なことですが），面接で出てきた情報を目で見てわかる形式に外在化して，一緒に眺めるとか，重要な第三者と共有するとか，持って帰っておさらいするとか，そういったことも含まれるでしょう。他には「時間的な構造化」というのもあります。これは山本さんが詳しく紹介したとおり，セッションのペースですとか，毎回のセッションの時間の使い方ですとか，そういったことです。ただ単に時間の流れに任せるのではなく，限られた時間を自分たちのためにいかに計画的にマネジメントするか，計画通りにいかなかったときにいかにそれをリカバーするか，といったことを，カウンセラーが粘り強くマネジメントしつづけることによって，時間的な構造が守られ，ひいてはそれがクライアントを守り，さらにはそのような構造化のスキルそのものがクライアントに習得される，という理想的な流れが，この事例4にはあったかと思います。

もう1つ，事例4のポイントは，先にも述べましたが「外在化」ということだと思います。ただ口頭で話をするのではなく，話されたことを目の前の紙に書き出す，それも文章だけではなく，目で見てわかりやすいように図や絵を描く，という外在化の効果は，CBTのどの事例でも実感されることですが，特に事例4のクライアントのような，情報処理能力に制約のあるような方には，外在化によってその能力が補助されることが，大きな手助けになるのだと思います。そして外在化されたことで豊かになった自己理解が内在化され，それがふたたび外在化されてさらに自己理解が豊かになり，それが今度はふたたび内在化される……といった，外在化と内在化の繰り返しが非常に重要であると，山本さんの話を聞いていて改めて実感しました。

7-5　最後に：セルフスーパービジョンの薦め

最後にスーパービジョンについてお話させてください。

私たちの機関では，皆でケースをシェアしたり，継続的なスーパービジョンがあったりして，そのような意味では，今日発表した4名は，皆さんの勤務先に比べると，確かにCBTを実践するには恵まれた環境にいるかと思います。そのような環境を作ること自体が，私が開業した目的の1つでもあります。しかし私自身どうだったかというと，つまり私自身が認知行動療法家として育ってきたプロセスを振り返ると，そのような環境は日本にはほとんど，いえ全くといっていいほどありませんでした。でも私はどうしても認知行動療法を身につけたかったのです。

それで私がどうしたかと言いますと，「セルフスーパービジョン」をひたすら行うことにしたのです。もちろんそのときに読める文献を読んだり，仲間と勉強会を開いたりもしていましたが，それは毎日の現場での臨床には直結しません。一番欲しかったのは，その場その場でのスーパービジョンです。しかし日常的にスーパービジョンを受けられる環境はありません。となると，自分で自分をスーパービジョンするようなしかけを作るしかないのです。ということで，

今日最後にお伝えしたいのは，CBT を習得する環境に今ひとつ恵まれていない方に，「セルフスーパービジョンで何とかしのいでください」ということです。そこで当時，私がどのようなやり方でしのいでいたか，少しだけ紹介して終わりにします。

　皆さんもご経験あるかもしれませんが，当初私は，一応文献レベルでは CBT を継続的に勉強し，現場でも自分なりに工夫しながら，でもやはり自信がないのでかなり慎重になりながら CBT を実践しているつもりではおりました。でも，日々，「あれ？ これでいいんだっけ？」「あれ？ 今私がやっていることは CBT なんだろうか？」「あれ？ このような進め方は CBT としてはどうなんだろうか？ 本当にこれでいいんだろうか？」「私は本当にクライアントの役に立っているんだろうか？」といった疑問の連続でした。疑問だらけで，確信が全く持てないのです。

　そこで結局どうしたかといいますと，1 つはやはり文献，とくにテキストを繰り返し読むことです。私が CBT を実践し始めたのが 15 年ぐらい前ですから，日本語のテキストはほんのわずかしかありませんでした。しかし英語のテキストは，今ほど立派なガイドブックは少ないにしても，そこそこ出てましたので，その日の現場での仕事が終わったら，その日疑問に思ったことについて，とにかくテキストの当該箇所を探して読み，疑問の解消に努めました。ただ現場で疑問に思うことは，テキストに載っていないことも多くあるんですよね。

　そこでとにかくセッション毎に，クライアントとまとめの作業をするのですが，その後，さらに自分一人でまとめの作業をすることにしました。そのセッションで何をしたのか，それは全体の流れの中でどのような意味を持つのか，今自分たちは何をしているのか，今自分たちはどこまで進んでいるのか，現時点で何がわかり何がわかっていないのか，今どんな問題が発生しているのか，その問題を解決するにはどうしたらいいのか，など，ありとあらゆる問いを立て，自問自答し，紙に書き出していました。このような自問自答を書きながら行うと，実にいろいろなことが見えてくるものです。そして「では次のセッションでこうしてみよう」といったプランが自然と浮かんでくることも，よく

ありました。こうした「一人会議」のようなことを，繰り返し行っていました。
　「一人会議」だけでも，かなり効果はありましたが，それでも依然として疑問が残ったり，新たな疑問がわいてきたり，計画を立ててはみたものの本当にそれでいいのかと迷いが出てくることも度々です。そこでどうしたかというと，結局はクライアントに「一人会議」の内容を打ち明け，相談するしかないのですね。「するしかない」というとネガティブな感じですが，「わからないことは，あくまでクライアントと一緒に相談する」というのは，ある意味CBTでは最も大事なことかもしれません。とにかくクライアントに率直に相談してしまうのです。「前回のセッションの後，セッションを振り返ってみたら，こんな疑問が出てきたんです。それで自分なりに考えて案を出してみたんです。それがAという案と，Bという案と，Cという案なんですけど，見てくれます？（書いたものを見せる）案を出すまではよかったんですが，今後のカウンセリングでどれを採用するかについては，やはり私一人ではよくわからなくて……。なので今こういうふうにあなたに相談しているんですけど，どう思われますか？」といった感じです。
　「専門家なのに，クライアントに相談するの？」と驚く方もいらっしゃるかもしれませんが，何も疑問を丸投げしているわけではなく，こちらが十分に考えた末疑問に思っていることを尋ねているので，実際クライアントは真剣に相談に応じてくれます。そもそもCBTにせよ何にせよ，心理療法やカウンセリングの主役はクライアント自身ですから，真剣に応じてくれるのは当然かもしれません。そうやってクライアントと相談しながら，私自身，何とか認知行動療法家として，少しずつは成長し続けることができているのだと思います。
　以上が私の実施していたセルフスーパービジョンです。クライアントに相談しているのですから，厳密には「セルフ」ではないのかもしれませんが，一応私はそのように呼んでいます。現場で使えるCBTを習得するには，日本ではまだまだ環境が整っておらず，私たちも今日のようなワークショップをはじめ，できるだけのことはしていきたいと思っておりますが，それでもまだ時間がかかることと思います。しかしテキストもCBTを習得したいという仲間も，ど

んどん増えてきています。CBT を受けたいと希望するクライアントもどんどん増えてきています。だからこそ環境が十分でなくても，何とかしのいで，皆さんにも頑張っていただきたいのです。そこで最後にちょっと偉そうな話で恐縮でしたが，私自身のセルフスーパービジョンの話をさせていただきました。ご清聴ありがとうございました。

《付録1》

第2回事例検討ワークショップでの丹野先生のコメント

　丹野です。日曜日の朝から遅くまで，大変お疲れさまです。
　今日，先生方のお話をうかがって，またディスカッションに参加させていただいて，本当にさまざまな側面から意見が出されており，私自身大変勉強になりました。今日うかがっていて一番面白かったのはミニスーパービジョンについてでした。ミニスーパービジョンが非常に効果を上げているということがよくわかりました。
　さきほど伊藤先生がセルフスーパービジョンということをお話ししたのですが，認知行動療法のスーパーバイザーを育てるようなシステムを，ぜひ作らないといけないと強く思いました。スーパーバイザーを育てるシステムを作る必要があるということです。たとえばポイント制にして，一定のポイントが溜まったらスーパーバイザーの資格を与えるといったことが考えられます。ほかの心理療法の流派でも，スーパービジョンに力を入れているのですが，認知行動療法もそのような段階に来ているんだなということを強く感じました。
　それからもう1つ，臨床心理士あるいは認知行動療法家の養成に関する議論で，シンプルケースとコンプレックスケースという言葉がよく聞かれます。つまり事例には，非常に単純な事例と非常に複雑な事例というのがあり，認知行動療法家を育てるには，まず博士課程の段階では，単純な事例をたくさん経験してもらう。そしてインターンの段階になって初めて複雑な事例を経験してもらうと良いのではないか。そのようなことが書いてある文献もあります。複雑な事例というのは，たとえば今日山本先生が発表された発達障害の事例もそれ

に該当すると思います．他にも，人格障害を併発している事例というのは，やはり非常に扱いが難しく，初心者が一人でやるにはちょっと手に負えない．ですからやはりスーパービジョンを受けながらやる．単純な事例というのは，うつとか不安とか，非常にシンプルな症状が中心の事例で，そのような場合は初心者でも比較的うまくいくことが多い．そのようなことが書いてある文献がありまして，なるほどそうだなと思いながら，今日のお話をうかがっていました．特に複雑な事例には，大変な時間と労力と，大変な熱意が必要だということを感じた次第です．そのようなことも含めて，認知行動療法の実践家を育てるということを考えていきたいと思いました．今日ここにいらっしゃる先生方には，認知行動療法の実践だけでなく，ぜひ認知行動療法のスーパービジョンができるようになっていただけたらと思います．そして先生方が，多くの認知行動療法家を新たに育てていくようになっていただければと思っております．

　本日は本当にお疲れさまでした．

《付録2》

第1回事例検討ワークショップ参加者からのコメント

□とても具体的で丁寧な事例を通してのお話だったので，CBTの技法のことがとてもよくわかりました。

□あるCBTの事例検討会で，発表者から「こんなふうに行き詰っています。どうしたらいいでしょう，教えてください」といったプレゼンをされて，参加者としてすごく戸惑ったことがありますが，今日は，発表者から非常に詳細にご説明いただき，実際に何をやったかということを教えていただけたので，とてもわかりやすく理解できました。

□CBTについて勉強し始めて，実際にもやり始めているところです。今日は詳しくケースのお話を聞けて，今後，活用させてもらえると思いました。

□初心者なので，とても勉強になりました。事例を出された方々が，ミニスーパービジョンで勉強されたように，今日のグループディスカッションで，グループの皆さんにいろいろと教えていただくことができました。とてもいいワークショップの構成だったと思いました。

□とても丁寧にCBTを進めていくということを，改めて実感させてもらえました。また，自動思考やセルフモニタリングに絶えず戻ってくるというのがCBTの基本であるということを，再確認させてもらったと考えております。

□とても勉強になりました。私は学校の教員でして，今，生徒たちもいろいろ大変な状況にありますので，今日ここで学んだことをこれからどのように学校で生かしていこうか，考えてみたいと思います。

□事例のまとめ方も，発表もとてもわかりやすく，どういうふうにセラピーが進んでいるかというのがよくわかって，参考になりました。ただ1点，今日

のケースには出ていないと思うのですが，私がパニック障害の方とか OCD の方とかをクライアントとして持っていて割合経験することは，主訴が緩んでいったときに，たとえばパニック障害であったら，家族との自立の問題であるとか，母親との葛藤であるとか，家族との葛藤であるとか，そういうことが浮上してくることが多いんです。そうすると，この 2 つのケースについても，私なりのこういう課題があるのかなという見方があるのですが，それが逆に出てきた事例で，CBT はそれに対してどのように対処していくのかなと，そこまで踏み込んだ事例がもう 1 つあると，そういうものが出てきたときに，CBT としてどうやって対処するかというのがまた学べて，ありがたいかなと思いました。

□大変参考になりました。事例を発表されたお二人はとても大変だったと思うので，これ以上のことというのはちょっと申しわけないのですが，個人的には，1 つの事例をこれぐらいの時間をかけて，もっと詳細に勉強させていただいてもよかったかなとは思います。

□普段私は学校現場にいるのですが，具体的な事例をお聞きして，CBT をどう活用していったらいいかということが，とてもよくわかってよかったです。

□これまで初級ワークショップとか実践ワークショップに参加しておりましたが，今日は事例検討ということで，これまでとはちょっと違ったワークショップだったと思います。事例があると，自分がこのクライアントさんを前にしたらどう考えるだろうかとか，どう治療していくんだろうとか，そういうことがワーッと出てきます。それに事例があると，CBT では事例をこうやってとらえて，こんなふうに治療を組み立てていくんだということが，よくわかります。こういったことを今後も積極的に学んでいきたいと思いました。

□事例の検討を通じて，具体的に，どのように CBT を進めていくのかということが学べました。その中でとくに，心理教育というのがいかに有効に行われているのかということが確認できました。私も今学校現場にいるのですが，これから自分でどういう形で認知行動療法を使っていけるのかなということ

を，今後検討していきたいと思っております。
□高名な先生方が書かれたようなテキストでは，どうもスーッと行き過ぎていてわかりにくかったようなところが，とても丁寧に説明されていてわかりやすかったです。
□今日一番印象的だったのは，アセスメントだけでこんなに事例が進んでいくのかということです。それを，事例を通して理解できたのがよかったです。あと，アセスメントで行うことで，患者さん自身が自分についてよく考えて，自分で治っていこうとする方向に向いていくのが，すごくCBTのいいところだなと思いました。
□CBTは終結するのが早い，というイメージがあったものですから，どういうふうにやっていくのかなと思って勉強させていただいたのですけれど，やはり丁寧に1つずつアセスメントしていくことが大切だということがよくわかりました。レジュメも本当に詳しく作っていただいて，またさらに勉強を深めていきたいと思います。
□CBTというのはものすごく丁寧に，1つ1つ石を積み上げるように，一歩一歩やっていくものなのだなというのが感想です。あまり張り切って飛び越してはいけないなということを感じました。
□2つのケースを通して，アセスメントの大切さをすごく感じました。
□本で読んでちょっとわからないようなところが，症例でやると非常によくわかってよかったと思います。今後，ぜひいろいろな病気についてまた症例検討を続けてやっていただきたいと思います。
□事例検討を通していろいろ理解できたこと，逆に疑問は疑問として持って帰ることもあるように思います。いろいろな職種の方がいろいろな立場から意見を出すということが大事だと思うので，こういう場にたとえば精神科医がいて，精神科医からの視点から事例について発言していただくというふうに，職種を超えた事例検討が今後あればいいなということが1つです。もう1つは，参加者の方から事例を出してもらって，それをライブスーパービジョンのような形でやってみる。そうすると，個々のところでどんなCBTがやら

れているのか，CBTの標準化の問題はどうなのかということも含めて，いろいろなことが見えてくると思います。そういう形でこのようなワークショップが発展していけばうれしいなと思います。

□とても勉強になりました。特に感じたのは，ツールの記入例みたいなものをそのまま出していただけてわかりやすかったということです。また，こちらで使っていらっしゃる図的なツールはとても工夫されていると思いました。特にアセスメントシートはとてもよくできているなという感想を持ちました。

□2つの事例を通して，アセスメントを丁寧に行うことが本当に大事だということを改めて勉強しました。今後の希望としては，アセスメントをして，問題リストに落として，さらにそれから目標を設定するという，その流れがとても難しいんじゃないかという思いがあるので，今後そこを詳しく聞ける機会があったらいいなと思います。それから，その後またいろいろとケースが展開していったり，1つの症状が終わってもまた他の症状が出てきたりしたときの対応の仕方なども聞いてみたいと思います。

□私自身はアセスメントの効果というのはもうよくわかっておりましたので，今日は，アセスメントされたことをその後どういうふうにしていくかという，そのあたりについて学べたのが私にとっては大きかったです。それから，セルフモニタリングですが，これはそれだけでほぼ治療になっているなと思いました。またツールの使い方も勉強になりました。これは望めないのですが，ミニスーパービジョンというのが身近にあるといいなと思いました。

第2回事例検討ワークショップ参加者からのコメント

□この歳で，一日中勉強するのは確かにつらいのですが，何とかしのぐことができました。やはりこうやって実際にケースを細かく聞くチャンスというのはなかなかないので，非常に勉強になりました。今後も引き続き，このようなワークショップにはできるだけ参加したいと思います。

□私は，CBTは意識の高い聡明なクライアントに有効なのかなと勝手に思っていました。でも今日の話をうかがって，成人の軽度発達障害にもかなり有効な療法であるということがわかり，もう一度基本に立ち返って勉強してみようと思いました。

□今日は大変勉強になりました。また，このような勉強会で学んでいる方がたくさんいらっしゃるということがわかったのが，すごくうれしかったです。

□特に心に残ったのは山本さんの事例です。私から見たら山本さんは全然初心者ではなくて，よくこのような難しいケースを扱えるなと思います。印象としては，難しいケースでも，まず構造に乗せるという，すごい基本的なところをとても大切にされているということです。何年経験を積んでも，そういう基本を大切にしていくことが大事なんだなと思いました。

□全体の感想ですが，最初の，短期間で終結に至ったケースというのと，次の，アセスメントにものすごく時間をかけているというケースを，一日で両方紹介してもらったことで，比較しやすかったですし，CBTの柔軟さというものをすごく感じられました。

□どのような治療法でも，結局は関係性をどう築くか，ということにかかっているんだなということを深く感じた一日でした。

□今日の事例を通じて，やはりCBTの基本モデルにのっとって，そして誠意をもって丁寧にクライアントさんと関わっていらっしゃるということに，すごく感銘を受けました。これからも研鑽を積んでいきたいと思います。まずそのとっかかりに，そちらの実践ワークショップに参加したいと思いました。

□今日はとても勉強になりました。シートを使いやすい事例と，なかなか使いづらい事例という，すごく対照的な事例を2つ出していただき，それぞれどのように工夫していけばいいかということを深く学べたと思います。

□いろいろな症例に出会えて良かったと思います。ぜひ，3回目，4回目と，また他の症例でもぜひ同じようなワークショップを開いていただきたいと思います。

□大変勉強になりました。まだ自分としては全然使えないといいますか，初心

者なのでこれからなのですが，今後もこのような事例の研究会に参加したいと思いますので，よろしくお願いします。
□いろいろなことが勉強になりましたけれども，特に私にとって参考になったのは，午前中の腰さんの事例です。自動思考を検討するところで，ここのところが，クライアントさんに新しい考え方を入れていったり，柔軟な考え方になってもらったりするところなんだなあと思いました。ここのところで出てきたアイディアにアンダーラインを引いたり，アイディアをグループ化したり，セラピストからいろいろな質問をしたりしているんですね。自分も，ここのところをいろいろもう少し勉強してみたいと思いました。
□2例とも大変ほんとうに興味深い症例で，勉強させていただきました。あとワークショップには，やはりいろいろな先生方が参加されていまして，先生方のさまざまな意見やご質問が聞けて，それがとても勉強になったと思います。
□私は，特に最初の腰さんのケースが印象に残りました。短期で終結に至る中で，1つ1つのステップを精緻に進めていくというセラピストの意識が非常に強く見えるケースで，個人的にはすごくに勉強になりました。
□2つのケースとも大変勉強になりましたが，特に2例目の発達障害というのは，本当にこれからCBTの応用が期待される分野だと思います。ご苦労されながら進めていらっしゃる姿に感銘を受けました。
□私自身，本当に初心者なのですが，問題を抱えて苦しんでいる人が目の前にいるという環境は同じですので，いろいろとやっていけるということを教えていただいて勉強になりました。
□SSC（洗足ストレスコーピング・サポートオフィス）のワークショップに毎回参加するたびに，アセスメントが大事なんだということを感じますが，今日もまた改めてそのように実感しました。グループセッションで，私の専門外の領域を専門としていらっしゃる先生たちといろいろお話することができたのが大変有意義でした。
□今までは認知療法を，自分も本を読んだりして，いろいろクライアントに試

したりしていたのですけれども，何かゴルフのレッスン書を読みながらスイングしているような，そのようなぎこちなさが常にあって，不全感がありました。でも，このワークショップに出て，実際にどのように使っていくかというのがよくわかって，そのへんはとても良かったなと思います。ただ，ここまでしっかりと構造化されていると，自分の臨床のスタイルの中にどうやって取り込んでいくのかなというのが，今後の課題かなというように思います。

☐大変勉強になりました。まだCBTはほんとうに初心者ですので，ほんとうに使うこともできないのですけれども，逆によくわかった反面，とても難しいんだな，奥が深いんだなということを改めて感じました。

☐私はCBTの初心者で，このようなワークショップに果たしてついていけるのかな，という思いが強くあったのですが，前半の腰先生の事例によって，今まで本で読んだCBTの知識が，具体的にイメージできるようになった感じがします。また後半の山本先生の非常に難しい事例にも，粘り強くやっていけば成果が出るんだな，ということもわかり，あらためてCBTをもっと勉強したいという思いを強くしました。これからもこういった機会にはまたぜひ参加したいと思っておりますのでよろしくお願いします。

☐やはり1つ1つのケースをいかに丁寧にやっていくのかということなんですね。それとまた，アセスメントの大切さですね，それをまた改めて確認させていただきました。

《付録3》

参加スタッフのコメント （50音順）

●久保田 康文

　そんなに昔の話ではないのですが，私がCBTを勉強し始めた当時，CBTの研修ができる機関は周囲にほとんどありませんでした。ですから伊藤さんがSSC（洗足ストレスコーピング・サポートオフィス）をCBTの専門機関として開業し，システム化されたワークショップが開かれるようになったことは，とても素晴らしいことだと思いました。そして，今回の事例ワークショップは，CBTの面接の流れを把握し，実際のやり取りや雰囲気まで学習できる，まさに，期待していたワークショップであると思いました。

　というのは，私自身もそうでしたが，CBTを学習し，習得するために，まずはテキストを読み，CBTの理論や考え方を理解していくと思います。理論や考え方はそれほど難しいわけではありません。しかしCBTを実践で，もしくは模擬的に実施してみようとすると，どのようなかかわり方をしたらよいか，どのような雰囲気が望ましいのか，どんな説明をするべきか，どのようなやり取りをするとよいか，どのような進め方をしていくとよいか，といったことが非常に難しく，テキストと実践のとの間に大きな溝があるのです。事例ワークショップは，まさにその溝を埋めるために開かれ，私自身も含め，CBTを実践したいと考えていらっしゃる多くの臨床家の方々に役立つものだと思いました。ワークショップの中では，グループディスカッションが盛んに行われ，それぞれ分野の違う中での貴重な意見や感想が聞かれました。それぞれの分野の中で，CBTを導入している様子がとてもわかり，CBTの適応範囲がこれほどまでに

広がっていることに驚きました。医療現場においてうつ病の治療から始まり，現在では，教育，福祉，司法の現場まで普及し，特に今回の事例に取り上げられた発達障害の方へのCBTというのは新鮮な感覚を持った方が多かったようで，私自身も大変勉強になりました。

今回のみならず，今後もCBTの事例に関わるワークショップを通して，たくさんの方々からのご意見を聞きながら，CBTに対する自分自身の認知の枠組みを少しずつ広げ，いろいろな視点から考え，それをCBTを実践，またはこれから実践したいと考えている方々と共有しながら，ともに臨床家として向上していきたいと思いました。

■斉藤 直子

今回の事例ワークショップは，CBTを実践したり勉強したりされている先生方と一緒に研修できる機会だと考え，スタッフとして参加する前から期待していましたが，期待通りのとても有意義な時間となりました。

いちばん感じたのは，臨床の構え（CBTをベースにしているかどうか）によってクライアントの理解の仕方，クライアントの問題の捉え方が異なるということでした。私自身はCBTがその人の人生のテーマではなく，カウンセリングで扱える小さなテーマを扱うものであると理解していましたので，（CBTをベースにしておられない先生方による）カウンセリングの中で扱われていない点に注目した意見や見立てに関わる意見は，CBTとは異なった視点として新鮮でしたし，とても勉強になりました。

ところで，ワークショップで紹介したどのケースも，あたかもスムースに進んだかのように，受講者である先生方には伝わったようです。これについてはCBTの試行錯誤の部分を伝えることの難しさを感じると同時に，CBTの特徴によるのかもしれないと思いました。CBTでは構造化が重視され，各セッションで行われていることが明確になっていることから，全体を通して見るとスムースな進行として伝わってしまうのかもしれないと感じました。また，ここ

まで事例全体を詳細に提示して実施される事例検討会はあまりないと思います。このようにオープンにするところもCBTらしくて面白かったです。

●津高 京子

　CBTを実践している先生方だけでなく，さまざまなバックグラウンドをお持ちの先生方がいらっしゃるということで，アシスタントとしての参加を楽しみにしていました。SSC（洗足ストレスコーピング・サポートオフィス）で月例で行われている内部研修会の事例検討とはまた違った視点で事例を考えることができたと思います。

　事例3では，クライアントが感じている言葉にしにくい思いをどこまでCBTの中で扱えるかという疑問が参加者からあがっていました。カウンセリングではとても大切な点であり，一見順調に進んでいるように思えるケースであっても必ず存在する問題だと思いました。CBT面接の中でそのような思いをいかにとりあげるかが，面接を進めていくうえでのセラピストの力量に大きくかかわってくると思いました。

　事例4では，発達障害はCBTの適用範囲なのかという疑問が出されつつも，クライアントとのコミュニケーションスタイルを丁寧に築き上げていくことで面接が進んでいる印象がある，というコメントがグループディスカッションでありました。ケースによってはセラピストの「CBTの適用が難しいのではないか」という思いから，逆に適用の範囲が限定される可能性もあるのだなと感じました。実際，自分がCBTを実践するなかでなかなか難しいケースもあるので，そのクライアントにとってどの程度のCBTの枠組みが適切なのかと言うことを常に考えさせられることを思い出しました。事例4は，面接構造を整え，アセスメントの実施に焦点が当てられたケースでしたが，この点はどの療法でも共通するものだと思います。問題に直接介入する前段階であったとしても，半年をかけて構造作りやアセスメントをクライアントとの共同作業を通じて行い，それらを外在化することで信頼関係ができあがっていくというプロセスを，

参加者の先生方からの質問を通じて改めて学ぶことができたように思います。

　CBT を実践していくにあたり，このような場に参加し，視野を広げていくことの大切さを感じました。

● 那田 華恵

　私がアシスタントスタッフとして参加するにあたって最も興味を持っていたのが，参加された先生方が CBT の事例に対してどのような印象をお持ちになるかということでした。なぜなら，これまで CBT を積極的に実践されていない方とお話をすると，「技法」「簡単」「表面的」というような反応が返ってくることがあり，どの部分がこの様な印象を与えるのか知りたいと思っていたからです。

　今回のワークショップには CBT を実践されている方もそうでない方もご参加くださいましたが，ディスカッションでは，CBT の事例において，技法を導入する以前の段階で終結に近づく場合があることや，アセスメントを行うだけでケースが展開することに驚いたというご感想を頂き，改めて CBT における面接構造やアセスメントの重要性を実感しました。同時に，CBT でも簡単に技法を導入するわけではないということを，参加された先生方と共有できたように思いました。一方で，積極的に扱わなかった問題（家族や母親との関係など）が残っていることに対する厳しいご意見，問題として扱わなかった出来事を「行動化」として捉えるなど，見立てや進め方の違いを直接うかがうことができました。先に挙げた CBT に対する印象の一部は，こうした捉え方の違いからくるものなのかもしれないと感じ，自らの事例に対しても広い視野で検討していくためのヒントを頂くことができました。

　上記以外にも様々な方向から沢山のご感想を頂き，CBT の勉強はもちろん，心理臨床活動そのものにとても刺激となるような体験ができました。その全てについてじっくり話し合う時間が取れなかったことに残念でしたが，今回のようなワークショップを通して一緒に研鑽を積んで行ける方々との繋がりを大切

にしていけたら良いなと思っています。

● 新田祐希

　今回，事例検討ワークショップに参加させていただき，一番強く印象に残ったのは，事例という個別的な題材を検討することの意義です。それはやはり，事例ではロールプレイや講義では想像しにくいような，より実際的な問題や課題が浮上し，検討できるということが挙げられると思います。たとえば，山本さんの事例（第4事例）では，面接を継続していくことに対するクライアントの不安が紹介されています。当然のことながら，ロールプレイや講義では面接の内容や進め方に重点が置かれてしまい，面接の実施すること自体に対する現実的な，もしくは心理的な問題に触れることは難しいと思います。クライアントの個々のあり様や環境，対人関係のあり方によって独自に発生し得る諸問題を知り，その対応の仕方について紹介してもらうことは，私自身がCBTを行っていく上で現実的な問題に遭った時の有意味な指針になると思いました。

　ワークショップには，実に多様な職場や領域で，様々な年齢や症状のクライアントを対象に活躍している人が参加されていたことに非常に驚きました。それは言い換えれば，CBTがいろんな領域において求められている，もしくはその活用が期待されている，ということを意味すると思います。参加された方の感想として，自分の臨床現場でどのようにCBTを取り入れていけばよいのか，ということが共通の感想，課題として挙げられていたと思います。CBTはその基本モデルやスキル，セッションの構造化の程度が比較的明確な療法なので，即座に全てを取り入れるということも可能な場合があると思いますが，様々な制限のもと（たとえば，教育現場など）では困難な場合も多いように思います。そういった状況では，非常に消極的な考えかもしれませんが，まずはCBTの要素やスキルの1つを取り入れてみる，という試みからはじめることができるように思いました。

　たとえば，クライアントとの間で『双方的な対話』を意識してみる，面接の

前にアジェンダを設定してみる，クライアントに起きていることをモデルに当てはめてクライアントと共に理解していく，などであればそれほど無理なことではないと思います。このように中途半端にCBT的要素を取り入れていくことの是非を考慮するまでの余裕（私の能力的余裕です）はないのですが，1つの要素，スキルを取り入れることも，その臨床現場の環境やニーズに合わせた独自のCBTの発展（CBTの根本的な基礎はぶれない程度の発展）につながるのではないか，と思いました。そうすれば，今後，さまざまな領域の方々によって，たとえば「学校現場におけるCBTの実際」といった話題を提供していただけるのではないか，との期待もできると思います。

●森本 浩志

　私は2006年1月に行われた第2回事例検討ワークショップにアシスタントとして参加させていただきました。初めに結論から言わせていただきますと，実習生というまだまだカウンセリング経験もほとんどない大学院生の立場で，このようなワークショップに参加させていただいたことは，とても貴重な経験になりました。他の立場の心理療法の事例は，事例検討会や学会などで聞く機会はあったのですが，認知行動療法（CBT）という日本ではまだまだ十分に理解・浸透されていない心理療法の事例を聞く機会はこれまでほとんどありませんでした。

　また日々の実習において，ミニスーパービジョンや面接の陪席を通して，認知行動療法の事例に実際に触れることはできても，各々のケースの全てを把握できるわけではなく，とりわけ面接の開始から終結までの一連の流れについては，本やインテーク面接で行われる説明に基づいてイメージするしかありませんでした。今回のワークショップでは，CBTを円滑に行う上で工夫はもちろんのこと，面接の開始から終結までの一連の流れについて，具体的なやりとりを含めた生のCBTを知ることができたことが一番の収穫でした。CBTの開始から終結までのモデルとして，今後の自分の臨床活動の基準の1つになったよう

に思います。

　そのほか，特に印象に残った工夫を挙げると，①軽度発達障害の方との事例で発表者の山本さんが工夫されていた，できるだけ単純な構文で話す，話の内容を紙に書き出し，図示して，話された事柄をシンプルにまとめて提示すること，②認知再構成法における他者視点からの思考の産出で，他者視点を取ることが難しいクライエントに明確な設定のあるアニメのキャラクターならどう答えるかを尋ねること，の2点はこのようなクライエントに限らず，広く般化できる工夫であり，とても勉強になりました。

　最後に，今後もこのようなワークショップを開催していただきたいと思うとともに，より多くの大学院生がCBTを学ぶことができるように，学生料金の設定があればなお良いと思いました。

●吉村 由未

　この企画を最初に知ったとき，正直これは新しい！と思ったのを思い出します。CBTへの注目の高まりにより，最近はさまざまな場で講座が開かれていますが，その多くが理論や技法の理解を中心としたもので，CBTの流れを（それこそ導入のところから）実際の事例に沿って具体的に見ていくということを，しかもワークショップの形で提供する，というのはとても新鮮に感じました。そしてそれは，CBTを取り入れた心理臨床を行いたいと思っていらっしゃる方々にとって，きわめて有用なものとなるに違いない，とも思いました。

　というのも，私たちSSC（洗足ストレスコーピング・サポートオフィス）のサポートスタッフは，伊藤さんの面接の陪席に始まり，当オフィスの専門スタッフの方々の日々の精進，刻苦勉励を目の当たりにしており，また，定例の研修会でのケース報告や，その日の振り返りにおけるミニスーパーヴィジョンが，いかに自分自身のCBTへの理解をも肉付けしてくれているかを実感しているからです。そうした中で，CBTを取り入れていく上で難しいのは，理論や技法の理解よりも，それをいかにしてスムースに導入していくかとか，クライ

アントに対するわかりやすい説明の仕方など，実際のケースにおける実践の仕方にあるということも感じてきました。今回のワークショップで参加者の方々の感想をうかがいながら，私たちが感じていたことは，皆さんの疑問や困難と感じていらっしゃることに共通するものだと改めて感じ，そうしたものを含めて共有できたことがとてもうれしく思いました。

また，面接内のセラピストの試行錯誤や取り組みをそのままにお見せできたことで，CBTが短期にパパッと進んでいくものではなく，実際には丁寧に聴き込んでいったり，アセスメントに想像以上に時間をかけていくものであることなど，参加者の方々のCBTへの認識が変わるきっかけとなったようにも思いました。CBTの骨子，最も重要な点だと思いますが，闇雲な技法の適用で解決を急がないというエッセンスが伝えられ，受け入れていただけたように思います。一方で，たとえばもう少し家族関係を丁寧に扱う必要性など，フロアの方からもクライアントの理解に重要な他の視点をいろいろとご提供いただき，一つの立場に限定されない形で事例を見ていけたこともとても勉強になりました。提供事例の理解により深みが増したように思います。

その他にも，様々な貴重な感想，反響をたくさんいただきました。こうした機会は，CBTを学ぶ以上に，心理療法家として大切にしなければならない基本を改めて受け止めなおすことができます。またこのような機会を設けられることを願いつつ，皆様とともにこれからも勉強して参りたいと思います。本当にありがとうございました。

索　引

〈欧語〉

CBT (cognitive behavior therapy)　iii
WCBCT　4, 7

〈日本語〉

【あ行】
アサーション　175
アサーショントレーニング　139
アジェンダ　21
アジェンダ設定　21
アセスメント　18, 44, 65, 66, 83, 207, 225, 229, 232
アセスメントシート　19, 35, 85, 169, 170
イメージ　155
インテーク面接　11, 13, 76
インテーク面接のアジェンダ　14
うつ　80
応用行動分析　227

【か行】
外在化　19, 174, 184, 206, 223, 236
回数　149
家族面接　102
機関のシステム　10

危機介入　103
協同作業　66
緊張　37, 38, 229
空間的な構造化　235
ケースのシェア　12
ケースフォーミュレーション　18, 185
ケースマネジメント　12
言語化　150, 151
構造化　13, 153, 235
行動実験　139, 165, 167, 168, 234
広汎性発達障害　198, 200, 207
コーピング　44, 171
コーピングカード　177
コーピングシート　177
コミュニケーション　174, 221, 226, 234
コンプレックスケース　241

【さ行】
時間的な構造化　235
自己観察　229
自己理解　236
自責　42
自動思考　103, 118, 140, 166
自動思考の検討　105, 156, 157
自動思考の同定　104, 155
CBTの基本モデル　20

CBT のプロセス　17, 18
自閉症スペクトラム　206
終結　13, 115
主訴　15
初回セッション　20, 77
初回面接　12
診断　94, 96, 102, 201, 207
侵入思考　80, 90, 101
信念　182
シンプルケース　241
心理教育　15, 21, 87, 88, 160, 222
心理テスト　11, 17
スーパーバイザー　241
スーパービジョン　5, 236, 241
スキーマ　182
スキーマワーク　234
図式化　223
世界行動療法認知療法会議　4, 7
セルフアセスメント　226
セルフスーパービジョン　236, 237
セルフモニタリング　51, 52, 83, 145, 229
洗足ストレスコーピング・サポートオフィス　7, 10
ソクラテス式質問　174

【た行】
第3世代の認知行動療法　225
代替思考　111
中核信念　234
中断　13
適応的思考の案出　159
テクニカルターム　68
典型的な事例　6

東京認知行動療法アカデミー　7
東京認知行動療法研究所　7

【な行】
内在化　236
日本認知療法学会　7
認知　205
認知機能　198
認知行動分析システム精神療法　225
認知行動療法　1, 205
認知再構成法　51, 103, 140, 233
認知再構成法ツールキット　140
認知心理学　205
認知的概念化　18
認知療法　1

【は行】
陪席者　11, 12
発達障害　206, 226
反すう　171
非典型的な事例　6
不安　80
不安階層表　167
不安障害　88
不安障害のモデル　92, 93
フィードバック　16, 198, 216, 220
フォローアップ　13, 57, 115, 171
腹式呼吸　51, 54, 230
ブレインストーミング　106, 157
弁証法的行動療法　225
ホームワーク　32, 133, 169, 171, 198, 216, 220

【ま行】

マインドフルネス　225
マインドリーディング　227
ミニスーパービジョン　12, 62, 87, 115, 138, 146, 159, 166, 191, 241
メタ認知　145, 211, 227, 229
面接目標　139
目標設定　50, 89, 137, 152, 154
モチベーション　16
モニタリング　65, 118
問題点の抽出　89
問題同定　50, 137
問題リスト　89, 139

【ら行】

両親面接　212, 214, 215
リラクセーション法　50, 230
臨床心理士　2
連携　147

【わ行】

ワークショップ　iii, 4, 9

■編著者略歴

伊藤絵美（いとう　えみ）

社会学博士，臨床心理士，精神保健福祉士
慶應義塾大学大学院社会学研究科博士課程満期退学
現在　洗足ストレスコーピング・サポートオフィス所長
主な著書・論文：「認知心理学と認知療法の相互交流についての一考察："問題解決"という主題を用いて」（慶應義塾大学大学院社会学研究科紀要，1994年），「心身症の治療：問題解決療法」（心療内科，5，2001年），『認知療法ケースブック』（分担執筆，星和書店，2003年），『認知療法実践ガイド・基礎から応用まで―ジュディス・ベックの認知療法テキスト』（ジュディス・S・ベック著，共訳，星和書店，2004年），『認知療法・認知行動療法カウンセリング初級ワークショップ』（星和書店，2005年），『認知療法・認知行動療法 面接の実際』（星和書店，2006年），『認知行動療法，べてる式』（共著，医学書院，2007年），『認知療法実践ガイド：困難事例編―続ジュディス・ベックの認知療法テキスト』（ジュディス・S・ベック著，共訳，星和書店，2007年）など多数。

丹野義彦（たんの　よしひこ）

医学博士，臨床心理士
群馬大学大学院医学系研究科博士課程修了
現在　東京大学総合文化研究科教授
主な著書：『エビデンス臨床心理学』（日本評論社，2001年），『性格の心理』（サイエンス社，2002年），『講座臨床心理学全6巻』（共編，東京大学出版会，2001～2002年），『自分のこころからよむ臨床心理学入門』（共著，東京大学出版会，2001年），『叢書・実証にもとづく臨床心理学全7巻』（共編，東京大学出版会，2003年～）など多数。

〈分担執筆者〉

大泉 久子（洗足ストレスコーピング・サポートオフィス，メンタルクリニックみさと，ねぎしクリニック・横浜認知療法センター）

腰 みさき（洗足ストレスコーピング・サポートオフィス，慶應義塾大学医学部ストレス・マネジメント室）

初野 直子（洗足ストレスコーピング・サポートオフィス，目白ジュンクリニック）

山本 真規子（慶應義塾大学保健管理センター，国立成育医療センター）

認知療法・認知行動療法事例検討ワークショップ (1)

2008年5月12日 初版第1刷発行

編　著　者　伊藤絵美　丹野義彦
発　行　者　石澤雄司
発　行　所　㈱星和書店
　　　　　　東京都杉並区上高井戸1-2-5　〒168-0074
　　　　　　電話　03(3329)0031（営業部）／03(3329)0033（編集部）
　　　　　　FAX　03(5374)7186
　　　　　　http://www.seiwa-pb.co.jp

© 2008　星和書店　　　　Printed in Japan　　　　ISBN978-4-7911-0664-6

認知療法・認知行動療法 カウンセリング 初級ワークショップ	伊藤絵美 著	A5判 212p 2,400円
〈DVD〉 認知療法・認知行動療法 カウンセリング 初級ワークショップ	伊藤絵美	DVD2枚組 5時間37分 12,000円
認知療法・認知行動療法 面接の実際〈DVD版〉	伊藤絵美	DVD4枚組 6時間40分 ［テキスト付］ B5判 112p 18,000円
認知療法実践ガイド・ 基礎から応用まで ジュディス・ベックの認知療法テキスト	ジュディス・S・ベック 著 伊藤絵美、神村栄一、 藤澤大介 訳	A5判 464p 3,900円
認知療法実践ガイド： 困難事例編 続ジュディス・ベックの認知療法テキスト	ジュディス・S・ベック 著 伊藤絵美、 佐藤美奈子 訳	A5判 552p 4,500円

発行：星和書店　http://www.seiwa-pb.co.jp　価格は本体（税別）です

認知行動療法を始める人のために	レドリー、マルクス、ハイムバーグ 著 井上和臣 監訳 黒澤麻美 訳	A5判 332p 3,300円
心のつぶやきがあなたを変える 認知療法自習マニュアル	井上和臣 著	四六判 248p 1,900円
CD-ROMで学ぶ認知療法 Windows95・98&Macintosh対応	井上和臣 構成・監修	3,700円
認知療法・西から東へ	井上和臣 編・著	A5判 400p 3,800円
認知療法ケースブック こころの臨床 a・la・carte 第22巻増刊号 [2]	井上和臣 編	B5判 196p 3,800円

発行：星和書店　　http://www.seiwa-pb.co.jp　　価格は本体（税別）です

認知療法全技法ガイド
対話とツールによる臨床実践のために

ロバート・L・リーヒイ 著
伊藤絵美、
佐藤美奈子 訳

A5判
616p
4,400円

認知行動療法の科学と実践
EBM時代の新しい精神療法

Clark、Fairburn 編
伊豫雅臣 監訳

A5判
296p
3,300円

認知療法入門
フリーマン氏による
治療者向けの臨床的入門書

A.フリーマン 著
遊佐安一郎 監訳

A5判
296p
3,000円

統合失調症の早期発見と認知療法
発症リスクの高い状態への治療的アプローチ

P.French、
A.P.Morrison 著
松本和紀、
宮腰哲生 訳

A5判
196p
2,600円

認知療法2006
第5回 日本認知療法学会から

貝谷久宣 編

A5判
128p
2,600円

発行：星和書店　http://www.seiwa-pb.co.jp　価格は本体(税別)です

認知療法ハンドブック 上
応用編

大野裕、
小谷津孝明 編

A5判
272p
3,680円

認知療法ハンドブック 下
実践編

大野裕、
小谷津孝明 編

A5判
320p
3,800円

侵入思考
雑念はどのように病理へと発展するのか

D.A.クラーク 著
丹野義彦 訳・監訳
杉浦、小堀、
山崎、髙瀬 訳

四六判
396p
2,800円

フィーリングGood ハンドブック
気分を変えて
すばらしい人生を手に入れる方法

D.D.バーンズ 著
野村総一郎 監訳
関沢洋一 訳

A5判
756p
3,600円

［増補改訂 第2版］
いやな気分よ、さようなら
自分で学ぶ「抑うつ」克服法

D.D.バーンズ 著
野村総一郎 他訳

B6判
824p
3,680円

発行：星和書店　http://www.seiwa-pb.co.jp　価格は本体（税別）です

不安障害の認知行動療法(1)
パニック障害と広場恐怖
〈治療者向けガイドと患者さん向けマニュアル〉

アンドリュース 他著
古川壽亮 監訳

A5判
292p
2,600円

不安障害の認知行動療法(1)
パニック障害と広場恐怖
〈患者さん向けマニュアル〉

アンドリュース 他著
古川壽亮 監訳

A5判
112p
1,000円

不安障害の認知行動療法(2)
社会恐怖
〈治療者向けガイドと患者さん向けマニュアル〉

アンドリュース 他著
古川壽亮 監訳

A5判
192p
2,500円

不安障害の認知行動療法(2)
社会恐怖
〈患者さん向けマニュアル〉

アンドリュース 他著
古川壽亮 監訳

A5判
108p
1,000円

不安障害の認知行動療法(3)
強迫性障害とPTSD
〈治療者向けガイドと患者さん向けマニュアル〉

アンドリュース 他著
古川壽亮 監訳

A5判
240p
2,600円

不安障害の認知行動療法(3)
強迫性障害とPTSD
〈患者さん向けマニュアル〉

アンドリュース 他著
古川壽亮 監訳

A5判
104p
1,000円

発行：星和書店　http://www.seiwa-pb.co.jp　価格は本体(税別)です